汇聚甪直故事　延续吴中文脉　弘扬江南文化

甪直掌故

李建荣 ◎ 著

苏州大学出版社

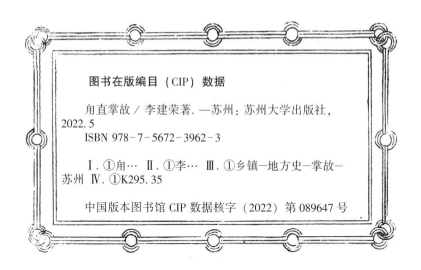

图书在版编目（CIP）数据

甪直掌故/李建荣著. —苏州：苏州大学出版社，
2022.5
 ISBN 978-7-5672-3962-3

Ⅰ.①甪… Ⅱ.①李… Ⅲ.①乡镇—地方史—掌故—
苏州 Ⅳ.①K295.35

中国版本图书馆 CIP 数据核字（2022）第 089647 号

Luzhi Zhanggu
甪 直 掌 故

著　　者：李建荣
配　　图：倪浩文
责任编辑：倪浩文

出版发行：苏州大学出版社（Soochow University Press）
社　　址：苏州市十梓街1号　邮编：215006
印　　刷：镇江文苑制版印刷有限责任公司
网　　址：www.sudapress.com
邮购热线：0512-67480030
销售热线：0512-67481020

开　　本：700 mm×1 000 mm　1/16
印　　张：17
字　　数：260 千
版　　次：2022 年 5 月第 1 版
印　　次：2022 年 5 月第 1 次印刷
书　　号：ISBN 978-7-5672-3962-3
定　　价：68.00 元

发现印装错误，请与本社联系调换。服务热线：0512-67481020

目 录

序 ……………………………………………… 程庆昌　001

第一辑　名胜古迹

吴王行宫梧桐园 …………………………………………… 003
城隍老爷春申君 …………………………………………… 006
摇城遗址在澄湖 …………………………………………… 010
孙妃与孙妃墓 ……………………………………………… 013
张镇与张陵山 ……………………………………………… 016
碛砂寺与《碛砂藏》 ……………………………………… 019
《碛砂唐诗》几人知 ……………………………………… 032
梁武帝与保圣寺 …………………………………………… 035
甫里书院育精英 …………………………………………… 040
大禹的后代曾在甪直生活 ………………………………… 044
甪直同仁堂：两百余年的民间慈善机构 ………………… 047
甪直的千年遗存 …………………………………………… 051

第二辑　名人轶事

甫里先生陆龟蒙 …………………………………………… 061
范仲淹的《岳阳楼记》写给谁 …………………………… 067
爱国诗人陆游的甫里情结 ………………………………… 070

甫里诗社名人多 ·· 075
用直首位进士马友直 ·· 078
马先觉乐助范成大 ·· 081
赵孟頫寓居保圣寺 ·· 086
《清明上河图》曾由用直人陆完收藏 ······························ 090
李实与《陈湖八景》诗 ·· 093
张青来与用直萝卜 ·· 098
徐达源编纂《吴郡甫里人物考》 ·································· 105
用直最后一位进士陈凤藻 ······································ 109
用直是叶圣陶的福地 ·· 111
王伯祥的用直时光 ·· 116
费孝通与"神州水乡第一镇" ···································· 120
吴冠中笔下的用直水乡 ·· 123

第三辑 名门望族

用直名门望族之许家 ·· 129
用直名门望族之严家 ·· 139
用直名门望族之沈家 ·· 146
用直名门望族之金家 ·· 157
用直名门望族之殷家 ·· 165
用直名门望族之陈家 ·· 175

第四辑 吴淞随笔

寻根觅源话用直 ·· 191
用直的弄堂 ·· 198
用直的双桥 ·· 202
泰伯奔吴是真实的吗 ·· 206

甪直的历史有多悠久 ········· 210
甪直太尉弄的由来 ········· 213
《白蛇传》与甪直的渊源 ········· 215
姑苏名菜甫里鸭 ········· 219
《浮生六记》作者之谜 ········· 223
苏州水乡婚礼 ········· 230
元宵节氽田角落的传说 ········· 238
雨花忠魂陈继昌 ········· 241
远去的村庄 ········· 245
童年纪事 ········· 252

本色（后记） ········· 259

序

李建荣兄的《甪直掌故》付梓在即,嘱我作序,不胜惶恐。

吴郡是天下名郡,甫里是吴郡中的名镇。甪里古称甫里,《甪直掌故》记述的都是跟古镇甪直有关的人文、故事、传奇,蕴藏着浓厚的地方风情,也是对地方风物的梳理和记述。在众多的人追求利益和物质的当下,有这样一本展现水乡特色、记述古镇风情、传扬江南文化的著作面世,难能可贵。

甪直古镇,有着悠久的历史、深厚的人文,是一块风水宝地,也是有故事、有传奇的地方,历来有"五湖之汀""六泽之冲"之美称,费孝通先生誉之为"神州水乡第一镇"。古镇内河道纵横,桥梁密布,临水成街,人家枕河而居,古桥、古街、古民居,相映生辉,构成一幅"淡妆浓抹总相宜"的甪直风情图。

甪直虽是一个小镇,但人文鼎盛,声名可与"名州大邑"相媲美。清康熙年间的陈惟中在《吴郡甫里志》序言中说:"自唐甫里先生隐于此,以风雅名节著,后之生此寓此者闻风兴起,名贤辈出,声名文物之盛几与名州大邑等。"意思是说,自从唐朝甫里先生陆龟蒙在这里隐居,凭借他的诗文和名誉节操闻名以来,后来生在这里、寓居在这里的人们闻风兴起,名贤之士相继出现,文明礼仪之盛况差不多与名州大县相等。

"难识的地名,难忘的古镇。"甪直镇名胜古迹众多,光一座保圣寺和半堂唐塑罗汉,就能叫人称赞不已,浮想联翩。甪直这个并不大的古镇,一直传扬着质朴的民风民俗,滋润了淳厚的风土人情,也养育了一代代新老甪直人。陆龟蒙、马先觉、陈仁锡、许自昌、王韬、沈柏寒、叶圣陶、殷之文、殷震等,才贤辈出,星光闪耀,将源远流长的吴地文化,薪火相传,呈现出精彩纷呈的时光画卷。

时间会赋予一个地方生命气息、生活色泽，随着星移斗换，也会留下深厚的积淀，诞生精妙绝伦的地方传奇。口口相传里，一个地方的历史人文，种子一样生根发芽，充实了茶余饭后的谈资，传播了民间文化。正是在这样的背景里，正是有这样的原生态，才孕育出根深蒂固的家国情怀。一个地方的本色、风韵，不仅仅在传奇和掌故里鲜活、蓬勃，更能激发人们对过去的审视、对当下的思考、对未来的展望。

《甪直掌故》包含的内容，既有来自正史的，也有来自野史的，正因如此，才更多一份趣味，少一份说教。一个地方的传奇、传说，融汇成地方掌故，演绎时光悠远里的故事、人物、社会现象，乃至所要表达的真善美、所要揭露的假恶丑，既是人们对社会生活的认知和内在需求，也是对社会风貌的另一种反映，能对历史的真实、社会的本原做很好的补充。一个地方的历史气息，不仅仅是历史志书里所记录的那些，坊间流传的传闻、传奇、传说，更有温度，更有民间性，更有人情味，能更加丰富地呈现一方土地上的社会现象、生命状态、生活气息，能让更多人在历史钩沉里，回味乡土，审视乡土，重新认识乡土，与乡土展开新的联络、新的对话。

这需要有一颗热心，倾注满腔热忱；更需要有解读乡土的耐心和眼界，饱含对家乡的一份赤诚情怀，回馈乡土，不计回报。

建荣兄是土生土长的甪直人，这一片乡土滋养了他的青春、学识和思想。他深得甪直地方文化的精髓，工作之余归纳整理了许多跟甪直相关的人文掌故，这是对家乡发自内心的热爱，更是自觉回报乡土的赤子情怀。这么多年，他一如既往地关注地方志史的流源和脉络，关心地方风物的一脉相承及发展变化，凭着内心对家乡、对文史的热爱，整理和传扬甪直地方文化，倾注了大量心血，付出了很多努力。应该说，这不仅仅是热爱，更是一种文化自觉，一种舍我其谁的责任意识、担当精神，值得热爱家乡文化、关注民间文化传承与发展事业的有识之士借鉴与学习！

2500余年的历史、古吴风情、源流不断的文化气息、各个朝代的士农工商，为甪直这片乡土沉淀了生命气象、时光印记，无论是经年流传的乡风民俗、令人回想唏嘘的摇城、有关吴王的传说，还是古老的寺庙、罗汉、藏经、古桥，包括兴盛不衰的文化精神、风采俊朗的名门望族，都为甪直的江南风貌、曾经的市井底蕴及当下的繁荣兴盛，注入了底气和活力；为地方风物的青葱葳蕤，展现了丰沛的价值。

《甪直掌故》是甪直乡土文化的一个汇总，是甪直风土人情的集中呈现，更是甪直地方风物的传承与发扬，寄托了甪直人的乡情与乡愁，可谓功莫大焉。这得益于建荣兄的执着和付出。为文之道，无非是言之有物、言之有理、言之有情。建荣兄因为深爱着脚下这片乡土，才会如此无怨无尤，孜孜以求。期望这片温润的土地，风物长存，历久弥新！

相信《甪直掌故》能让更多人了解甪直，见识甪直的别样风情，爱上古镇甪直的曼妙多姿、生机盎然。

是为序。

程庆昌

2022 年 2 月 28 日

第一辑 名胜古迹

吴王行宫梧桐园

苏州甪直建有吴王行宫梧桐园的说法，由来已久。可惜，梧桐园早已不存在了，我们只能从历代的记载中追根溯源，寻找一些蛛丝马迹，还原部分真相。

汉乐府已有"梧宫秋，吴王愁"之语。南北朝文人任昉在《述异记》中说："梧桐园，吴郡夫差园也，相传在甪里塘北，地名枫庄者。"枫庄的地理位置，在今甪直镇淞南行政村，旁边还有云龙、大库、西横、娄里等村庄。甪里塘是吴淞江通往甪直古镇区的一条河道，流经枫庄。这是梧桐园位于甪里（甪直）最早的记载。"云龙"纹饰通常用于皇家宫殿，云龙村或为雕梁画栋的工匠聚居之地；"大库"既可解作大的库房，也可解作大的村落，或为梧桐园的物资仓库，也可能是梧桐园工作人员解散后聚居形成的村庄。

唐宋时期，甪里这一片地区属于吴宫乡。朝廷把甪里地区辟为吴宫乡，想必是有所依凭的。唐代刘沧《吴宫曲》诗："吴苑荒凉故国名，吴山月上照江明。残春碧树自留影，夜半子规何处声？芦叶长侵洲渚暗，蘋花开尽水烟平。经过此地千年恨，荏苒东风露色清。"此诗气势不凡，意境深远，吴王行宫梧桐园濒临吴淞江已是呼之欲出了。

晚唐陆龟蒙《问吴宫辞》序云："甪里之乡曰吴宫，在长洲苑东南五十里，非夫差所幸之别馆耶？披图籍，不见其说；询故老，不得其地。其名存，其迹灭。怅然兴怀古之思。"宋代范成大《吴郡志·古迹》有云："梧桐园，在吴宫，本吴王夫差园也。"又："吴宫乡，在吴江县甪里之地，在今长洲东南五十里。相传吴王别宫，然举无旧迹矣。"陆龟蒙和范成大都指明吴王夫差的行宫在甪里，只是没找到相关的遗迹。

《采风类记》中关于梧桐园的记载

元代女诗人郑允端随夫寓居甫里陈湖（今澄湖）畔，她曾游览梧桐园旧址，发现一泓清泉，遂作《琵琶泉》诗："吴王废苑千余载，尚有寒泉一掬清。巧匠凿成推引手，断弦牵出辘轳鸣。涓涓多似江州泪，轧轧疑如出塞声。一曲难湔亡国恨，空留古井不胜情。"妙在一个"湔"字，吴王心头之悔恨，岂是一掬清泉能"湔"洗的？

明初，甫里诗人高启《梧桐园》诗云："桐花香，桐叶冷。生宫园，覆宫井。雨滴夜，风惊秋。凤不来，君王愁。"不愧是"明初四杰"之首，高启言短意长，阐明了吴王筑梧桐园而凤不至的惆怅。吴王被胜利冲昏了头脑，沉迷享乐，宠信奸臣伯嚭，赐死了能臣伍子胥，最终遭卧薪尝胆的勾践反戈一击，一败涂地，悔之晚矣。这个伯嚭，与伍子胥既是老乡（都从楚国来），又是同事（同在吴王手下当差），却收受越王贿赂，陷害伍子胥，民间甚至传说因他衍生出"泼皮"（音似伯嚭）这个等同于无赖的词语。

《吴趋访古录》录有《梧桐园》诗："梧桐瑟瑟吴宫秋，吴王宫中乐未休。井栏疏雨点秋叶，采香仕女含颦愁。对君歌舞背君泣，满院西风则秋色。越骑东来铁甲鸣，梧桐老矣芳园歇。惟余凉月挂疏枝，曾照当筵金屈卮。杨柳伤心枯树赋，蘼芜衔恨碧云墀。凄凉池馆荒榛麓，幺凤不来乌喙啄。珍重龙门百尺桐，置身莫任居高覆。"诗歌把梧桐园曾经的喧闹与冷清，宫女的逢迎与寂寞，园中景色的华丽与凋零，刻画得淋漓尽致。

清代甪直人许名崙写过一篇《梧桐园吊古并序》："甪里枫庄，吴宫乡者，实吴王夫差梧桐园故迹也……嗟嗟，物换星移，风流云散，亭台丽景，只绕寒烟，粉黛美人，遂成黄土。"曾经的叱咤风云已烟消云散，昔日的香车美人已零落成泥，只剩下茅屋数间，令人唏嘘。在一代代文人的笔墨追问下，梧桐园位于甪里，几成定论。

梧桐园，是吴王夫差蓄养美女、寻欢作乐的行宫，还是他招纳人才却无人响应的地方，已经没有答案了。当年在梧桐园里翘首以盼的宫人们，等到的不是前来"翻牌子"的吴王，也不是力挽狂澜的大才，而是越国的铁蹄和吴王自刎而死的噩耗。吴王夫差当政第二十三年的深秋，梧桐园的叶子一片片飘落，却无人打理，园亦静如空庭。

我们重拾梧桐园的话题，不是为了再现吴王夫差的荣光，而是以他的沉痛教训为警示，让我们铭记，居安思危和重视人才是国家振兴的基石；主政者的丰功伟业，不在于拥有多少标志性建筑，而在于给老百姓营造安居乐业、和谐幸福的社会环境。

城隍老爷春申君

老一辈的甪直人都知道,古镇和丰桥北曾有一座府城隍庙,供奉的是春申君黄歇。东海之滨的甫里,怎么会把楚国人黄歇敬为城隍老爷呢?

春秋战国时期,诸侯之间战事纷起,社会动荡不安。公元前473年,越国灭吴;公元前306年,楚国灭越。此后一百多年,甫里属楚国。春申君黄歇就生活在楚国占领吴地的那个时期。东海之滨的姑苏大地,曾属于春申君黄歇的封地。如今的上海,当时还只是滩涂,也是黄歇的封地,明代时为解决水患而修的黄浦江(又称黄歇浦、申江),还有上海的代称"申城",都是为了纪念春申君黄歇。

黄歇才学过人,风度翩翩,粉丝众多,被誉为"战国四公子"之一(另三位是魏国信陵君魏无忌、齐国孟尝君田文、赵国平原君赵胜)。黄歇年轻时有勇有谋,出使秦国时,他让在秦国当人质的楚王穿上自己的使者服饰,偷偷返回楚国,自己则住在楚王的宿舍里装病,几天后才出来,承认自己是楚王的替身,宁愿受死。幸好秦王饶恕了他。

黄歇草根逆袭,换来了他在楚国的荣耀,位居相国。楚考烈王没有子嗣,黄歇很着急,给楚考烈王找了许多美女都无济于事。黄歇的门客李园有个妹妹叫李环,色艺俱佳。李环托哥哥将自己引荐给黄歇,黄歇对李环一见倾心,两人如胶似漆地过了一个月。李环对黄歇说,楚王没有子嗣,你把我献给楚王,可保你荣华富贵。黄歇明白李环的弦外之音——她已有喜,想让他偷梁换柱。

《史记》载:"春申君相二十二年,诸侯患秦攻伐无已时,乃相与合从,西伐秦,而楚王为从长,春申君用事。至函谷关,秦出兵攻,诸侯兵皆败走。楚考烈王以咎春申君,春申君以此益疏。"当时,黄歇吃了败仗,已在楚考烈王那儿失宠,一旦楚考烈王不在了,他可能一夜之间便会一无所有。也许是春申君太看重权势了，也许是利令智昏，也可能是年老糊涂了，他竟然同意了李环的建议。

李环如愿以偿得到了楚王的宠爱，还生下了一个大胖儿子。李环的哥哥李园得到了重用，春申君也保住了相位。李园觊觎黄歇的权势，生怕黄歇说漏了嘴，就通过李环给楚考烈王吹枕边风，把黄歇调离都城，封了淮北十三县，让黄歇去了淮北。李园想灭了黄歇，在妹妹跟前说黄歇的坏话。李环顾念与黄歇的旧情，就对楚王说，"以吴封春申君，使备东边"。吴地东面是海洋，当时还没倭寇与海盗，有什么好防的？李环让黄歇到吴国旧地（今无锡、苏州、上海一带），意在保全黄歇。

黄歇带着他的一帮门客来到吴地，像治理国家一样，把吴地治理得井井有条。淤塞的河道得到疏浚，荒芜的田地得到开垦，混乱的社会秩序得到改善，连年征战的百姓得到喘息，家里有了余粮，口袋里有了余钱。李园虽在朝内位高权重，但他担心黄歇把与李环有染的事泄漏出去，一直想杀黄歇灭口。黄歇的门客朱英提醒黄歇，要他小心李园的狼子野心。黄歇却说："李园，弱人也，仆又善之，且又何至此！"黄歇过于自信了，他觉得李园是个软弱的人，在自己手下当门客时表现也很好，谅他不会怎么样的。然而，他失算了。当他得知楚考烈王去世，回都城吊唁时，被李园派遣的刺客杀死，身首异处。"当断不断，必受其乱"，春申君黄歇的遭遇，就是对这句话最好的一个注脚。

虽然黄歇不得善终，但是吴地的百姓却很怀念他。苏州建起了春申君庙，甪里修建了府城隍庙，庙里供奉的就是春申君黄歇。黄歇是个有才能的人，不管他的个人命运如何，只要他在执政期间眷顾老百姓，老百姓就会记得他的好，一如后来与朱元璋争夺天下的吴王张士诚。在朱元璋眼里，张士诚是眼中钉，但在苏州老百姓的心里，张士诚是个好领导。张士诚死后，老百姓在他的生日农历九月初四烧香祭祀他，民间称"九四香"，俗称"狗屎香"。人们私下里仍在谈论张士诚的事情，由此衍生出一句苏州话叫"讲张"。

春申君管理吴地时，甪里只是一个村落，春申君死后，甪里怎么会建有府城隍庙呢？府城隍老爷在冥界属于市县级官员，一个村或一个镇

府城隍庙

建府城隍庙是否越级了？一个市、一个县、一个乡镇、一个村或几个村，过去都建有城隍庙，城隍老爷相当于当地的土地爷，冥界中地方上的一把手，护法神。城隍老爷由于级别不同，影响范围也各不相同，但府城隍庙的层次要高于县城隍庙和乡村城隍庙。甪里修建府城隍庙够格吗？笔者猜想，黄歇可能选择在甪里办公，管理这一片地区，因为甪里有吴王夫差的旧行宫，用作公馆正合适。在春申君办公的地方修建府城隍庙，也就名正言顺了。

府城隍庙位于甪直镇和丰桥以北，习称府庙。初为孔侯将军庙，创建于元至元年间，《甪里志》载："相传庙后为将军屯兵处，被火焚害，人葬其军器于三千湾水中。"明万历年间，苏姓庙祝募款将其改为府城隍庙，祀春申君黄歇，衬祀孔侯将军。清咸丰年间，庙被太平军焚毁。清同治初，乡人募资重建。

民国初期，甪直乡绅沈柏寒为发展教育，在圮废的府城隍庙旧址上兴建了甫里小学三院，招收一、二年级的学生。后来，在府城隍庙旧址上还修建了一座电影院。原先的府城隍庙已不复存在，但在原址周边还保留着府庙弄、庙后头等地名。21世纪初，甪直居民利用府庙弄东侧的空地，建了一间微缩版的府城隍庙，每逢初一、月半和农历节日，民众烧香祭祀黄歇，祈福平安。春申君在天之灵，应该感到一丝安慰了吧！

摇城遗址在澄湖

苏州人习惯把泰伯视为吴地居民的祖先。其实，在"泰伯奔吴"之前，吴地土著已存在了数千年。

1974年春，澄湖西岸的车坊村民在围湖造田时于湖底发现大批文物和古井。南京博物院与吴县文管会随即配合清理古井一百五十口，抢救出土各类器物一千二百余件。这些器物分别属于崧泽文化、良渚文化、马桥文化、西周及汉至宋各个时期，充分说明此地在数千年前已有人类聚居繁衍。由于当地地势较低，经常受洪水浸淹，直到北宋末期，原住民不得不搬到附近地段生活。

据专家考证，这处被湖水淹没的城邑，便是春秋战国时期越王摇城的遗址所在。《越绝书·吴地传》有云："摇城者，吴王子居焉，后越摇王居之。稻田三百顷，在邑东南，肥饶，水绝。去县五十里。"摇城，吴国的王子曾居住在这里，后来，越王摇也居于此。在城东南，有三百顷稻田，土地肥沃，皆赖水源好到了极点。城邑距离都城五十里。

吴国被越国所灭，吴地称勾吴，这是勾践在宣示主权，暗示吴国属于他的了。这个越王摇与苏州有什么渊源呢？越王摇是勾践的后裔，生活在战国末期。他的前任越王翳曾从越地迁都姑苏（今苏州）。越王摇在苏州生活过十几年。公元前214年，越王摇被秦始皇打败后，就迁回大溪（今浙江温岭），后又迁往东瓯（今温州）。秦始皇于公元前214年废除瓯越王摇，赐驺姓，设会稽郡。几年后，驺摇随项羽反秦，因受冷遇而归乡，后随刘邦打败项羽。公元前192年，驺摇被汉皇封为东海王，于公元前185年去世，享年六十六岁。摇城因越王摇曾居于此而得名。从出土文物看，在越王摇来苏州之前，这个地方早就有人定居了。

车坊的瑶盛、大姚、澄墩等村庄，就在澄湖边上，围湖造田人为地

摇城遗址

把田地向湖中延伸了几里,致使摇城遗址部分被埋在了农田下。车坊盛产"水八仙"和优质稻米,与古籍上记载的信息相符。摇城与瑶盛的读音极其相似。1986 年,摇城遗址被列为吴县重点文物保护单位,2001 年被改为苏州市文物保护单位。

2003 年 9 月下旬,位于澄湖北岸的甪直镇郭巷村一带,在湖底清淤取土时又发现历史遗存。苏州博物馆和吴中区文管办再次进行了发掘。经过两个月的工作,发现水井四百零二口、灰坑四百四十三个,抢救出土各类文物近五百件,有崧泽文化时期的彩绘陶瓶、黑皮陶壶,良渚文化时期的提梁壶,西周时期的陶尊,东周时期的铜削等珍贵文物。还有一定数量带有中原文化元素的仿铜陶器,因为吴地曾经作为楚国的属地,自然而然吸收了外来的工艺。

这两次发掘都证明了澄湖的西北部曾经是一座城邑,与地方志上的记载不谋而合。据《吴郡甫里志》载："陈湖，相传旧本陈州，沉为湖。迄今湖水清浅时，底有街井、上马石等物，舟人往往见之。"澄湖北岸的席墟（古代种植席草和交易草席的地方）、支家堰（为拦截洪水、保护家园所筑的坎）、东关（摇城东部的一处关隘）等地名，隐约说明这一带在古代便已人丁兴旺、商业繁荣，是一处规模不小的城镇。

澄湖旧称沉湖、陈湖，"地陷成湖"是成立的，但沉下去的并不是陈州城。真正的陈州，位于河南，今周口市淮阳县境内，该地有太昊陵、平粮台和曹植墓等古迹，戏剧《陈州放粮》的故事说的就是那里。晚唐诗人陆龟蒙、皮日休等经常泛舟吴淞江，从甫里到松陵游玩。吴淞江距离澄湖很近，但他们的诗文中从未提及数万亩水面的陈湖（今澄湖），而南宋乾道八年（1172）寂堂禅师在碛砂洲建延圣院时，澄湖已形成。据此可知，澄湖当在五代十国至南宋初期逐渐形成。

尽管，摇城遗址在澄湖西北部已被专家确认，但摇城的前身，还可推向两三千年。甪直地区的先民依水而居，并通过凿井创造水源，抵抗干旱，从纯粹地依赖自然向合理利用自然过渡。而原始村落和碳化稻谷的发现，说明距今五千多年前，甪直人的祖先已开始种植水稻，不仅证明了人工栽培水稻的历史，同时也表明了当时社会经济开始从渔猎经济向稻作农业经济转化。各种实用陶具和精美玉器的大量出土，说明当时的手工业和冶炼水平已达到一定的高度。

《吴趋访古录》有《陈湖》诗："沧海桑田事有无，陆沉空复吊陈湖。烟波笠泽鱼龙影，风物江乡蟹稻区。岂是昆池馀劫火，任教水国长菱芦。蓬莱清浅今三度，井石分明竟沼吴。"沉睡在澄湖水底的城池，其人类活动从新石器时代一直延续至北宋，数千年绵延不息，可见此遗址曾是中华文明的发祥地之一。

孙妃与孙妃墓

甪直古称甫里,其西南五里处,有一个十来亩的水面叫孙墓洋,传说水底下是孙权一位爱妃的墓,俗称孙妃墓。相传孙妃出生于墓西,后人称墓西处为孙妃村;相传孙权葬爱妃后,派族人于湖东看护陵墓,世代相袭,此处故名孙墓村,村中俱是姓孙的人家。

这位孙妃的身份,至今蒙着神秘的面纱。《吴郡甫里志》《元和县志》等地方志上只是提及,并未介绍她的身世。西晋陈寿的《三国志·吴书·妃嫔传》,一共记载了孙权的谢、徐、步、王、王、潘等六位夫人,均是名门之女,并无这位孙妃。东晋张勃的《吴录》和东晋王嘉的《拾遗记》,补录了孙权的袁夫人、仲姬和赵夫人等,也没有这位孙妃的记载。但是,这位孙妃离世后,孙权以水葬庇护她并且派族人长期看护陵墓,这种待遇不是一般的妃子能享有的,显然她在孙权心目中占有特殊的地位。

孙权小时候生活在老家富阳和杭州一带,十岁时,父亲孙坚死后,兄长孙策继续驰骋疆场,取得节节胜利。孙权和母亲吴国太随后到吴郡的郡治吴县生活。吴郡是孙权家族大展宏图的根据地,是其成就帝业的大后方。孙权虚龄十九岁时,孙策被人刺杀,孙权接手父兄的基业,成为一方诸侯。也就是说,孙权大约十二岁至十九岁,生活在吴县。后来他攻城拔寨,三国鼎立,才先后迁往京口(镇江)、建业(南京)、武昌等地。孙权居留在吴县期间,少不得游山玩水,结交英雄豪杰。传说有一次,他在郡城东面桃浜(因村中遍植桃树而得名,明清以后因村民多有从事砖瓦制作和陶瓷品交易者,遂称陶浜)欣赏桃花时,遇见村里一位美丽的姑娘,两人一见钟情。然而,由于姑娘出身卑微,孙权的初恋没有得到母亲的认可。在吴国太看来,只有与江东名门望族联姻,方能

> 甫里志
> 古蹟
> 闔閭浦　吳王闔閭離宮也在里之西南一名合塘今名
> 孫墓洋為蘇松水路之要津
> 倪瓚闔閭浦　極目煙江盡頭屈指搖城渡口世人
> 不理曲肱自酌黃雞白酒
> 虞堪前題　闔閭浦口晝船開與送秋潮海上回霜
> 樹露花紅窨寵梵宮仙館碧雀崇兩飛越鳥與又鴝又過
> 北帶吳山隱薩來欲把一盃觀浩蕩乘風擒挹苦相
> 催
> 吳宮　郡志載吳宮在元和縣治東五十里吳王別宮里

《甫里志》中关于孙墓洋的记载

对孙权的事业有所帮助，她不允许一名贫贱少女影响孙权的前途。

尽管孙权在母亲的安排下，先后娶了谢夫人和徐夫人，但他并没有放弃心上人，而是偷偷把她带在身边，行军打仗也不例外。她虽非明媒正娶，却是孙权的心头肉。孙权的长子孙登出生于209年，而208年是赤壁大战之年，孙权能于百忙之中临幸孙妃，其人必是近在咫尺了。据史料记载，孙登出生后，因其生母身份"庶贱"，由孙权的徐夫人担任孙登的养母。孙登的母亲极可能便是这名来自桃浜的民女。孙妃生性恬淡，不喜欢后宫的争斗，也可能受到孙权几位夫人的排挤，加之骨肉分离，孙权又移情别恋于步夫人，她心灰意冷，故而辞别回乡，从此没在孙权身边出现。孙权还是深爱她的，他称帝后，准备立孙登为皇太子，孙登推辞道："要立皇太子，应该先立皇后呀！"孙权问："你的母亲在哪里？"孙登毫不犹豫地回答："在吴郡。"孙权一时语塞，因为纵然孙登的母亲还活着，他也不可能立她为皇后。孙权由此心生愧疚，直到七十岁也没立皇后，但还是立孙登为皇太子。241年，三十三岁的孙登因病离世。临终前，孙登留下一篇《临终上疏》，心系家国，情真意切，令人动容。孙登的英年早逝，让其母亲孙妃伤透了心，孙妃郁郁成疾，不久便离开了人世。孙权没有忘记这位初恋情人，知她与世无争，素喜清静，便以水葬的方式，让她长眠于水底，不让世人打扰她的清梦。(他父母孙坚夫妇、兄长孙策都是在苏州盘门外土葬的。唯孙妃以水葬，显然是一种偏爱了。)

20世纪80年代末，在孙墓洋以西、陶浜以南，甪直镇修建了一座砖窑厂。人们为便于上下班，在孙墓洋修筑了一条堰堤，又在西侧的河道上修建了一座木桥。1991年，有村民承包孙墓洋养鱼，抽水晒塘，在河底发现一大片烂淤，用篙子试探深浅，发现淤泥下面有石板。不少村民在淤泥中淘到陶器、瓷器之类的古董，后被古玩商以每个二三十元的价格一股脑儿收去。村民害怕石板下面有机关，没人敢揭开一探究竟。当时村民也没去通知文管部门，仍将此处作鱼塘使用。2003年，因苏州环城高速公路的建设，孙墓村整体搬迁至唐家浜以东，孙墓洋被填了一部分，孙妃墓没有进行抢救性发掘，墓中有无墓志铭之类不得而知。孙妃到底姓甚名谁，生卒何年，或将永远湮没于地下，成为千古之谜。

转念一想，这对孙妃来说，未尝不是幸事。

张镇与张陵山

民谚云："先有张陵山，后有甪直镇。"相传约2500年前的春秋时期，吴王阖闾在苏州城东开阖闾塘，建离宫，吴王夫差在吴淞江畔修建行宫梧桐园，两者之间有个村落，方圆刚好一里，故称甫里。甪直古镇由甫里村发展演变而来。张陵山有座城隍庙，庙宇里敬奉的城隍老爷叫张镇，附近的乡民把张镇视为护佑一方的神仙。那么，张镇是谁呢？

张陵山位于甪直古镇南三里处，原有东、西两陵，实为两个相距百米左右的土墩，高二三十米，面积约六千平方米。1975年始，甪直第一砖瓦厂在张陵西山取土制砖，当时出土的玉镯、玉瑗、玉管、穿孔玉斧、石斧、石锛、陶器等文物流失于民间。为抢救文物、研究历史，南京博物院和吴县文管会于1977年5月和1979年9月，在张陵西山进行抢救性发掘，清理出新石器时代墓葬十一座、东晋砖室墓五座，抢救出土文物二百余件。1982年，砖瓦厂又到张陵东山取土，山体被挖去近一半。南京博物院和甪直文保会于1982年8月和1984年6月进行抢救性发掘，清理出崧泽文化、良渚文化及吴国时期的墓葬四座，出土了璧、琮等玉器三十余件和一些陶片。张陵山出土的大量文物，现收藏于南京博物院等处。

张陵山的考古发现，证明在五六千年之前，甪直地区已有人类繁衍生息，据其生产、生活用品来看，已达到一定的文明程度。半座张陵东山因此得以保留下来，成为一处非常重要的古文化遗址。

张陵西山的东晋墓中，出土有生产工具的石器、玉制装饰品、生活陶器及晋代青瓷。《张镇墓志》就在四号墓（张镇夫妇合葬墓）内出土。这是继南京、镇江、马鞍山等地出土的东晋墓志之后，又一新的发现。正面碑文："晋故散骑常侍，建威将军，苍梧、吴二郡太守，奉车都尉，

《张镇墓志》正面

兴道县德侯,吴国吴张镇字义远之郭。夫人晋始安太守嘉兴徐庸之姊。"反面碑文:"太宁三年,太岁在乙酉,侯年八十,薨。世为冠族,仁德隆茂,仕晋元明,朝野宗重。夫人贞贤,亦时良媛。千世邂逅,有见此者,奎憨焉。"碑志文内容包括墓主姓氏、官阶、爵位、籍贯、卒年及夫人郡望等。

《世说新语·赏誉》记载:"吴四姓旧目云——张文,朱武,陆忠,顾厚。"吴郡张氏家族自汉代步入历史舞台,宗族势力日渐壮大,历经孙吴、两晋、南北朝，三百余年风流不衰。西晋时张翰的"莼鲈之思"的故事脍炙人口。东晋时期，吴郡张氏中较早崛起的人物是张镇。张镇的孙子张凭，字长宗，做到了司马昱的太常博士，后累迁尚书吏部郎、御史中丞，也是一位很有成就的人物。

从张陵山出土的《张镇墓志》来看，张镇生于晋太宁三年（325），属鸡，卒于404年，享年八十岁。他家是吴郡的望族，他当过散骑常侍（在皇帝左右规谏过失，以备顾问）、建威将军（魏晋时期的建威将军拥有兵权，多为刺史或郡守兼职的方镇）、苍梧郡和吴郡的太守（一郡之最高长官）、奉车都尉（汉晋时期，掌管御乘舆车的武官，相当于皇帝的车队长和侍卫长）、兴道县德侯（史载张镇因讨伐王含有功，被封为兴道县侯。县侯是爵位，可世袭。东汉末年有郡侯、县侯、乡侯、亭侯等多种，县侯为第二品爵，食邑八千户。比如诸葛亮是武乡侯，关羽是汉寿亭侯）。从张镇获得的多个官职来看，他是个文武双全的人才。

据碑志和史籍记载，张镇的主要职务是苍梧郡太守和吴郡太守。人们常将某郡的太守以其姓加郡名作为敬称，如此，张镇就被称为"张苍梧"。比如唐朝韦应物任苏州刺史后，人称"韦苏州"。至于有人说张陵山有西汉丞相张苍墓的说法，是没有依据的。张陵山没有出土《张苍墓志》，史志上记载的张苍墓在河南，从没有在张陵山的记录，或许，是把"张苍梧"音讹为"张苍墓"了。吴语中，两者的读音非常接近。

俗话说："入土为安。"不过，《张镇墓志》的最后一句话"千世邂逅，有见此者，奎愍焉"，意味深长，仿佛当年给张镇写墓志的人，预见到千年之后此墓葬会重见天日。原话的意思是："千年之后见到此物的人，让我惶恐不安。"言下之意，咱们有缘相见，希望您手下留情。

碛砂寺与《碛砂藏》

坐落于吴中区东部的甪直，是中国历史文化名镇，无论是甪直人还是游客，都知道镇上的千年古刹保圣寺，而保圣寺里的塑壁罗汉，1961年入选国务院公布的首批全国重点文物保护单位，是甪直人引以为傲的文化瑰宝。其实，甪直还有一颗明珠，就是甪直镇澄湖边上的碛砂寺。碛砂寺的宋刻大藏经，是令世界赞叹的佛教经典大藏。民国时期，《碛砂大藏经》（简作《碛砂藏》）就享誉海内外，在美国、日本都有收藏。碛砂寺也因这部《碛砂藏》，广为人知。

碛砂寺的风雨变迁

要说碛砂寺，先说一下碛砂。

据字典记载，碛，浅水中的沙滩；碛砂，水中沙堆。

碛（zè）砂是吴方言读音，普通话叫碛（qì）砂。

大约一千年前，碛砂只是澄湖北岸的一块荒地，像手掌一样伸进澄湖，叫"碛砂洲"。南宋乾道八年（1172），寂堂禅师从上海华亭过来，在澄湖边看到碛砂洲，感觉是块难得的风水宝地，便决定买下来。当时这块地属于席墟一位姓费的人家，费氏是经营席草的商人，赚到钱后，大量购买土地，当起了地主。刚好费氏笃信佛教，就对寂堂禅师讲，这块地不卖给他，但是可以送给他。寂堂禅师非常高兴，就在碛砂洲造了个庙，给寺庙起名"延圣院"，后来也叫过"延圣禅院"。由于延圣院在碛砂洲上，大家习惯称其为"碛砂寺"。

寂堂禅师没出家之前姓祝，叫师元，也叫道原，平江府华亭县人，华亭就是现在的上海松江。寂堂禅师在碛砂寺布教弘法，信徒众多，影响广远。四乡八镇的善男信女，都来进香礼佛。寂堂禅师修建碛砂寺的目的：一是镇一方水土，不让澄湖再泛滥成灾，同时弘扬佛法，造福乡

碛砂寺旧础

民；二是澄湖无风三尺浪，过往船只经常翻船，寂堂禅师在此建庙收徒，便于搭救落水者。

　　碛砂寺建成之后，经历了风风雨雨，多次损毁和重建。碛砂寺自南宋至明初一直在刻印大藏经，鼎盛时期，光雕工就有五百八十人，可见碛砂寺曾经的辉煌。据史料记载，南宋宝祐六年（1258），碛砂寺发生一场大火，寺庙基本被烧毁，只有藏经阁和寂堂塔（供奉寂堂禅师的舍利子）没有烧掉。南宋咸淳初，住持可枢根据寺庙的毁坏程度，组织徒弟募集资金进行修复。之后住持惟吉，继续进行修建工作，几年后，碛砂寺恢复了昔日的雄伟壮丽。元代时，碛砂寺还管理附近的三个庵堂：集福庵、集庆庵、迎福庵。这三个庵堂分布在陶巷、郭巷、陆巷一带，都在澄湖边上。

南宋末年，碛砂寺住持惟吉禅师的《碛砂禅寺记略》载："寺建有天王殿、白衣观音殿、大雄宝殿、观涌堂、藏经楼等百余间，大雄宝殿雄视千顷碧波，壮观嵯峨。吴中寺院无能有与殿比隆者，蔚然是一大丛林，与云岩寺、保圣寺、灵岩寺并称吴中四大禅刹。"

明朝永乐十五年（1417），志端和尚再次重修碛砂寺。明嘉靖初期，大雄宝殿、藏经阁、附近的僧寮等再次被烧毁，成为废墟，只有天王殿的屋架子幸存下来。和尚纷纷离开碛砂寺，留下来的只有一两个人，留下的和尚在旁边搭了间房子，供观音大士香火。明代崇祯中期，碛砂寺彻底圮塌了。

明代沈周有《过碛砂寺》诗云："双幢落日倚渔汀，北下孤舟此暂停。野客偶惊云外犬，老僧随掩石边经。沙洲古树藤萝紫，宝殿遗基荠麦青。今夜试留湖上枕，疏钟高浪不堪听。"沈周生活在明中期，是著名的吴门画师。当时的碛砂寺已经一片荒凉，也就是一座破庙，还有留守的老和尚住在里边。沈周乘的船停靠在碛砂寺边的码头，他听着隐隐的钟声，还有浪头拍打船板的声音，有点伤感，辗转难眠。

明朝文学家归有光到过保圣寺，也到过碛砂寺。他乘船从清水江来到澄湖，远远望见在村舍竹园之间冒出碛砂寺门柱的尖角，走近一看，寺院破落，长满荒草，几间草房变成了鸟儿栖息的天堂。归有光当即吟诗一首："望见石柱立，知是招提址。莲宇已燹荡，土墙何迤逦。淡淡远天色，梅花带寒雨。溪回竹树交，风吹鸟雀起。日暮湖波深，苍茫白云里。"昔日刻印大藏经的碛砂寺，如今辉煌不再，湮灭于烟波风尘之中，任人追思。

清代康熙六年（1667），僧人狮侣在碛砂寺旧址重建了几间平房。清康熙末，僧人祖圆来住，对碛砂寺的几间破房子做了修修补补。狮侣和祖圆，曾经在甪直镇上的海藏禅院当过住持，晚年才到碛砂寺居住。由于香火不盛，到清朝晚期，碛砂寺僧徒四散，只剩几间破屋，成为当地的一座土庙。1925 年，风光不再的碛砂寺，又发生一场火灾，寺庙荒废，没有人管理了。

1931 年，《碛砂藏》在上海影印出版，影响巨大。叶恭绰曾发表过几幅 1925 年碛砂寺火灾前的照片，一是碛砂寺全景，二是从澄湖看碛砂寺，三是碛砂寺遗存雕塑。叶恭绰提及，碛砂寺遗存的宋代莲花青石柱础多只，其直径达到一百厘米，移置于保圣寺。现在我们在保圣寺西院看到的那些青石柱础，很可能就是碛砂寺的遗物，并不是白莲寺留下来的。隐居于甪直（甫里）的晚唐诗人陆龟蒙，曾写过《白莲》诗，但他的诗文中从未提及白莲寺。明代的归有光在保圣寺住过一段时间，他的诗文中也没有提到那些青石柱础。现代著名教育家叶圣陶曾于 1917 年至 1921 年在甪直保圣寺内的吴县县立第五高等小学任教，著名学者顾颉刚也曾应邀来保圣寺游玩，他们都没有在文章中提到那些一地铺开的寺庙柱础，说明那些柱础极可能不是保圣寺的原物，而是 1931 年后从别处（碛砂寺）移过来的。

民国中期，碛砂寺已名存实亡。民国晚期，碛砂村民在碛砂寺原址修造了几间房子，供奉几个泥塑菩萨，每逢初一、月半到碛砂寺烧香礼佛。"文革"期间，碛砂寺里的菩萨被推倒，碛砂寺被改建为碛砂小学。当时，尚遗存有围墙、门楼、门口两只石狮子和几间房宇。寺内有古井一口，水质清澈。20 世纪 80 年代末，农村小学合并，碛砂小学也不复存在，几间校舍被拆除，只留下一个土墩，庙后头还有一片荒地，成为碛砂村民的自留地。2003 年，碛砂村西侧金澄明珠房产开发时，曾发掘出大量厚实木板，很可能和碛砂寺的雕版印刷有关，由此可见当时刻经工坊规模之宏大。

2006 年，本着对家乡深厚的情感、对历史文物的追怀，我起草了《重建甪直碛砂寺报告》，由碛砂村六组的孙雪花、顾香仙、等人呈给苏州市吴中区宗教事务局。吴中区宗教事务局和甪直镇政府同意后，孙雪花、顾香仙、朱素珍，每人出数万元，加上碛砂村民助愿，一共筹集到五十五万元人民币。2006 年 10 月 3 日奠基，2007 年 2 月 2 日大殿竣工。新建的碛砂延圣院占地一千平方米，大殿三百平方米，供奉三世佛暨文殊、普贤、观音、地藏四大士。2009 年，吴中区宗教事务局委派中国佛学院灵岩山分院毕业的礼敬法师担任住持。

2013 年，常嘉高速公路开工建设，碛砂寺不得不从原址搬迁，暂时安置在碛砂大桥东侧搭建的彩钢瓦建筑内。2016 年 12 月 18 日，在常嘉高速碛砂段的东侧、碛砂寺原址的东北部，启动了重建碛砂寺的奠基仪式，并举行《碛砂藏》刊行八百周年纪念庆典。2018 年，碛砂寺在旧址重建，护佑一方，续传福音。

关于碛砂寺的始创年代，民间有传说碛砂寺初建于南北朝梁武帝时期，还说延圣院是"延续保圣寺香火"的意思，其实是不确切的。查考史料，南北朝时澄湖尚未形成，宋代之前并没有关于碛砂寺的记载，南宋初期范成大编的《吴郡志》中没有收录"澄湖（或陈湖）"和"碛砂寺"的条目。元代的碛砂寺住持圆至，在他写的文章中，明确提到碛砂寺是南宋乾道八年（1172）开始创建的，他还详细记录了当时碛砂寺的规模。圆至是元代人，而且是碛砂寺的住持，他的文章比较可信。明代的地方志中，已有碛砂寺的记载了。明代张德夫修的《长洲县志》载："碛砂寺，陈湖北，二十六都，宋建。"清乾隆年间《元和县志》载："碛砂禅寺，旧名延圣禅院，在二十六都陈河之北。宋乾道间僧道原建。诗僧天纪尝注周伯弼所选三体诗，名《碛砂唐诗》。中有大藏经版，明永乐十五年僧智端重修建。"

平江府陈湖碛砂延圣院记

[元] 圆至

姑胥以水为国，民庐皆岸沟港滨泖泾而居。畎亩之间，有浍洫，无涂径，虽东阡越西陌，非舟不通。荒村下聚，菰苇鱼鸟之乡，陂湖浸淫，涂卤渗溢。至于水之不及，人乃以为桑、为田，犹必堤其外，以备水之争。环州四疆，其东为海，北、西、南为具区。娄松之江贯其内。土耕民与食于水者，户相半。猾商游贩，出疆入境之舟，岸牵港刺，夜歌昼行。大抵一州之间，民里往来，以水为径，不独资之以生而已。然其险不测，非如蹈土驾陆之安。故远涉者必恃中流有避患之地，乃敢无恐而济。

陈湖在长洲东四十里，当华亭、吴江之间。两界民舟之东西行者，鱼衔而蚁接。然其水混江际海，以云为涯，旦而放舟，日昃而后至岸。其浪波潮汐之壮，足以败舟帆而宿奸宄。宋乾道八年，寂堂禅师来自华亭，得湖中费氏之洲，曰碛砂。乃庵其上，为中流之镇。民利其留而惜其势之犹小也，更为大招提宫室居之。于是穹殿涌堂，屹流崛兴，据津瞰汜，碇泊凑附。既成，因所请，故额曰"延圣院"，而定其传为甲乙之居。寂堂没，其子孙立浮图以祀其舍利，又刻三藏之经而栖其板于院北之坊。其后，碛砂四面沙益延而水日却，东北皆为田，属于岸。延圣子孙益蕃衍富盛，其才贤者争以学术自缘饰，时节众会，文物布述，粲然矣。宝祐六年，延圣大火，独忏殿与寂堂之塔不火。咸淳初，住山可枢按火所毁，募其徒分而构之，益为壮靡，以加旧观。迨今吉公之世，延圣院复成。吉为六世之勤，未能有记，以留不朽，使其老清懋买石以请于余。盖自宋之季年，郡国兵饥，大姓贫而施予之家少。名山大川，化佛灵僧，鼓钟香火之宫，福民寿国之祀，其栋宇不幸而坏废，则无以劝豪杰之财力而复于成。能自植立于丘烬之中，以存其旧者少矣。独延圣益而有馀力以增钜丽为崇侈，其勃兴决起之势，非独不挠于时之难，而屋室之盛、赀聚之赢，方且擅强于今而加富于昔。虽其嗣继材智，能争翔竞奋，以大其门，亦寂堂养培积种以遗其后者丰，坚根硕叶之荫茂也。呜呼，盛哉！

寂堂祝氏，讳师元，华亭人，尝学于水庵一公、密庵杰公，有名。孝宗时，多灵德异迹。既老，又为白莲寺于弁山之下，而归终于碛砂。其言有录而行有铭，故不繁载于记。

碛砂寺几经风雨，屡有毁建，人们没有忘记它在中国传统文化史中的杰出贡献。只有不遗余力地保护好诞生经典文化的根，世界文化遗产这棵大树，才能枝繁叶茂，福泽四方。

《碛砂藏》的来龙去脉

《碛砂藏》，全称《平江府碛砂延圣院新雕藏经律论》，是一部闻名中外的佛教诸藏汇编，因开雕于平江府（今苏州）碛砂延圣院而得名。《碛砂藏》是现存大藏经中装有扉画的一种，藏经每函起始的扉页都有释

碛砂寺内新仿刻的《碛砂藏》雕版

迦牟尼说法图，形态各异，栩栩如生。书中的字有端庄挺拔的欧苏体，有圆润豪迈的柳体，还有清新秀丽的赵体。雕刻技艺的高超和书法造诣的精湛，令从古至今的专家学者叹服。其版本、文献、学术价值极高，整理修补极完整，是迄今为止我国雕刻质量最好、保存最完整的宋元版大藏经，也是极为重要的佛教文化遗产。

《碛砂藏》按《千字文》的顺序"天地玄黄，宇宙洪荒。日月盈昃，辰宿列张。寒来暑往，秋收冬藏……"分门别类排列。每部《碛砂藏》经书对应一个字，并在函套上注明，每部经书还分若干卷，这样便于查阅。宋版《碛砂藏》卷末题记，明确注明刻印时间、刊经地点、刊经价格、施经者的地区及其缘由，还有哪位刻工雕刻、碛砂寺哪位僧人经手，都记得清清楚楚。

宋版《碛砂藏》，每版经文三十行，每行十七字，折为五页，每页六行。版框有天地边线，长约五十六厘米，宽约二十四厘米，装潢为梵夹本。千字文编号每函一字，一函装经十本。

宋元时期刻印的《碛砂藏》，市面上能见到的佛经基本上都收录了。明代的《碛砂藏》，有些佛经是原来没有后来补刻的，有些是抄写本。《碛砂藏》在流传过程中难免有缺损，因此有佛教徒自发抄写补充。刻印佛经是个系统的大工程，没有巨大的人力、物力、财力及对佛经的虔诚研究，是办不到的。

康有为"盗经"

康有为是晚清和民国时期的著名学者，他原来是个激进的改良派，与梁启超一道支持光绪皇帝实行戊戌变法，但是辛亥革命后，又顽固地支持溥仪复辟，成了著名的保皇派。

1923年4月，吴佩孚五十大寿，六十六岁的康有为特地去洛阳祝贺，并献寿联："牧野鹰扬，百岁勋名才半纪；洛阳虎视，八方风雨会中州。"不愧为大手笔。吴佩孚本好名，得联大喜，待为上宾。10月，经吴佩孚专函介绍，康有为入陕西，11月到西安，督军兼省长刘镇华恭迎入城。刘镇华安排康有为对各校师生演讲，还亲临主持。当时新文化运动蓬勃发展，大家都在"打倒孔家店"，康有为反其道而行，师生们对他演讲"孔教"自然毫无兴趣，纷纷退席。

康有为学贯中西，特别是他的"公车上书"，名气很响。有一天，康有为到西安的卧龙寺游玩，看到寺内的珍本经书颇多，特别是四柜南宋《碛砂藏》，让他眼前一亮。他是识货人，这些宋朝雕版印刷的佛教经典，别的地方从没发现过，实属海内孤本，奇货可居，他有了翻印出版发财的想法。

卧龙寺虽然收藏有宋刻《碛砂藏》，但保管不善，并没有发现这部经书的价值。康有为参观后，退至僧斋，他和定慧谈到这部《碛砂藏》已有虫蛀，且有残缺不全者，拟给高僧调换一部新的，以便珍藏。康有为当时说："将这旧的、不全的，交鄙人带回修补，不知意下如何？我是说到做到的，倘有疑虑，鄙人愿签字作证。"定慧在他的"好心"劝说下，应允了。康有为当场写明合同，签字换经。

康有为回到住处，就派住在中州会馆招待他的职员，带了一名马弁到卧龙寺"借"经。来人没有得到寺僧同意，便把佛经装了一轿车拉上就走。因为形色仓皇，还在路上丢掉几本。定慧发现上当，康有为拉走的《碛砂藏》乃海内珍本，价值连城，倘有差池，担当不起，于是到处呼吁，请各界人士支援。高成忍、李仪祉、杨叔吉等以保护古物为名，成立保存会，邀请许多人士开会讨论。在开会时，有人说康有为本来就不是借经，如果说是借经，他是向何人借的？寺僧本是管经的人，到处求援，说明康有为取经没有得到寺方的同意，况且去的人带着马弁，挂着手枪，不是强盗是什么！应该以盗经案向法院起诉。大家同意，便以刑事案件到法院控告康有为盗经。陕西高等法院院长段绍九说："不经地方政府同意就要运走地方的文物，这就属盗窃行为。"并接受了保存会的起诉。法院按照诉讼手续，马上出了一张拘票，派法警往康有为所住的中州会馆拘捕康有为归案。法警到会馆门口，为守门的卫兵所阻，只将拘票交康有为看了一下，即行转回。康有为是社会名人，交游广阔，一般人得罪不起，但形式还是要走一下的。

再说康有为，眼见一车宋刻《碛砂藏》到手，暗暗高兴，认为自己可以发笔横财了，不想接到了法院传票，心有不甘。想想自己的身份和人脉，谅西安的法院不敢乱来，于是准备暗度陈仓。康有为命人将佛经整理装箱，准备连夜离开。西安的进步人士得知消息，赶往中州会馆，哪知康有为已先走一步。来人赶紧又去追康有为。康有为的马车一路颠簸，据说有人在路上捡到了几本《碛砂藏》。第二天，西安的名流李桐轩、杨叔吉等人在报上呼吁，要求从康有为手中截回《碛砂藏》。

康有为"盗经"一事为西安名流所知，各大报纸纷纷对此事大加报道，整个西安市都传得沸沸扬扬。迫于舆论压力，康有为最终没能将《碛砂藏》带走，而是把经书送回了卧龙寺，当然，数量上丢失了不少。有人说是掉在路上了，也有人说是康有为把部分《碛砂藏》藏在行李中，带回了北京。

康有为"盗经"的故事，众说纷纭，真相如何，现在已经说不清了。但是，宋刻《碛砂藏》的经世价值，却因此而被世人所知。1928年10月30日，陕西省教育厅黄统下令，将1915年由开元寺发现后搬到卧龙寺的所有《碛砂藏》，移交至陕西省立中山图书馆也就是后来的陕西省图书馆收藏。这部大藏经一直保存至今，被视为镇馆之宝。

1930年，赴陕西赈灾的朱庆澜将军，考证出此部古版大藏经就是《碛砂藏》。他回到上海后，与叶恭绰、蒋维乔等文化界知名人士发起筹款影印《碛砂藏》，并请苏州沧浪亭东的结草庵住持范成法师带人前往陕西整理摄影，有缺损处取其他善本补之。直到1935年，《影印宋碛砂藏经》终于出版发行。《碛砂藏》的发现和影印出版，成为当时中国佛教界的一件盛事，名人争相索要，但数量有限，有人出巨资而不得。

《影印宋碛砂藏经》凡五百九十一册，合成五十九函，装印五百部；另有目录、附件二册，合成一函，印一千二百部。每部定价七百五十元。当时的七百五十元是什么概念？约相当于现在的七万五千元，显然普通人买不起，而且即便有钱也不一定买得着。上海影印藏经会正副会长朱庆澜、叶恭绰，向印度的中印学会、锡兰的金刚精舍图书馆、德国佛郎克科大学的中国学院各捐赠过一部。

《碛砂藏》几乎囊括了当时所有重要的佛教典籍，当然，影印版的《碛砂藏》，与宋刻原版的《碛砂藏》，文献价值不可同日而语。影印这部大藏经，是为了抢救和传承，而宋元时期雕版印刷的《碛砂藏》，现在已是稀世珍品。

《碛砂藏》的深远影响

碛砂延圣院的第一任住持是寂堂禅师。虽然《碛砂藏》的雕印是在寂堂禅师圆寂之后才开始的，但这与寂堂禅师生前创建延圣禅院，布教弘法，在远近僧徒信众中已产生广泛影响是分不开的。很可能寂堂禅师在晚年已有刊造一部《大藏经》的想法，但"出师未捷身先死"，最终他的愿望得以实现，则是继任住持不懈努力的结果。碛砂寺刻印经卷的十任住持分别是：1. 法音；2. 法超；3. 文雅；4. 可枢；5. 惟吉；6. 清圭；7. 志莲；8. 志明；9. 清表；10. 行森。

《碛砂藏》中属于宋代刻印的经卷，是在法音、法超、文雅、可枢等四位住持任期内完成的。《碛砂藏》中近八成的经卷是在元代的惟吉、清圭、志莲、志明、清表、行森等六位碛砂寺住持的任期内完成的。

明代宣德七年（1432）的刻印本，是目前所知《碛砂藏》中年代最迟者。然而，碛砂寺大藏经坊的印经活动止于何时，经版又保存至何时，尚不可得知。但是从南宋嘉定九年（1216）开板，至明宣德七年经本的刷印，《碛砂藏》的刊印历时二百一十六年，中经宋、元、明三个朝代。

《碛砂藏》的最为可贵之处，不仅在于刊刻佛经的种类齐全和刻印精美，更在于这是一次民间自发的刊印大藏经的行为，不是政府组织或者政府出资的，而是由佛教信徒自愿捐资、由碛砂寺僧人主持、由寺内大藏经坊实施刻印的民间行为，实属难能可贵。

出自苏州甪直镇碛砂寺的佛教经典《碛砂藏》，不止在国内影响深远，在亚洲、欧洲和美洲等地，都有它遗世独立、教诣化人的身影。兹胪列如下。

1. 山西崇善寺藏本

山西省太原市崇善寺珍藏着一部《碛砂藏》，是在影印本之后发现的。据寺内整理的《宋藏目录》，现存经本约五百五十一函，一千二百四十九部，五千四百一十八卷，始"地"字函《大般若经》，终"弊"字函《中峰广录》。除某册经本内因某版残缺而以手抄补足外，整卷经抄补者很少见，更无他种大藏经刻本配补之情况。崇善寺藏本的这一特点，将成为鉴别他处藏本是否为《碛砂藏》本的标准。现整部《碛砂藏》珍藏于大悲殿内三尊菩萨像右侧的两个高大的经橱内，经函用白麻纸包裹，上书《千字文》函号及卷数。因地处黄土高原，气候干燥，橱内经卷极少虫蛀，保存完好。

2. 国家图书馆藏本

国家图书馆收藏的这部《碛砂藏》，是1966年在柏林寺大殿的佛像中发现的。经抢救后，存放在善本库中。1992年在方广锠先生的指导下，对这部《碛砂藏》进行了整理，清理出两千余册，分装在十个木箱中。经本始自《大般若经》，终于《中峰广录》。

3. 陕西省图书馆藏本

陕西卧龙寺发现的《碛砂藏》，就是1935年曾经影印的版本，后来存放到了陕西省图书馆。在影印的时候就知道有内容缺失，由于找不到别的版本充实，只能留下遗憾。后来在其他地方也发现有《碛砂藏》，这是很幸运的，对恢复《碛砂藏》的全貌起到了积极作用。

4. 云南省图书馆等处藏本

云南省图书馆收藏有元印本《碛砂藏》一百七十五册。

《碛砂藏》书影

国内其他地方，已知有北京文物局、北京大学图书馆、上海图书馆、南京图书馆、南京博物院、苏州市文管会、苏州灵岩寺、四川图书馆、四川大学图书馆、四川师范大学图书馆、四川博物馆、辽宁图书馆、旅顺博物馆等，只有零星藏本。

5. 美国普林斯顿大学图书馆藏本

美国普林斯顿大学葛思德东方书库珍藏有许多宋元版的《碛砂藏》。这些《碛砂藏》来源于北京的一座寺庙——大悲寺，据说是美国人吉礼士从大悲寺的和尚手里秘密买走的。葛思德书库的《碛砂藏》，近七百册为南宋刻本，一千六百三十余册为元刻本，八百六十余册为明刻本，两千一百多册为钞配本。民国大文豪胡适曾经在普林斯顿大学当过一个图书馆的馆长，他发现并研究了那里的《碛砂藏》，并写了文章发表在报纸上。当时的国学大师汤一介，也专门研究过《碛砂藏》。

6. 日本藏本

日本各寺院、图书馆收藏《碛砂藏》的情况，据目前掌握的资料，大致如下：

（1）南禅寺藏本中有延圣院刻版《大般若经》十卷。

（2）大阪的杏雨书屋，现存《碛砂藏》五百四十八册，始自"天"字函《大般若经》，终于"感"字函《交宗镜录》。

（3）奈良的西大寺存《大般若经》五百九十六卷。

（4）奈良法华寺原存秋田城介捐赠的一部《碛砂藏》，后散失。现仅存部分《大般若经》，其中碛砂版三百三十一卷。

（5）宫内厅书陵部现存《大般若经》五百七十九卷。

此外，川越喜多院、东福寺亦有零散藏本。

日本因何能收藏如此多的《碛砂藏》？据说，1926年到用直来考察保圣寺塑壁罗汉的大村西崖，在用直偶然发现了《碛砂藏》的踪迹，暗中收买带回日本。大村西崖是日本著名的文史专家，用直是《碛砂藏》的原产地，很有可能有《碛砂藏》散落于民间，被他发现。1938年日军侵占苏州，日寇某股部队把保圣寺作为指挥部，保圣寺内存放的《碛砂藏》，有可能遭到日军掳夺。当然，《碛砂藏》也可能早就流传到了日本，因为日本人也笃信佛教。

《碛砂藏》不但是中国的佛教经典，也是世界的文化瑰宝。随着碛砂寺的重建复兴，随着中国人民的安定团结、中华文明的传承、中华佛教文化的弘扬，《碛砂藏》必将得到更好的保护。

《碛砂唐诗》几人知

中国是诗的国度,唐诗更是诗歌的高峰,然而,几万首唐诗参差不齐,我们不可能都去阅读,去芜存菁就很有必要。今天我们耳熟能详的《唐诗三百首》,是由蘅塘退士孙洙(1711—1778)编选的,距今只有两百多年的历史。现存最早的唐诗选本之一,是南宋诗人周弼(1194—1255)编选,由元初圆至评注、碛砂寺僧行魁出版的《碛砂三体唐诗》。这本赏析唐诗、介绍作诗之法的文学辅导书,是当时诗歌爱好者追捧的畅销书,比《唐诗三百首》早了五百多年。

《碛砂三体唐诗》,全名《笺注唐贤绝句三体诗法》。周弼编的唐诗选本,原为手抄本,按"三体"(五律、七律、七绝)挑选的一些诗例,后由圆至笺注,行魁于元大德九年(1305)刊行于世,因首版出于碛砂寺,世称《碛砂唐诗》。《碛砂三体唐诗》,每体前有解说,后附诗例,是供僧人习诗之用的教材,后来扩散至社会,风行一时。后代研究唐诗者,多有引用《碛砂唐诗》中的见解。

诗者,寺之言,古代僧人颇有文学素养,大多会作诗行文。历代文人爱与诗僧交往,相游唱酬,旅行也喜留宿庙宇,留下许多佳话,有名的如晚唐韦庄与贯休的忘年之交、宋代苏轼与佛印的莫逆之交等。中国的雕版印刷术刚发明的时候,就用于寺庙刻印经书及出版僧人的作品。宋末元初,碛砂寺正在大规模刻印《大藏经》,碛砂寺僧能用雕版印刷术出版社会上的文学作品,乃是领风尚之先。

圆至(1256—1298),字天隐,号牧潜,出生于江西高安书香门第姚家,他的父亲姚文叔和堂兄姚云都是进士,叔叔姚勉更是南宋宝祐元年(1253)状元。圆至早年也想参加科举,后因元兵入侵,国事飘摇,为避兵祸,他十九岁就到宜春仰山慧朗禅师祖钦处出家。后游历荆、襄、吴、

《笺注唐贤绝句三体诗法》书影

越等地，在江浙待了十年，直到至元二十七年（1290），才回江西庐山。圆至寓居碛砂寺期间，结识了寺僧行魁。两人友情笃厚，圆至回庐山后，行魁经常寄信问候。圆至的遗稿《牧潜集》，是由行魁私人出资，借碛砂寺的刻经坊出版的。行魁还将圆至注解的《碛砂三体唐诗》刊印出版，并刻成诗碑，陈列于碛砂寺内。可惜诗碑已难觅踪影。

明代都穆《南濠诗话》云："长洲陈湖碛砂寺，元初有僧魁天纪者居之。魁与高安僧圆至友善，至尝注周伯弜所选《唐三体诗》，魁割其资，刻置寺中，方万里特为作序。由是《三体诗》盛传人间，今吴人称《碛砂唐诗》是也。"圆至生前曾作《赠魁天纪》云："难医最是狂吟病，我恰才痊又到君。"两人惺惺相惜之情，可见一斑。

《黄鹤楼》是唐代诗人崔颢创作的一首七言律诗，圆至评注道："今细求之，一气浑成，律中带古，自不必言。即'晴川'二句，清迥绝伦，他再有作，皆不过眼前景矣，而且痕迹俱消，所以独步千古乎？"张继的《枫桥夜泊》，圆至评注道："'霜夜客中愁寂，故怨钟声之太早'之辞说者，不解诗人语，乃以为实半夜，故多曲说，而不知首句'月落乌啼'乃欲曙之候矣，岂真半夜乎？说诗者不以文害辞，不以辞害意，斯得之矣。"圆至指出，张继听到的钟声，并非在半夜，而是清晨即将日出之时。

《碛砂唐诗》解析"七言绝句"有云："一曰实接，大抵第三句为主，以实事寓意……涵蓄不尽之趣；一曰虚接，第三句以虚语接前两句也，亦有语虽实而意虚者……反正顺逆，一呼一唤，宫商自谐；一曰用事……必融事为意，乃为灵动；一曰前对句，兼备虚实两体……特在称停之间耳；一曰后对……必使末句虽对而词足意尽；一曰拗体……必得奇句方见标格；一曰侧体……发兴措辞以奇健为工。"再如解析"七言律诗"时说："一曰结句，诗家之妙，全在一结，遒逸婉丽，言尽而意未止……"又如解析"五言律师"时说："一曰四实，四句全写景物……华丽典重之中有雍容宽厚之态；一曰四虚，四句皆写情思，自首至尾如行云流水；一曰前虚后实，前联写情而虚，后联写景而实，实则气势雄健，虚则态度谐婉；一曰前实后虚，前联写景后联写情……一曰一意，确守格律……纵横恣肆；一曰起句……必全篇停匀乃佳；一曰结句……七言韵长以酝藉为主，五言韵短以陡健为工。"作诗要旨，一目了然，令学诗者获益匪浅。

《碛砂唐诗》，既指明诗之妙处，又剖析诗之作法，实乃旧时初学唐诗者案头必备之书，有着启蒙引路的作用，至今仍有参考价值。

梁武帝与保圣寺

关于甪直保圣寺的初创时间,历代地方志和当代研究一直存在不同说法。南宋范成大的《吴郡志》连"保圣寺"的条目都没有,只收了个"甫里庙"。可能范成大不记得寺名,便以"甫里庙"代称。明代王鏊的《姑苏志》有载:"保圣教寺,在长洲县二十都甫里,唐大中间建,宋祥符中僧惟吉重建。"在保圣寺住过的归有光,他写的《保圣寺安隐堂记》有云:"志云,寺创于唐大中间,熙宁六年(1073)僧惟吉重修。"既然保圣寺是在陆龟蒙生活的年代建造的,罗汉就不会是之前年代的杨惠之亲手塑造的。

然而,清康熙年间陈惟中《吴郡甫里志·寺宇》载:"梁天监二年(503)创,宋祥符六年(1013)赐紫衣僧维吉重建大雄宝殿。"此外,该志《凡例》中还提到,说保圣寺创于梁天监二年,是因为在崇祯庚午辛未间重修其大殿,在梁拱最高处发现一块木牌,上面有"梁天监二年创"的字样。古代确有在建筑正梁处注明修造日期的习俗。这是地方志中最早出现保圣寺始创于梁天监二年的说法,此后的志书基本沿袭了这一观点,这一观点,如今也得到大家的普遍认可。

梁武帝统治初期,吸取了齐灭亡的教训,勤于政务,"江湖诸州并得休息,开田六千顷。二年之后,仓廪充实"。6世纪初,梁武帝时期刻印问世的《千字文》,被公认为世界上使用时间最长、影响最大的儿童启蒙识字课本,比唐代出现的《百家姓》和宋代编写的《三字经》还早。《千字文》系梁朝散骑侍郎、给事中周兴嗣编纂,是一千个汉字组成的韵文,由梁武帝钦命编撰的。《千字文》乃四言长诗,首尾连贯,音韵谐美。以"天地玄黄,宇宙洪荒"开头,"谓语助者,焉哉乎也"结尾。全文共二百五十句,每四字一句,字不重复,句句押韵,前后贯通,内容有条不紊地介绍了天文、自然、修身养性、人伦道德、地理、历史、农耕、祭祀、园艺、饮食起居等各个方面。

梁武帝萧衍好大喜功,有点忘乎所以,把当皇帝当成儿戏。梁武帝为了表示他对佛教的鼎力支持,曾经数次出家做和尚,又让大臣出巨资把自己赎回,以此作为对寺庙经济的援助。他的这一做法,也倡导了全国各地善男信女给寺庙捐钱捐物的风尚。

位于苏州城东的保圣寺,与姑苏城外寒山寺同为"南朝四百八十寺"之一。保圣寺以残存的半壁唐塑罗汉闻名于世。据说,那罗汉是塑圣杨惠之手笔,至今已逾千年,保存下来殊为不易。元代大书法家赵孟𫖯曾作楹联:"梵宫敕建梁朝,推甫里禅林第一;罗汉溯源惠之,为江南佛像无双。"当地传说,壁塑中居中的达摩像,是梁武帝萧衍的肖像。一个皇帝怎会和一尊罗汉扯上关系?此事说来话长。

梁武帝登基不久,即在全国大兴寺庙,致使佛教盛行,遍地香火缭绕。梁武帝虽为一国之君,但经常溜出皇宫,到一些寺庙中讲经论佛,仿佛他不是一个皇帝,而是一个虔诚的佛门弟子。每到一处寺庙,看到香火旺盛,善男信女络绎不绝,他都倍感欣慰。短短几年,他花费大量财富,建造了许多豪华寺庙,希望天下太平,以和为贵。他厌倦了战场上的打打杀杀,厌倦了皇宫内的纸醉金迷,佛门圣地让他感到片刻的宁静和灵魂的皈依,有时甚至让他萌生放弃皇位做一个和尚的念头。

那年秋天,梁武帝带一帮随从离开都城,乘船从长江一路来到姑苏城,顺吴淞江东下,尽情观赏沿河景色。皇帝身边的一个侍从奉承道:"皇上,江南富庶繁华,人民安居乐业,都是因为皇上您治国有方,爱民如子!"侍从的话,梁武帝听得眯眯笑。船上有人提议:附近的甫里镇有个保圣寺,不知皇上去过没?"保圣寺?"梁武帝喃喃自语,"保圣不正是保护朕的意思吗?去!当然得去!"

梁武帝一众人马,随后来到了甫里镇。梁武帝一看,这甫里集镇小桥流水,诗情画意;镇外农田连绵,风景如画,犹如世外桃源。保圣寺方丈圆智出寺前来迎驾,梁武帝命寺僧照常行事,不得走漏消息。圆智久闻皇上笃信佛教,虽第一次面君,倒也不怵。

梁武帝说道:"朕一路考察,所到之处,风调雨顺,百姓欢腾,一派欣欣向荣。朕敕建之寺庙,无不人来人往,香火旺盛,朕甚是高兴。然而,朕看这保圣寺,冷冷清清,全然不像别处热闹,却是为何?"圆智微笑不语。边上侍从呵斥道:"皇上问你话呢,立刻回答!"

圆智对那粗声粗气的侍卫,毫不理会,而是双手合十,对梁武帝说道:"阿弥陀佛!贫僧斗胆一问,不知圣上要听真话还是假话?"梁武帝一愣,说道:"当然听真话!难道还有谁敢欺骗朕不成?"圆智目光镇定,缓缓说道:"贫僧冒犯,圣上一路所见所闻,未必是真,有些民情,圣上未必知情。"梁武帝来了兴趣:"哦,恕你无罪,说来听听。"圆智说道:"前些年,朝廷连年征战,男丁被抓去当兵,致使田园荒芜;近年又大兴土木,官府趁机横征暴敛,致使民不聊生,昔日富庶的江南鱼米之乡,有田无人种,有人无田耕。圣上看到本寺冷清,并非此处百姓不尊佛学,只因他们颠沛流离,食不果腹,为了生存只管拼命劳作,哪有闲钱、闲工夫前来烧香拜佛?还请圣上为百姓着想,令耕者有其田,居者有其屋,如此,则皇恩浩荡,万民敬仰!"

梁武帝自认为光兴佛教,功德圆满,平常看到的奏折,听到的汇报,也都是四海升平,国泰民安,当他听到圆智话中有"民不聊生"四字,不禁脸色一沉,刚听完,便面露不悦道:"一派胡言!你久居寺庙,孤陋寡闻,焉知四海升平?区区几个贫民,岂能阻挡朕之雄图大略?"侍卫狗仗人势,大声喝道:"大胆!你竟敢在皇上跟前信口雌黄,不想活了!"众人正要动手捉拿方丈,圆智神色坦然,继续说道:"出家人不打诳语,贫僧所言句句属实,今与圣上相遇,实乃缘分使然,若皇上不信,尽可将贫僧捉拿,听凭处治。"梁武帝冷静下来一想,或许这和尚所言非虚,倘犯下欺君之罪,是要杀头的,他敢直言不讳,必事出有据。于是,梁武帝吩咐随从:"我在寺里住几天,跟方丈好好聊聊,你们且退到寺外。"圆智双手合十道:"万万不可!国家兴盛关系民生福祉,圣上不可荒废国事,请您尽快回宫吧!"

梁武帝悻悻然离开保圣寺,但他没有立即回京,而是去了其他地方游山玩水,一路巡视寺庙,兴师动众,一个多月后才回到宫中。不久,

保圣寺罗汉旧影

昭明太子萧统去世，梁武帝悲恸不已，数日不理朝政；接着又发生了"侯景之乱"，梁武帝被困台城，弥留之际，方悟自己不该沉迷佛事，身在皇位却不务正业。若听从保圣寺方丈的话，早日以国计民生为重，哪会落到今天这般悲惨境地，唉，悔之晚矣！

岁月如流，一晃过去了几百年。一天，杨惠之途经甪里，看到保圣寺大雄宝殿的泥塑菩萨早已坍塌，遂自告奋勇，手塑罗汉十六尊。杨惠之和吴道子一起师法张僧繇，惠之自觉画技不如吴道子，于是另辟蹊径，弃画从塑，终得精妙，时称"塑圣"。杨惠之听保圣寺和尚说起过梁武帝与保圣寺的渊源，想起梁武帝沉湎佛事而最终误国的下场，他在塑达摩像时，"佛教皇帝"和"饿死皇帝"梁武帝既虔诚又消瘦及最后陷入沉思的形象，不自觉地浮现在脑海，手随心动，达摩像就不知不觉带有了梁武帝的神态。

于是，如今保圣寺硕果仅存的九尊罗汉中，"达摩罗汉"就有了梁武帝萧衍的影子。

甫里书院育精英

苏州东郊甪直镇，人文荟萃，才杰辈出。自晚唐文学家陆龟蒙隐居甫里（今甪直）以来，兴文崇教，好学成风，尤其是元代的陆德原移甫里书院之后，"文风蔚起，科第连绵，爰称东南，文薮不减州邑名邦"。

据《吴郡甫里志》《吴郡甫里人物考》载：明清两朝，甪直出过进士近六十名，举人一百多名。甫里书院功不可没。甫里书院有三个重要节点：一是陆德原的初创，造就了甪直培育人才的摇篮；二是陈惟中等人的重修，接续了甪直人文兴盛的衣钵；三是沈宽夫的重建，巩固了甪直人杰地灵的丰碑。

陆德原（1282—1340），字静远，号杞菊，人称杞菊先生。元代长洲甫里人，为陆龟蒙的嫡传后裔。陆德原出身书香门第，精于经营，"赀甲吴中"，又乐善好施。元代至顺年间，他找到苏州总管钱光弼，表达了想在甫里兴办教育的愿望。于是，钱光弼"因就唐贤陆龟蒙之古居，奏建书院于甫里"，获得了批文。陆德原遂于元统二年（1334），在陆龟蒙甫里别墅的旧址上创办甫里书院，建宣圣殿、明伦堂、求志轩、甫里先生祠等。割良田四顷余，以供四方求学之费，重金聘请陆文圭、龚璛、柳贯等名师任教，传播文化，教化乡民。陆德原被任命为山长，主管教事。柳贯很喜欢甫里，他的《暑中迁寓甫里精舍》诗云："城隅亦有果园坊，容得闲人借草堂。何必渔樵泛笠泽，故多水石近沧浪。过桥梢接鱼虾市，泛艇遥连雁鹜乡。秋雨几时能破块，夜灯休负读书床。"

陆德原又在郡城的十全街和虎丘，创办义塾，建明伦堂、大小学斋等，"拨良田千亩，以给学徒"，保障义塾经费，聘请名儒执教。此事感动了郡守，郡守报请于行中书省，亦将义塾定名为"甫里书院"，并任命陆德原为书院山长。甫里书院声名鹊起，与京兆之鲁斋书院、宣府之景贤书院、松江之石洞书院、常州之龟山书院、曲阜之洙泗书院、鄠县之横渠书院、湖州之安定书院、苏州之文正书院等，同为元代著名书院。陆德原投资办学，不遗余力地为地方培养人才，因其业绩显著，调任徽州路儒学教授。后人称他"兴学立教、厥功甚伟"。

甫里书院的创办，为用直的教育奠定了扎实的基础，极大地推动了地方文脉的传承。陆德原仙逝后，甫里书院因有经济上的保障，得以绵延，并经一代代有识之士的苦心经营，为明代用直的崛起，做出了巨大贡献。一批批读书人在甫里书院求学，得到很好的提升，因此"鲤鱼跳龙门"，科举入仕，衣锦还乡，为用直带来了旺盛的文气、财气和名气。明代甫里成为建制镇。清康熙年间的江苏巡抚汤斌有云："府东巨镇，首推六直，一名甫里。"

明末清初，时事动荡。用直的守兵乘乱占驻甫里书院房舍，多年不撤。"蹂躏秽亵，众士无不攒眉，斯文为之扫地。"书院遭受严重损毁，难以为继，只得停办。清康熙二十五年（1686），陈履占、许范最、陈惟中（字尧心，号颖川，纂修《吴郡甫里志》）等五十九名生员，联名上书呈江苏巡抚汤斌，要求重修甫里书院。呈文有云："饬兴社学，修举乡约，表扬贤绩，以维风化，事切。郡东乡镇惟六直为首著，一名甫里。阡陌百顷，烟火万家，自唐先贤陆公鲁望讳龟蒙高隐里中，僦居白莲寺傍，号称甫里先生，敦崇名教，砥砺廉隅，诗歌弦诵，风流弗绝。昔年就陆先贤旧居建祠，春秋致祭，虹桥、鸭池胜景依然，祠后有桂子轩，为合里士人会文之所，祠侧建甫里书院，宋元时署设山长，教育人材，邑志俱在……"抚院批府县核实后，行文恢复、重建甫里书院。

甫里书院不仅在用直"根深叶茂"，在别处也是"花香馥郁"。清乾隆四十九年（1784），陆龟蒙的三十四世孙陆肇域（字豫斋，编纂《虎阜志》等），在苏州虎丘也修了甫里书院，随后在虎丘山塘之南建甫里先生祠，在祠侧购地修建了一个小园林，称"西溪别墅"，里面有清风亭、光明阁、双竹堤、杞菊畦、垂虹桥、斗鸭池诸胜，类似于用直的甫里书院、甫里先生祠等景，以志纪念。

咸丰十年（1860），太平军与用直团练在保圣寺展开激战，甫里书院

20世纪40年代甫里小学二院旧影

毁于战火。光绪十五年（1889），甪直乡绅沈国琛（字宽夫，甪直"沈成商号"创始人）捐资在甫里先生祠之南重建甫里书院，并捐良田四百余亩，为士人肄业膏火之需。光绪三十一年（1905），因"废科举，兴学堂"，沈国琛的次子沈濬源将甫里书院改名为"甫里公学"。次年，沈国琛长孙沈柏寒从日本回国后，与当地士绅商议，决定把"甫里公学"改为"吴县甫里小学"，聘昆山名士方还为校长。方还是甫里书院的最后一任山长，也是百年新学的首任校长。

甪直现当代涌现出的大量人才，在各行各业发光发热，与他们小时候在甫里小学所受到的高质量教育，有着密切的关系。1917年春至1921年夏，叶圣陶在甪直甫里书院改建的吴县县立第五高等小学任教，实行教学改革。1988年，叶圣陶逝世后，原甪直的校舍被辟为叶圣陶纪念馆。民国末期，甫里书院北侧，设立培本幼稚园和甪直小学。2002年，甪直小学彻底从古镇区搬到新镇区，改称苏州叶圣陶实验小学。

昔日的甫里书院、甫里公学、甫里小学，到后来的用直小学、苏州叶圣陶实验小学，近七百年的薪火相传，育人无数。2018年，用直镇政府规划在甫里先生祠遗址旁原用直小学的地方，重建甫里书院，继承崇文重教的传统，续写用直人文的辉煌。

大禹的后代曾在甪直生活

甪直是江南水乡,还曾有过姓水的人家。据《姓氏考略》《姓苑》等记载,大禹治水时,他的氏族部落中有很多人当了水工(治水的工程人员),大禹带领水工们在太湖流域治水,后有水工定居在会稽,这位水工便以水为姓氏,其子孙后裔就世代相沿姓水。《禹贡》有云:"三江既入,震泽底定。"说的就是大禹开凿了吴淞江、东江、娄江三条从太湖通往大海的泄洪通道,太湖的水患才得以治理。

甪直历史上曾有姓水的家族,地方志上记录下来的水姓名人有三位:一位叫水叔谦,倡募改建过甪直的东美桥;另一位叫水祥,字应和,做过云南府推官;还有一位叫水杞,明嘉靖年间举人,曾任福建永福县知县。他们三位是否为一家人,志书没有记载,不得而知。

水姓在宋朝的《百家姓》中排名第三十八位。水姓宗祠有副通用的对联为"源出姒姓,望在吴兴",意思是水姓来源于姒氏,郡望在吴兴。《吴越春秋》有载:"尧曰,'俞!以固冀于此'。乃号禹曰伯禹,官曰司空,赐姓姒氏,领统州伯,以巡十二部。"姒姓是尧赐给禹的,而吴兴就是湖州地区,也就是今天申遗成功的世界文化遗产"良渚古城遗址"的周边地区。大禹是夏朝的开国君主,他治理过的太湖流域,至今留有许多古人类生存遗址,除了浙江的良渚古城遗址外,还有苏州吴中区甪直的张陵山遗址、澄湖遗址,昆山张浦的赵陵山遗址,苏州工业园区唯亭的草鞋山遗址等。从这些遗址出土的新石器时代的文物和碳化稻谷,实证了在四五千年之前,太湖流域就已经是生产、生活比较发达的鱼米之乡。

据《吴郡甫里志》载:"东美桥,在姚家弄西。桥之首东美者,一镇二境之界也。明成化年间水叔谦倡募改建。"这位水叔谦是何身世,目前没查到相关资料，但他能募捐建桥，不是当地德高望重的名宿，便是家财万贯的富绅。用直古镇上几十座石拱桥，都不是官方建造的，而是生活在镇上的有钱人家或者当官的衣锦还乡后捐资修建的。桥梁既方便了百姓，又促进了市镇商贸的发展。志书上说东美桥是水叔谦募资"改建"的，可能那儿原先有桥，或为木桥，或为石桥，已经破败不堪，所以他倡议募捐进行改建。

东美桥

东美桥位于甪直镇东市下塘街,塔弄北端,南北走向,跨于东市河,与交会桥构成直角形双桥,习称"三步两桥"。东美桥一带是古镇东部的闹市区,南堍有活禽交易市场,买卖鸡、鸭、鹅等,因此,东美桥被人们俗称为"鸡鹅桥"。

现存的东美桥,始建于明成化二十一年(1485)。桥为花岗石构,其巧妙在于桥孔为单孔全环形石拱,圆环的下半部埋置河底充当桥基,其承载能力比一般拱桥更强,且不影响水流和行船。该种造型,精巧严谨,世所罕见,为明代桥梁中的珍品,因此被载入中国桥梁史。桥面原为石阶,1975年改为斜坡。

据徐达源《吴郡甫里人物考》载:"水杞,字材甫,甫里人,郡学生,嘉靖乙酉举人,官福建永福知县,旋以疾乞归。"徐达源在补注中说:"水杞,号质庵,性简朴,不喜文饰,少游赵永庵孝廉门,永庵殁岁时,致祭终其事不辍。"水杞去福建永福县当知县不久,就因为身体欠安辞职归乡了。他年轻时跟赵永庵学习,赵永庵去世时,后事都是水杞料理的,后来水杞还经常祭祀老师。此举说明水杞是个具真情、懂感恩的人。他的老师赵永庵颇通医术,李时珍的《本草纲目》收录了赵永庵的一道"愚鲁汤"的方子,专治虚劳发热、房后困倦,方曰:"用上党人参、银州柴胡各三钱,大枣一枚,生姜三两,水一钟半,煎七分,食远温服,日再服,以愈为度。"方子简单,疗效甚验。

还有一位水祥,康熙《吴郡甫里志》上记载得比较简单,只说"水祥,字应和……云南府推官"。推官,专门破案子的,从六品或正七品的官职。

世上能青史留名的,都是有功名、有作为的人。甪直历史上姓水的,也就是大禹的后代,估计不止他们三位,数千年来,就他们留在了甪直的方志上,留在了历史的长河中。据2000年第五次全国人口普查资料,甪直现已无水姓人。尽管没了水姓人,但今天的甪直,变得更加水润,更加美丽动人了。

甪直同仁堂：
两百余年的民间慈善机构

众所周知，北京有家同仁堂药店，由乐显扬创建于清康熙八年（1669）。那么，甪直怎么也会有家同仁堂？难道是一家山寨店？其实，两家都为民造福，并得到了官方的认可，虽南北有别，情怀却殊途同归。

据清光绪间许起《甫里志稿》载："同仁堂，在里之西美桥北，乾隆五年（1740）里人金三才创，始收埋代葬，舍棺施药，始赁保圣寺后房为同仁局，至二十六年（1761）始拓地营建，陛抚陈改局为堂，各大宪给匾奖，汪鼎煌乐输襄助。"

甪直的同仁堂，由金三才创建于乾隆五年，刚开始租了保圣寺的后屋办公。乾隆二十六年，同仁局在西美桥北塊东侧一直到寿仁桥北塊，建屋三十余间，作为新的办公场所。同仁局的善举，在苏州地区造成了很大的影响。江苏巡抚陈宏谋亲临甪直镇，命将"同仁局"改名为"同仁堂"，同时题写了"笃善可风""乐善不倦"的匾额，予以褒奖。

甪直有个很好的风气，就是"达则兼济天下"的德善之风。甪直金家涉足医药行业的历史，并不比北京同仁堂晚。据《金氏家谱》记载，金三才的爷爷金玉音（1639—1718），字正禧，精习医业。甪直同仁堂开展的业务，一开始就包括免费施药。金三才的儿子金滨（1719—1772），字师尚，号松涛，继续先辈的善举，督抚又颁给"推广仁术"的匾额。医者，仁术也。

金三才（1701—1770），字兼六，一字建六，号退舟，长洲人，国子生，乐善有干练才。偕里中同志创建同仁堂，掩埋暴骨以万计。他的慈善事业，得到了同乡夏启麟、汪鼎煌的支持。后来，参与善事的乡绅商贾一天天多起来，同仁堂的资产逐渐充实，金三才整理了一本《问心编》，记录同仁堂的经费往来、行善者的姓名和捐助金额等。乾隆年间状元金德瑛路过此地，有感于金三才"居心廉洁与立法久长"，欣然为其作了一篇序。许自昌的曾孙许廷铼，也为《问心编》写了序言，称赞金三才的做法与人品。

为了保障同仁堂能持久地运转下去，金三才捐元和、昆山、新阳三地田产七百二十余亩于堂中作为义田，其他参与者捐助的钱物也与日俱增。同仁堂有了义田，经费充足，更加兴旺，事务逐渐拓展到助学济贫、捐资救灾、代葬施衣、疏浚河道、时疫医治、添置消防设备、修桥铺路等社会公益慈善的方方面面。甪直镇好几所"水龙宫"（救火会）是同仁堂出资置办的。苏州葑门修建黄石桥，甪直同仁堂捐过资；金鸡湖筑堰堤，甪直同仁堂也捐过款……同仁堂还专门建造了一批房子，供镇人寄放棺木灵柩，并出售棺材等丧葬用品，既方便群众，又增加了同仁堂的收入。

清乾隆三十二年（1767）春，九十五岁的苏州名士、诗人沈德潜乘船来到甪直，受金三才之邀在同仁堂欢饮长谈，并赋诗《金建六兄招游同仁堂观牡丹信宿甫里赋赠》云："晚岁交金君，推诚露肝膈。常抱恻隐思，仿古行掩骼。筑室择高腴，数载劳经画。好义赖素心，成裘藉集腋。古圣曾有云，始勤终罔斁。作善自降祥，昌后在树德。明年开牡丹，重坐花前席。"

金三才的祖先金应徵、金士衡，是明中期的进士，在官场上刚正不阿，颇有作为，而金三才的着力点却在民间，尽着自己的绵薄之力，帮

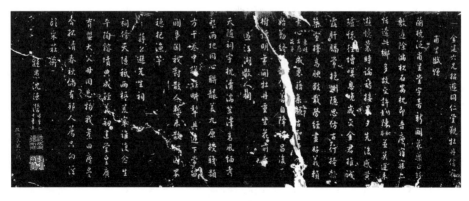

沈德潜题《金建六兄招游同仁堂观牡丹信宿甫里赋赠》诗碑

周围的人排忧解难。也许他意识到,"理想很丰满,现实很骨感",相较于祖先在仕途上"为民请命",或许会有许多力不从心的地方,而身体力行地"救苍生",却是实实在在的行动,能帮一个是一个。

金三才的孙子金成(1744—1796),字槐宸,号墨堂,晚年自号指石道人,候选按察司经历,生平博学多才,琴棋书画俱精,继承先辈遗志。督抚又奖给"绳武推仁"的匾额。他是第一位呼吁保护修缮保圣寺罗汉的用直人。他的《甫里竹枝词》云:"断梁佛殿创梁朝,保圣禅堂今寂寥。天下闻名活罗汉,劝郎修造免飘摇。"这比当年顾颉刚、叶圣陶呼吁修缮保圣寺剩下的九尊罗汉,早一百五十年左右。

许虎炳的《重建张林桥记》提及同仁堂曾捐资重建张林桥。"距甫里南三里许,有村曰张林,有桥曰张林桥……以其跨阁塘,故又名阁塘桥……己酉(1849)水灾,桥梁多坏,此当水汇,尤易倾欹,积今八九年,基址益危,其石或翘或陷……同仁堂董金君质人闻之……商诸同志,以堂积余资一百七十千文,先充经费,庀材鸠工,克日兴役……"文中的同仁堂董事金质人,就是金成的孙子金辂。金辂(1800—1880),字绍商,一字息繁,号质人,候补布政司经历随带加二级。清道光己亥年(1839),金辂编纂了用直的《金氏家谱》。用直同仁堂的积极影响,已超越了家族和地域的局限,如同一块金字招牌,在岁月的磨砺中熠熠生辉。

据清乾隆间《吴郡甫里志》载,玄坛庙北侧有座桥,名寿亭桥,因在庄家湾南,又俗称庄家桥。但是我们今天看到的桥名,却是"寿仁桥",为何不同呢?2017年,古镇管委会修缮寿仁桥时,发现桥洞拱券上镌刻有字,终于揭开了这个谜底。桥洞内刻有"大清康熙十一年(1672)壬子八月袁尚忠……募捐重建",桥北堍西侧桥石刻有"道光二十三年(1843)癸卯夏六月同仁堂重修",南侧桥洞内壁阳刻"大清同治十年(1871)辛未二月里人金辂重建"。据传,金辂将母亲七十寿辰收到的礼金用于重修此桥,里人感其孝仁,故改名为"寿仁桥"。

同仁堂在金辂的管理下蒸蒸日上。金辂晚年力有不逮,就举荐了本镇的殷械(字橝材)、沈国琛(字宽夫)来代理同仁堂事务。清咸丰十年(1860),用直地方武装和太平军在西美桥一带发生激战,附近的同仁

寿仁桥拱券内的金铬重建题刻

堂遭战火损毁严重。太平军退去后，甪直乡绅募资重建同仁堂。清同治四年（1865），同仁堂由金铬的孙子金国治（字安定）、金国桢（字书云）负责理事。此后，同仁堂不再归金家主管，而由地方乡绅商贾推举名人管理日常事务。遇有大事，召众商议行事，董事会的管理模式日渐成熟，深获吴县、昆山两地各界的赞扬。

金三才创设的同仁堂，自乾隆五年（1740）到1949年交由政府接管，这家民营慈善机构存续了两百余年，难能可贵。中华人民共和国成立后，同仁堂旧址归甪直粮管所，那些老房子曾作为粮仓。2000年，同仁堂所在地被改建为西美花苑小区。曾经的匾额和碑刻，散佚难寻，唯有一块从西美花苑建设工地掘到的刻有沈德潜题诗的碑石，现存于保圣寺内，让人对甪直同仁堂造福乡梓的慈善之举，心生钦佩，怀有不尽追思。

甪直的千年遗存

苏州市吴中区甪直镇，是一座名副其实的千年古镇，至今在甪直尚能找到许多千年遗存和文物古迹，它们见证着这座历史文化名镇的风雨沧桑和峥嵘岁月。

千年的遗迹

澄湖遗址，位于甪直澄湖的西北部。澄湖旧称沉湖、陈湖。澄湖底下沉睡千年的，是一处城邑，但该城邑不是陈州。2003年9月，人们在甪直郭巷村附近清淤取土时，发现湖底有古人类文化遗存。苏州博物馆和吴中区文管办进行了发掘，发现水井四百零二口、灰坑四百四十三个，抢救出土各类文物近五百件，有崧泽文化时期的彩绘陶瓶、黑皮陶壶，良渚文化时期的提梁壶，西周时期的陶尊，东周时期的铜削等珍贵文物。澄湖遗址是目前太湖流域发现水井最多的遗址之一，并且在该遗址发掘出崧泽文化时期的原始村落和碳化稻谷，从而证明在距今约五千年之前，甪直地区就有人类居住繁衍。

澄湖遗址出土的
黑衣陶刻符贯耳罐

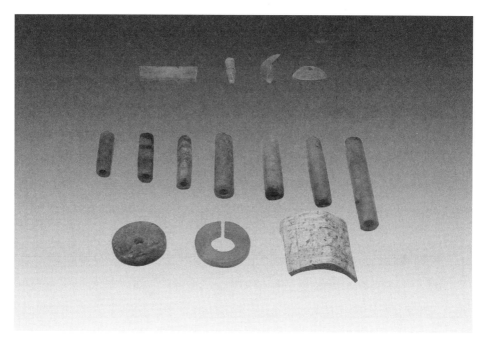

张陵山遗址出土的玉器

张陵山遗址，位于甪直镇澄湖村张陵山。1975年，甪直第一砖瓦厂在张陵西山取土制砖，发掘出玉镯、玉瑗、玉管、穿孔玉斧、石斧、石锛和大量陶器。1977年5月和1979年9月，南京博物院和吴县文管会发掘、清理出墓葬十六座。抢救出土璧、琮等文物两百余件。张陵西山被挖空，成为深池。1982年，张陵东山被挖去北部一半面积，形成断崖。南京博物院和甪直文保所做了征集、调查和清理性的发掘，抢救出土玉质、石质文物三十余件和一些陶片。由此可见，距今四五千年之前，甪直先人便在此安居乐业。20世纪90年代，张陵东山上修建张陵禅院，周边辟为张林园。

摇城遗址，位于甪直澄湖西侧的大姚、瑶盛、澄墩一带。1974年春，澄湖西岸的车坊乡围湖造田时发现大批古井，当地农民还在井中挖出不少文物。南京博物院与吴县文化馆随即配合清理古井一百五十口，抢救出土各类器物一千二百余件。从出土器物的形制特征看，该遗址的时代为新石器时代的崧泽文化、良渚文化、马桥文化以及西周、汉至宋各个时期。这次发掘考证出了春秋时期越王摇城遗址的具体所在。《越绝书》载:"摇城者,吴王子居焉,后越摇王居之。"摇城,距今有约两千五百年的历史。早在摇城之前,人们就世代居住于此,一直到宋代,由于洪水泛滥,地陷成湖,逐渐形成现在澄湖的规模,而摇城遗址,部分就长眠于澄湖底下。

摇城遗址出土的鳖形壶

千年的河流

吴淞江,古称松陵江、笠泽、松江等,相传乃大禹开凿,已存在三千年以上。《禹贡》有云:"三江既入,震泽底定。"三江者,即吴淞江、东江、娄江也。有了这三条泄洪要道,震泽(即太湖)的水患得以治理。吴淞江源于太湖,流经甪直,注入东海。它是甪直境内最长的一条河流,江岸线有十多千米。甪直的东湾、江田、三合、长巨、前港、板桥、凌港、西潭、巫角、西横、云龙等村,依江而居,渔樵耕读,世代绵延。甪直数千年的蓬勃发展,离不开吴淞江的恩泽。旧时,"吴淞雪浪"乃甪里八景之一。

阖闾塘，相传乃吴王阖闾开凿，至今已有约二千五百年的历史。阖闾曾在此建离宫，尚留宫殿村、秀皇村等地名。东汉时，孙权曾在阖闾塘碛砂段水葬爱妃，留下孙墓洋、孙墓村、孙妃村等遗迹。据《吴郡甫里志》载："阖闾浦……在甫里西南，一名合塘，为苏松水路之要津。"阖闾塘，即阖闾浦，一名"合塘"或"阖塘"，原指西起碛砂，向东经西庄、张林，至双庙港，流入昆山境内的一段水道。碛砂以西至板桥的水道称"板桥塘"。中华人民共和国成立后，历经疏浚、延伸，将板桥塘与阖闾塘连通，西起北石泾，东至双庙港，横贯甪直东西境域，故称"甪直浦"，或称"甪直塘"。民间仍习称"阖闾塘"。

甫里塘，北起吴淞江，往东南流向古镇区，进大通桥便叫西市河。甫里塘与甪直镇（古称甫里）相伴而生，至今已有两千多年历史。吴王夫差曾在甫里塘边的枫庄（今淞南村）修筑梧桐园作为行宫。甫里塘见证了甪直从一个小渔村，修炼发展千年，蜕变为国家级历史文化名镇和特色小镇的成长历程。如果把吴淞江比作甪直的母亲河，那么，甫里塘就犹如一根脐带，哺育了世世代代的甪直子民。

席墟浦，北通吴淞江，南通澄湖，至今已有一千多年历史。席墟浦位于杨家湾、东关村的西侧，与车坊的三姑里隔江相望。席墟原为甪直种植席草、加工和贸易草席的村集，后集市废弃，故称席墟。席墟浦则为当年舟楫往来的通商要道。2003年9月，席墟南侧的澄湖底出土大量崧泽文化、良渚文化时期以及宋代的人类生活遗迹，以及陶器、玉器等文物，佐证了此处昔日的繁华。

千年的古寺

保圣寺，始建于梁天监二年（503），迄今已有一千五百多年的历史。当时香火旺盛，信众纷至沓来，促成了甫里（甪直）由村集向集镇的发展转变。保圣寺毁于唐武宗李炎的会昌灭佛（845），于北宋大中祥符六年（1013）重建，寺院及庙产的规模不断扩大，僧众千人。明中期经璇大章募修，当时有两百多间建筑，时称"江南四大寺院"之一。殿宇之多，僧侣之众，田财之富，景色之秀，吴中他寺莫及。清咸丰十年（1860），保圣寺毁于战火。1932年，经蔡元培等人募建古物馆。抗日战争期间，保圣寺被日军土屋部队占为司令部。1949年后，人民政府为保护文物古迹，多次对保圣寺进行整修和维护。如今，保圣寺是甪直一大名胜古迹，成为游客首选的游览胜地。

大觉寺，位于甪直大姚山，相传初创于梁天监年间，已有约一千五百年的历史。据史可追溯至宋代。元代的王云浦《米元晖画湖山烟雨图跋》云："大姚地可百亩，浮诸水之间有小山，高不满数丈，上有古刹，依山之巅，曰文殊院……米南宫弟兄尝居于其地，旧址犹可考。"南宋画家米芾曾寓居于此，留下多幅墨宝。大觉寺依山傍水，气势恢宏，僧侣众多，香客云集，屡经变迁，今尚留两座宋代古桥、一棵四五百年的古银杏和两间土庙。

碛砂寺，位于甪直镇碛砂自然村，宋元时期因雕版印刷《碛砂藏》而闻名于世。元僧圆至《平江府陈湖碛砂延圣院记》载："宋乾道八年，寂堂禅师来自华亭，得湖中费氏之洲，曰碛砂。乃庵其上，为中流之镇。"寺建有天王殿、白衣观音殿、大雄宝殿、观涌堂、藏经楼等百余间。1935年，《碛砂藏》在上海影印出版，影响巨大。2006年，碛砂寺在原址重建。2013年，因常嘉高速建设，碛砂寺搬迁至碛砂大桥东侧。2018年，在碛砂寺原址北侧、湖滨路南侧，碛砂寺重建竣工。

千年的古树

四棵古银杏，梁天监二年（503）创建保圣寺时被种于寺院内，饱经风雨，至今已有约一千五百年的历史。现存保圣寺西院内三棵，寺后原甪直小学内一棵。叶圣陶先生青年时曾在甪直执教，在他的半自传体小说《倪焕之》里，就写到过这几棵高高大大的银杏树。

四棵高大挺拔的古银杏，见证了甪直镇的发展繁荣，如今依然枝繁叶茂。深秋时节，落叶缤纷，一地金黄，美不胜收。斗转星移，物是人非，我们有幸见到历经约一千五百年依然生机勃勃的古银杏，不是很幸运吗？

千年的古桥

中美桥，俗称和丰桥，始建于宋代，是甪直古镇历史最悠久的石拱桥，至今已有千年历史。中美桥位于古镇北大门，是镇北村民及外来游

保圣寺古银杏

客往来的重要通道。自宋代至 20 世纪 80 年代,近千年来,中美桥附近一直是甪直古镇的闹市区,店铺林立,人声鼎沸。清代许起《甫里志稿》云:"中美桥,宋建,桥下环洞全视,底如其穹,经久弥固。"经多次整修,原桥主体基本未变。2013 年,再度进行整修,拆除北堍东西两侧和南堍西侧的引桥,两边的石栏护手也做了调整装饰。

大觉寺桥,位于甪直镇大姚自然村,因坐落在大觉寺前而得名。大觉寺桥始建于宋庆历七年(1047),重建于元至正十一年(1351),2006 年重修。桥为武康石、青石混构单孔梁桥,东侧阳刻"双龙戏珠"图案,西侧为神话图案,桥下有护梁木四根,有长系石两根,两端刻有佛像。桥两侧设方形望柱、栏杆,柱头上刻有莲花瓣,栏杆两端置抱鼓石。该桥浮雕精美的佛教、神话图,刀法圆浑,线条流畅,具有极高的艺术价值。1995 年,该桥被列为江苏省文物保护单位。

大觉寺桥石刻

大姚香花桥，位于甪直镇大姚自然村、大觉寺桥东六十米处。东西走向，跨大姚港。该桥始建于宋代，清嘉庆十三年（1808）重建。桥为武康石、青石与花岗石混构单孔梁桥。桥栏石两块，武康石质，两侧浮雕缠枝牡丹图案，东侧桥墩内侧有花岗石刻一块，阴刻"重建香花桥，大清嘉庆戊辰年嘉平月众姓重建"。该桥桥坡于2006年重修，保存尚好，具有较高的艺术价值。1995年，大姚香花桥被列为江苏省文物保护单位。

千年的先生

陆龟蒙（？—约881），晚唐著名文学家，字鲁望，号甫里先生，又号天随子、江湖散人。出身于官僚世家，祖上多人做过宰相，其父亲做过御史。但他并没有蒙祖荫为官，而是自食其力，曾任苏、湖两郡从事，举进士不第后，绝迹仕途，归隐甫里，寄情江湖。其擅长诗文，与皮日休友善，互相唱和，世称"皮陆"。诗作多写闲适隐居生活，清隽秀逸。其散文成就尤胜于诗，著名的有《田舍赋》《野庙碑》《记稻鼠》等，对当时社会的黑暗和统治者的腐朽，做了无情的揭露和讽刺。其淡泊名利，体恤民情，可谓"隐士不隐"。他的《耒耜经》是中国历史上第一部关于农具的专著。其高风亮节，深受历代文人尊崇。他的诗文成就和清高人格，皆与甫里密不可分。保圣寺西院现有清风亭、斗鸭池、陆龟蒙墓等遗迹。他是甪直的第一文化名人，甪直的人文之风，始于甫里先生陆龟蒙。

千年的罗汉

保圣寺塑壁罗汉，相传出自唐朝塑圣杨惠之的手笔，经历风雨侵蚀，尚存九尊，至今已有一千多年历史，殊为珍贵。九尊罗汉，分别为达摩罗汉、伏虎罗汉、降龙罗汉、智真罗汉、沉思罗汉、讲经罗汉、听经罗汉、尴尬罗汉、袒腹罗汉。保圣寺罗汉塑像，既不是一尊尊依次排列，也不是一律正襟危坐，而是每尊罗汉安坐于仙山洞府，神情各异，栩栩如生。1931 年，蔡元培等人发起成立的唐塑保存委员会，对残缺毁损的保圣寺罗汉进行修缮。梁思成在论及甪直保圣寺罗汉塑像时写道："此种名手真迹，千二百年尚得保存，研究美术史者得不惊喜哉！"1961 年，保圣寺塑壁罗汉入选国务院公布的首批全国重点文物保护单位。

保圣寺塑壁罗汉

第二辑 名人轶事

甫里先生陆龟蒙

位于苏州城东的甪直，古称甫里。自晚唐诗人陆龟蒙隐居甫里，此处渐成文人渊薮。"甫里先生"，已是甪直人文史上的一座丰碑，四海文人纷至沓来，只为拜谒一下这位"江湖散人"。

陆龟蒙，字鲁望，号甫里先生、江湖散人。他的祖上历代为官，六世祖、五世祖都官至宰相，其父亲陆宾虞当过侍御史，陆龟蒙年幼时父亲就病故了。陆龟蒙年轻时曾追求功名，想光宗耀祖，报效国家。他在《别离》诗中写道："丈夫非无泪，不洒离别间……所思在功名，离别何足叹。"无奈他生不逢时，在一个战乱频仍、群狼当道的时代，能独善其身便是幸事。他无意仕途之后，没待在苏州临顿里的陆家老宅，而是选择了吴淞江畔的甫里。"几年无事傍江湖，醉倒黄公旧酒垆。觉后不知新月上，满身花影倩人扶。"着实逍遥自在。

陆龟蒙在他自己撰写的《甫里先生传》里说："先生之居，有地数亩，有屋三十楹，有田奇十万步，有牛不减四十蹄，有耕夫百馀指，而田污下，暑雨一昼夜，则与江通，无别己田他田也。先生由是苦饥困，仓无斗升蓄积。"看着上面的描述，他俨然是大地主，怎会"饥困"呢？其实，这倒不是他矫情，他的诗文产量颇丰，但当年没有稿费，就靠这四百亩低洼地的收入，要养活一家和十多名佣工，加上平时各地文友来蹭酒蹭饭，倘若遇到灾荒年，难免会入不敷出。然而，"瘦死的骆驼比马大"，他家几代当官，倘使没有丰厚的家底，他如何能在甫里办养鸭场和斗鸭会所？如何能在吴江置有别墅和农家乐？如何能在湖州顾渚山辟有私家茶园？如何能不务正业到处游山玩水？也许，他故意喊穷，只是文人的"夸张"通病，或是为了避免他人来借钱，因为自古"谈钱伤感情"。

以酒佐诗，何以佐酒？陆龟蒙和皮日休、曹松、吴融、颜尧等一帮文友，都是吃货。他们吃鸭是行家，叫他们杀鸭，他们是下不了手的。每日里在厨房忙活的，是陆龟蒙的夫人蒋氏。蒋氏性格爽朗，善饮也善吟，小姊妹劝她节酒强食，保重身体。蒋氏道："平生偏好饮，劳汝劝吾餐。但得樽中满，时光度不难。"陆龟蒙家的鸭子，既吃稻谷也吃螺蛳，荤素搭配得好，参加斗鸭活动又锻炼了身体，因此，鸭子们体格健壮，不柴也不肥，煮熟后以卤糟之，又香又嫩，味道绝佳。一次，鸭肉吃完了，但酒席未散，蒋氏灵机一动，把桶里准备丢弃的鸭内脏清洗出来，切丁与白果共煮，香浓可口，勾人食欲。久而久之，蒋氏烹饪的鸭与鸭羹，因出于甫里和"甫里先生"家，世人便称之为"甫里鸭"和"甫里鸭羹"，成为当地流传至今的两道名菜。

吴江在宋代就建有三高祠，尊崇范蠡、张翰和陆龟蒙为"千古三高"。范蠡的"功成身退，泛迹太湖"，张翰的"莼鲈之思，率性而归"，这种对名利说放下便放下的豁达，令人敬仰。那么，陆龟蒙高在哪儿呢？他的几百首应酬之作，文学价值不高，但他也留下了《白莲》《离骚》《吴宫怀古》《田舍赋》等经典诗赋，《野庙碑》《记稻鼠》等针砭时弊的经典小品文，以及我国第一部农具专著《耒耜经》等经世致用的作品。《新唐书·隐逸传》说陆龟蒙游历饶州，饶州刺史蔡京率部属来驿馆见他，龟蒙不乐，拂衣去。唐僖宗的宰相李蔚很看好他，想聘用他，也是"热脸贴冷屁股"。笔者认为，陆龟蒙的"高"，一方面在于他的清高，"不与流俗交"；另一方面，体现在他的"隐士不隐"，他的小品文如针灸，直刺社会病灶，试图唤醒民众。鲁迅先生称赞他的小品文是"一塌糊涂的泥塘里的光彩和锋芒"。他的诗歌非常"接地气"，常对劳动者流露出深切同情，对世风民情了然于胸。

陆龟蒙不是书呆子，他还是个有趣的人。相传，陆龟蒙在太湖边养有斗鸭一栏。有个宦官从长安出差到杭州，经过陆龟蒙的养鸭场，用弹弓打死了一只绿头鸭。陆龟蒙想杀杀他的威风，就大声说："啊呀！这只鸭子是会说人话的，苏州府正准备把它进献给皇上，你把它打死了，你说怎么办？"那宦官很害怕，赶紧掏出金子作为赔偿。临走，宦官问道：

"这只鸭能说什么话啊?"陆龟蒙说:"它常常叫自己的名字,鸭鸭鸭。"宦官哭笑不得。陆龟蒙把钱还给了他,笑道:"我开个玩笑。"宋代的苏东坡听说了这个故事,特地写了一首诗:"千首文章二顷田,囊中未有一钱看。却因养得能言鸭,惊破王孙金弹丸。"

陆龟蒙是何时隐居甫里的呢?历来都说他是晚年隐居甫里,至少也在中年之后。《新唐书》记载他:"举进士,一不中,往从湖州刺史张抟游,抟历湖、苏二州,辟以自佐。"嘉泰《吴兴志》云:"张抟咸通十三年七月,自中大夫拜。"咸通十三年是872年,张抟到湖州任职,随后到苏州任职,其间,陆龟蒙做了张抟的幕僚,上过两三年的班。当时陆龟蒙四十五岁左右,本当年富力强,为国效力,奈何乱世之中,唐王朝已名存实亡,各方诸侯"你方唱罢他登场",陆龟蒙看穿了权利场的荒谬,此后,他不再追求功名,而是寄情于江湖,更在甫里寻得了他的归宿。"村边紫豆花垂次,岸上红梨叶战初。莫怪烟中重回首,酒家青纻一行书。"浸润在江南怀抱的甫里,正是他放牧诗情的梦里水乡。

关于陆龟蒙的生卒时间,一直是个悬案。陆龟蒙写的《甫里先生传》,还有他朋友写的文章,都没有提及他生于何年。苏州历代的地方志及当代的专家,对陆龟蒙的生卒年也是语焉不详。最近几十年,似乎默认了陆龟蒙"卒于881年",活了五十多岁。笔者却有不同看法,有一些旁证,可以证明陆龟蒙要长寿得多。

罗隐(833—910)曾来甫里拜访过陆龟蒙。大家都知道,罗隐参加过十几次科举,均名落孙山,直到他五十五岁,觉悟出不考上进士仍可有所作为,这才放弃科举投奔吴越王钱镠。他与杜荀鹤、韦庄同行,游历金陵、苏州等地。杜荀鹤的《送人游吴》就是此行写的。("君到姑苏见,人家尽枕河。古宫闲地少,水港小桥多。夜市卖菱藕,春船载绮罗。遥知未眠月,乡思在渔歌。")杜、韦自苏州辞别,唯有罗隐留下来,他想去拜访甫里先生陆龟蒙。罗隐虽未金榜题名,但他的诗句"今朝有酒今朝醉,明日愁来明日愁""只知事逐眼前去,不觉老从头上来""时来天地皆同力,运去英雄不自由"早已脍炙人口。

罗隐到达苏州与陆龟蒙第一次见面是888年,说明那年陆龟蒙还活着。罗隐在见陆龟蒙之前,曾作《寄陆龟蒙》,诗云:"龙楼李丞相,昔岁仰高文。黄阁寻无主,青山竟未焚。夜船乘海月,秋寺伴江云。却恐尘埃里,浮名点污君。"对陆龟蒙倾慕神交。罗隐的《西施》诗"家国兴亡自有时,吴人何苦怨西施。西施若解倾吴国,越国亡来又是谁",与陆龟蒙的《吴宫怀古》诗"香径长洲尽棘丛,奢云艳雨只悲风。吴王事事堪亡国,未必西施胜六宫",两首诗意气相近,这使他们一见如故。据传,罗隐初见陆龟蒙时,正值陆龟蒙六十华诞,按此推算,陆龟蒙当生于828年。罗隐后来多次到甫里看望陆龟蒙,还在甫里建有房子。据《甫里志》载:"罗隐庵在甫里北隅,隐尝慕陆鲁望,因结庵于里,与之游,相唱和焉。"宋代的魏了翁曾在罗隐庵住过,当地人为纪念罗隐与陆龟蒙建有双贤祠,双贤祠位于甪直古镇北隅的魏家厍,今已不存。

吴融(850—903),字子华,唐龙纪元年(889)登进士第,唐昭宗时官至翰林学士承旨、户部侍郎、知制诰,是皇帝的第一秘书。他青年时与皮日休、陆龟蒙是忘年之交,后于乱世之中获悉陆龟蒙已去世,遂作《奠陆龟蒙文》:"大风吹海,海波沧涟。涵为子文,无隅无边。长松倚雪,枯枝半折。挺为子文,直上巅绝。风下霜晴,寒钟自声。发为子文,铿锵杳清。武陵深阒,川长昼白。间为子文,渺茫岑寂。豕突禽狂,其来莫当。云沉鸟没,其去倏忽。腻若凝脂,软于无骨。霏漠漠,潏涓涓,春融冶,秋鲜妍。触即碎,潭下月,拭不灭,玉上烟。"文采飞扬,情真意切。"奠"者,为逝者送行的纪念文字。陆龟蒙生前曾作《寄吴融》,内有诗句:"君整轮蹄名未了,我依琴鹤病相攻。"陆龟蒙理解吴融的抱负,知他为国事奔忙,同时提及自己身体欠安。吴融步入仕途已是889年,显然陆龟蒙去世在这之后。

皮日休(834—902)也可旁证陆龟蒙的年龄。皮日休于咸通八年(867)榜末及第,咸通十年(869)到苏州刺史崔璞幕下做从事。这是皮日休第一次来苏州,陆龟蒙与之相识。陆龟蒙起初在致信时称皮日休为"袭美先辈",一如现在称朋友为"某某兄",只是敬称,与年龄并无必然关联。大约873年,崔璞离职,皮日休也离苏入京,任著作佐郎、太常博士,乾符二年(875)出为毗陵(今常州)副使,后参加黄巢起义军，任翰林学士，黄巢兵败，其不知所终。黄巢起义时间是乾符五年（878）到中和四年（884），皮日休去投奔黄巢起义军，黄巢失败后，很多人以为皮日休死于乱军之中了。不久他却重现苏州，与陆龟蒙相交甚欢。888年，罗隐来拜访陆龟蒙的同时，也见到了皮日休（罗隐入职钱镠幕府，就是皮日休的儿子皮光业引荐的，皮光业后来做到了吴越王的丞相），这便可以证明陆龟蒙不可能死于881年，皮日休也没有死于黄巢军中。

《北梦琐言·卷六》云："颜给事荛，谪官殁于湖外，尝自草墓志，性躁急不能容物。其志词云：'寓于东吴，与吴郡陆龟蒙为诗文之交，一纪无渝。龟蒙卒，为其就木至穴，情礼不缺。'"同卷又记："吴侍郎融传贻史，右补阙韦庄撰诔文，相国陆希声撰碑文，给事中颜荛书，皮日休博士为诗。"颜尧给陆龟蒙收殓下葬，韦庄写了悼念的文章，皮日休写

甫里先生祠

了悼念诗，可见陆龟蒙去世时，皮日休还活着。《新唐书》有云："光化中，韦庄表龟蒙及孟郊等十人，皆赠右补阙。"有感于陆龟蒙的有文名而无功名，韦庄在 900 年上奏表追赠陆龟蒙等十位诗人为"进士及第和右补阙"，此时，陆龟蒙应是新逝不久，可能死于去岁（899）。据此，陆龟蒙大约生于 828 年，死于 899 年，享年七十二岁。陆龟蒙在甫里与清风明月相伴，能不延年益寿吗？

  一千多年来，陆龟蒙成就了甫里，甫里也成就了他。陆龟蒙以他的高风峻节，赢得了后世文人的尊重。陆游《幽居》诗云："松陵甫里旧家风，晚节何妨号放翁？"表明了他对先辈陆龟蒙的推崇。甪直人也在世世代代纪念这位甫里先生。范成大《吴郡志·甫里庙》云："甫里在长洲县东南五十里，乡人祠陆龟蒙于此，至今不废。"元末，陆龟蒙的后裔陆德原，重修了甫里先生祠，辟有清风亭、光明阁、杞菊畦、双竹堤、桂子轩、斗鸭池、垂虹桥、斗鸭栏等景，还在祠旁创建了甫里书院，为甪直培植人才"居功厥伟"。至今，保圣寺西院内，还有清风亭、斗鸭池、垂虹桥、陆龟蒙墓等遗迹。

范仲淹的《岳阳楼记》写给谁

苏州的文学史上，知名度最高的诗文，当数唐代张继的《枫桥夜泊》，一句"姑苏城外寒山寺，夜半钟声到客船"，妇孺皆知，驰誉中外；第二当数唐代杜荀鹤的《送人游吴》，那句"君到姑苏见，人家尽枕河"，可能是苏州人最喜欢引用的诗句；第三当数宋代范仲淹的《岳阳楼记》，那句"先天下之忧而忧，后天下之乐而乐"，脍炙人口，响彻千古。那你知道范仲淹的《岳阳楼记》是写给谁的吗？

按《岳阳楼记》开宗明义的说法，范仲淹这篇文章，无疑是写给好友滕子京的。滕子京在巴陵郡做太守，两年来政通人和，政绩不错，滕子京重修了岳阳楼，拜托范仲淹写篇文章记录这件事。范仲淹与滕子京同为朝廷命官，又是好友，且同病相怜，一样是被贬出京城到地方任职，这篇友情文章，范仲淹不能不写。不愧是一代文豪，范仲淹不但出色完成了任务，还借景抒情，一扫胸中块垒，很是表达了自己宠辱皆忘、忠君爱国的情怀，使之成为传颂千古的名篇。

按传统说法，范先生的《岳阳楼记》，也是勉励天下读书人的。文中前面几段看似写景状物，其实暗合了人生跌宕起伏的命运。"予观夫巴陵胜状"一节，勉励莘莘学子胸怀天下，"海阔凭鱼跃，天高任鸟飞"，美好前景等着你们；"若夫霪雨霏霏"一节，告诉读书人不要气馁，"前途是光明的，道路是曲折的"，人生无常，难免会有风吹雨打，一定要挺住，不能倒在黎明来临之前；"至若春和景明"一节，范先生勉励努力进取的人们，"幸福是靠奋斗出来的"，十年磨一剑，终将迎来柳暗花明、扬眉吐气的一天。

范先生在优美的风景描写背后，以自己丰富的人生经验，婉转地告诫天下读书人，"宝剑锋从磨砺出，梅花香自苦寒来"的人生道理。范先

范仲淹像

生的"先天下之忧而忧,后天下之乐而乐",与后来顾宪成的"风声雨声读书声声声入耳,家事国事天下事事事关心"、顾炎武的"天下兴亡,匹夫有责",有着异曲同工之妙,都是劝天下读书人要心怀家国,不要计较个人得失,体现了"侠之大者,为国为民"的理想抱负。

然而,范先生在《岳阳楼记》最后一段的感慨,隐隐透露了这篇文章也是写给他自己的。且看:"嗟夫!予尝求古仁人之心,或异二者之为,何哉?不以物喜,不以己悲;居庙堂之高则忧其民,处江湖之远则忧其君。是进亦忧,退亦忧。然则何时而乐耶?其必曰'先天下之忧而忧,后天下之乐而乐乎。'噫!微斯人,吾谁与归?"归结到最后,写的都是他对自己遭遇的喟叹。一个"予"字,一句"吾谁与归",明白无误地告诉读者:"这些是我的感想,谁与我是同路人?"

看完全篇,用排除法可以确认,范先生这篇文章,不是写给平头百姓的。老百姓不敢妄言"庙堂","为君分忧"必须有一定的功名和地位,须是官僚阶层和胸怀报国之志的读书人,才有资格"居庙堂之高则忧其民,处江湖之远则忧其君"。而在内忧外患的环境之下,老百姓的生计尚且没有保障,哪有资格"先天下之忧而忧,后天下之乐而乐"?

回味再三,感觉范先生这篇文章还有一个用意,就是写给当时的宋仁宗的。上一年,范仲淹还在京城当参知政事,在皇帝身边出谋划策,第二年就被下放到陕西和河东路担任宣抚使,虽然范先生对待遇和被贬遭遇不以为意,但皇帝身边少了个出力的人啊。范先生知道自己的一举一动,朝廷都派人盯着,他写的文章必定会传到"官家"那儿,于是他借这篇文章,一方面向皇帝建言,希望皇帝能"先天下之忧而忧,后天下之乐而乐",能排除困难,振兴国家,为百姓谋幸福;另一方面,他也表达了自己对朝廷忠心耿耿的态度,希望能重新得到重用,自己必当为国效力,为皇帝分忧解难,共创太平盛世,共建美好家园。

遗憾的是,范仲淹的愿望并没有实现;庆幸的是,他的这篇《岳阳楼记》,得以名垂千古,那句"先天下之忧而忧,后天下之乐而乐",成为无数中华儿女的座右铭。

爱国诗人陆游的甫里情结

陆游（1125—1210），字务观，号放翁，越州山阴（今浙江绍兴）人，南宋著名爱国诗人。陆游既然是浙江绍兴人，为何却频频署名"甫里陆某务观"？他在多篇诗文中提及甫里，并且把"甫里先生"陆龟蒙视为他的祖先和偶像，甫里于他意味着什么？他的"甫里情结"为何如此之深？

甫里位于苏州城东，原是一处一里方圆的村落，故名甫里。春秋时期，吴王夫差曾在甫里塘北建行宫梧桐园，为甫里的未来奠定了基础；南北朝时，梁武帝敕建保圣寺，为甫里带来了香火与人气；晚唐文学家陆龟蒙隐居甫里，自称"甫里先生"，著书交友，兴甫里文风。宋代大诗人陆游对甫里念念不忘，不是没有缘由，也不是三分钟热情，他曾经解释过其中的缘故。他的《书怀》诗云："武担山上望京都，谁记黄公旧酒垆。宿负本宜输左校，宽恩犹听补东隅。一官漫浪行将老，万卷纵横只自愚。甫里松陵在何许，古人投劾为莼鲈。"人之将老，曾经读过的书，走过的山，喝过的酒，还有没实现的雄心壮志，都让岁月消磨得差不多了。人们可能不知道甫里和松陵在哪儿，却知道茶灶笔床的陆龟蒙和莼鲈之思的张翰，这种状态，不正是自己追求的吗？

陆游的《跋李庄简公家书》云："李丈参政罢政归乡里时，某年二十矣。时时来访先君，剧谈终日。每言秦氏，必曰咸阳，愤切慨慷，形于色辞。一日平旦来共饭，谓先君曰：'闻赵相过岭，悲忧出涕。仆不然，谪命下，青鞋布袜行矣，岂能作儿女态耶！'方言此时，目如炬，声如钟，其英伟刚毅之气，使人兴起。后四十年，偶读公家书。虽徙海表，气不少衰，丁宁训诫之语，皆足垂范百世，犹想见其道'青鞋布袜'时也。淳熙戊申（1188）五月己未，笠泽陆某题。"

这是陆游为李光的家书写的跋，文中回忆了陆游年少时李光与陆游之父陆宰交游的往事，他们每每谈到保家卫国的事，当谈到奸臣秦桧时，怒愤形于色。如此熏陶之下，十几岁的陆游自幼便树立了报国之志。后来陆游读到李光写给家人的信，虽然李公被贬海南，但字里行间仍充溢着凛然正气，陆游顿生崇敬之情。

这篇随感，既写了李光光明磊落的人格，也谈到陆游性格养成的因缘。落款"笠泽陆某题"，笠泽，松江（今吴淞江）之别称，晚唐诗人陆龟蒙隐居于吴淞江畔的甫里，曾编过《笠泽丛书》。陆游此举，是在向先贤致敬。

陆游似乎对粗茶淡饭的生活，怡然自得。正因为他的退休生活越来越像甫里先生陆龟蒙，他也越来越理解甫里先生当年的报国无门、回家务农的抉择。他在《自嘲》诗中写道："野老家风子未知，天教甫里出孙枝。遍游竹院寻僧语，时拂楸枰约客棋。是处登临有风月，平生扬历半官祠。即今个事浑如昨，唤作朝官却自疑。"经历过锦衣玉食的官场生活，如今整天访访友，下下棋，吟风弄月，倒也不觉得厌烦，只是偶尔回想起当公务员的日子，历历在目，恍若昨天。甫里先生的家风，隔着几百年，好在有自己这样的子孙，甫里先生也算后继有人了。陆游以甫里先生的后人自居，乐在其中。

陆游的甫里情结，早就"根深蒂固"。他的《深居》诗云："作吏难堪簿领迷，深居聊复学幽栖。病来酒户何妨小，老去诗名不厌低。零落野云寒傍水，霏微山雨晚成泥。自怜甫里家风在，小摘残蔬绕废畦。"陆游在这首诗中，回忆自己当官时，整天忙于公文应酬，现在深居简出，酒量小了，名气差也不在乎了，好在居住环境不错，山清水秀，在田间散散心，摘摘蔬菜，感觉还不错，况且甫里先生的家风还在，这是值得欣慰的事情。甫里家风，说的是晚唐诗人陆龟蒙淡泊名利、寄情江湖、隐居甫里的高风亮节。宋代吴江的"三高祠"，将陆龟蒙与范蠡、张翰并列为"世之三高"。陆游感叹，自己现在的处境和心境，幸未辱没甫里先生的家风。那是他把甫里先生当成自己的偶像，惺惺相惜，遥相感应，尽在不言中。

陆游在《幽居》一诗中，再次写到了"甫里家风"。诗云："松陵甫里旧家风，晚节何妨号放翁？衰极睡魔殊有力，愁多酒圣欲无功。一编蠹简晴窗下，数卷疏篱落木中。退士所图惟一饱，诸公好为致年丰。"陆游本是豪放派诗人的代表，但他在晚年壮志未酬、退居乡野之时，内心掩饰着不甘，试图接受平静的田园生活。他推崇的先辈陆龟蒙，与皮日休等文友，泛舟吴淞江，往来于甫里和松陵之间，醉心于农渔与饮酒作赋，不亦快哉？"松陵甫里旧家风，晚节何妨号放翁？"陆龟蒙号称江湖散人，陆游想效仿他，自号放翁，一散一放，异曲同工。

陆游枕河而居，看花开花落，四季更迭，当真心如止水、宠辱不惊了吗？自然没有。他一边歌咏隐居于甫里的陆龟蒙，似乎自己也如先贤一般的散淡，一边又期盼出现收复中原的英雄豪杰，无奈事与愿违。然而，他不愿为了前途而拍马逢迎，他自诩为翱翔万里的海鸥，不是轻易能被驯服的。一方面甘于清贫，一方面又不甘寂寞，"老骥伏枥，志在千里"，这种矛盾的心理，一直伴随着他。恰如他的《小筑》诗所云："小筑茅茨镜水滨，天教静处著闲身。平原不复赋豪士，甫里但思歌散人。翠壁微泉时的皪，衡门叠嶂晓嶙峋。子虚误辱诸公赏，万里轻鸥岂易驯！"

甫里于陆游而言，不仅仅是一个地名，那是他魂牵梦萦的地方，那是他梦中的故乡。他的《读苏叔党汝州北山杂诗次其韵》诗云："岩石著幼舆，风月思玄度。老子放浪心，常恐迫迟暮。安得世外人，握手相与语。吾宗甫里公，奇辞赋渔具。高风邈不嗣，徒有吟讽苦。霜风吹短衣，何山不堪住？"虽是一首与朋友的和诗，却表明心迹，一目了然。"吾宗甫里公，奇辞赋渔具。高风邈不嗣，徒有吟讽苦。"陆游在诗中明白无误地告诉世人，甫里先生陆龟蒙是他追慕的先贤，甫里先生善作渔具诗，其同情民间疾苦、针砭时弊、心怀天下的高风亮节，却没有传下来，不能不说是一个遗憾。

陆游淡出仕途之后，也曾想安居乐业。他的五言古诗《督下麦雨中夜归》云："细雨暗村墟，青烟湿庐舍。两两犊并行，阵阵鸦续下。红稠水际蓼，黄落屋边柘。力作不知劳，归路忽已夜。犬吠闯篱隙，灯光出

陆游书法

门罅。岂惟露沾衣,乃有泥没胯。谁怜甫里翁,白首学耕稼。未言得一饱,此段已可画。"

他描写了自己干农活归来,遭遇夜雨的情景。那种辛苦,那种清冷,一言难尽。"谁怜甫里翁,白首学耕稼",他称自己是一位甫里的老人,为了生存,头发花白了还在劳动,然而,国家没有安定,老百姓要求得一饱,何其艰难。陆龟蒙身处晚唐乱世,陆游生于金兵入侵之时,皆为风雨飘摇的时代,两人的处境有相似之处,又同出江南陆氏,壮志未酬,因此对世事人情有着诸多的感慨吧。

古人的书房怎么样,我们不知道,但陆游的书房,我们从他的小品文《书巢记》中可一窥全貌:"陆子既老且病,犹不置读书,名其室曰书巢。客有问曰:'鹊巢于木,巢之远人者;燕巢于梁,巢之袭人者。凤之巢,人瑞之;枭之巢,人覆之。雀不能巢,或夺燕巢,巢之暴者也;鸠不能巢,伺鹊育雏而去,则居其巢,巢之拙者也。上古有有巢氏,是为未有宫室之巢。尧民之病水者,上而为巢,是为避害之巢。前世大山穷谷中,有学道之士,栖木若巢,是为隐居之巢。近时饮家者流,或登木杪,酣醉叫呼,则又为狂士之巢。今子幸有屋以居,牖户墙垣,犹之比屋也,而谓之巢,何耶?'陆子曰:'子之辞辩矣,顾未入吾室。吾室之内，或栖于椟，或陈于前，或枕藉于床，俯仰四顾，无非书者。吾饮食起居，疾痛呻吟，悲忧愤叹，未尝不与书俱。宾客不至，妻子不觌，而风雨雷雹之变，有不知也。间有意欲起，而乱书围之，如积槁枝，或至不得行，则辄自笑曰：此非吾所谓巢者耶？'乃引客就观之，客始不能入，既入又不能出，乃亦大笑曰：'信乎其似巢也。'客去，陆子叹曰：'天下之事，闻者不如见者知之为详，见者不如居者知之为尽。吾侪未造，夫道之堂奥，自藩篱之外而妄议之，可乎？'因书以自警。淳熙九年（1182）九月三日，甫里陆某务观记。"

他在文中介绍了各种鸟巢，也介绍了自己的书巢，屋里到处摆放着书，拥挤到连走路都困难。由此可见他藏书之丰，阅书之多。有趣的是，客人来访，开始不能进他的书房，因为里面书太多了，似乎无处落脚，而一旦进入，就会不想出去，乐不思归。陆游还说了句颇有哲理的话：天下的事，听说的不如看到的了解得详细，见到的不如身居其中的了解得详尽。最有意思的是落款，"甫里陆某务观记"，显然他乐意做甫里人，我们岂可拂其美意？

陆游的这些诗文，大多作于晚年，其时他诗名之盛，不亚于先贤陆龟蒙，说明他不是在攀附名人，而是深思熟虑和自我考证后的认祖归宗。陆游有没有在甫里生活过，这个不得而知，但是，他对甫里的向往，他对甫里先生的敬仰，他对甫里人身份的认同，是毫无疑问的。

据当代的《陆氏宗谱》，吴郡陆氏第二十四世的陆瓘与陆玩是亲兄弟，他们的父亲是陆英，祖父陆瑁是三国名将陆逊的亲弟。而陆游和陆龟蒙，分别是陆瓘与陆玩的后代。因此，陆游并非陆龟蒙的直系后裔，两者只是同宗。陆游心系甫里，乐意做甫里人，或因他对甫里先生为人为文的仰重，爱屋及乌，对甫里也就情有独钟？

甫里诗社名人多

南宋初期，六直（今甪直）人马先觉在昆山就读县学期间，结识了一帮志同道合的朋友，有李衡、乐备、钟孝国、石千里、石希颜等。暑假里，马先觉邀他们到甫里游玩，拜谒了甫里先生祠，他们在银杏树下谈诗论赋，兴致勃勃。他们对陆龟蒙淡泊名利、关心民众疾苦的品格很是敬佩，对皮日休、陆龟蒙、罗隐等人诗酒相酬的行为更是钦慕。乐备提议说："听说叶梦得成立了许昌诗社，王十朋成立了楚东诗社，咱们也可以成立一家诗社。"马先觉赞同道："好啊，今日咱们既在甫里，又仰慕甫里先生，干脆就叫甫里诗社吧。"乐备说："好，就这么定了！诗友活动的场所，可以去昆山城南我家里。"马先觉说："既然叫甫里诗社，当然要来甫里聚会，欢迎到我家做客，品尝正宗的农家菜。"

马先觉尽了地主之谊，以家常便饭招待了一行诗友。事后，他写了首《幽居客至》，诗云："吾爱吾庐似野人，轩窗花草逐时新。寻常俗客经过少，咫尺诗仙往复频。小摘园蔬微带雨，浅笃瓮蚁曲留春。莫嫌供给全羞涩，礼薄情浓却是真。"记录了这次聚会的心情，还为招待不周向诗友表示歉意。乐备和了一首《次马得闲幽居客至韵》，诗云："吾道如君有几人，生憎轻薄白头新。林泉卜筑何妨静，诗酒寻盟不厌频。小雨汀洲松浦雾，斜阳花草玉峰春。芒鞋竹杖须乘兴，快取平生见懒真。"马先觉自号"得闲居士"，朋友们戏称他为"马得闲"。乐备对马先觉的热情仗义，赞赏有加。

范成大（1126—1193）十四岁时，母亲去世了，十七岁时父亲病故。苏州城由于金兵纵火，到处是残垣断壁，眼看待不下去了。昆山的王葆与范成大的父亲范雩是同科进士，又是要好的朋友，王葆看好范成大的前程，把他接到昆山想供他读书。范成大却说，他要把弟妹抚养成人后再考虑自

范成大祠

己的前程。十九岁的范成大,很有自尊心,他不想寄人篱下,在昆山荐严资福禅寺打扫了一间空房,把家人安顿在寺庙里,自己白天出去打工,晚上在烛光下看书写作。为了拓宽视野,他抽空游历了相距不远的杭州、建康、溧水、高淳等地。

范成大在昆山颇有才名,只是有点不合群,很少参加社交活动。马先觉得知范成大的情况,很有结交之意,也很想帮帮这位落难才子,就鼓动乐备说:"你与范成大同年,你去邀请他加入咱们诗社吧。"乐备知道范成大表面清高,内心却是孤独的,年轻人谁不希望交几个知心朋友呢?果然,范成大爽快答应加入甫里诗社。马先觉听到这个消息,兴奋不已,当即赋诗一首《喜乐功成招范至能入诗社》:"燕国将军善主盟,新封诗将一军惊。范家老子登坛后，鼓出胸中十万兵。"来而不往非礼也，范成大当即和了一首《马少伊有诗招入社和韵奉寄》："气压昆吾一剑盟，风生铜柱百蛮惊。君家自有堂堂阵，我欲周旋恐曳兵。"谁说文人相轻？马先觉和范成大狠狠夸了对方一番。范成大还谦虚表态，你们诗社人才济济，实力雄厚，我加入进来恐怕会拖你们后腿。

　　诗社不时要聚会，或去乐备家，或去马先觉家，或去县城的小酒馆，以诗会友，相互酬唱，临了撮上一顿，其乐融融。有诗有友有酒，范成大感觉生活过得挺有滋味。从绍兴十四年（1144）到绍兴二十三年（1153），他在荐严资福禅寺不知不觉过了十年。有一天，范成大的义父王葆把范成大叫到跟前，语重心长地说："你守孝十年的期限已满，照顾弟妹的责任也尽到了，不能再稀里糊涂混日子，你家先祖范仲淹'先天下之忧而忧，后天下之乐而乐'的名训，你忘了吗？国家需要像你这样的人才，你应挺身而出，为国效力，为民造福！"王葆的话如醍醐灌顶，让范成大豁然开朗。此后，他用功研读，志在为国为民，终成一代名臣。

　　甫里诗社的存续时间，大约是绍兴十五年（1145）至绍兴三十年（1160），在这十六年间，竟然有四位诗友金榜题名，当真令人刮目相看——李衡，字彦平，绍兴十五年刘章榜进士，任吴江主簿；范成大，字至能，绍兴二十四年（1154）张孝祥榜进士，官至国史院编修、资政殿学士、参知政事等；乐备，字功成，与范成大同榜进士，任军器监簿；马先觉，字少伊，绍兴三十年梁克家榜进士，先后任海门主簿、常州教授、兵部架阁等。

　　随着诗友们谋取功名，离家任职，甫里诗社的活动渐趋减少，乃至停止。他们由诗社凝结的友情，却历久弥深。范成大退休后定居苏州，多次陪马先觉等朋友泛舟石湖，以诗相酬，情如佳酿。

甪直首位进士马友直

中国古代的科举到了明清以后，往往三年一次全国大考，得中进士的仅三百人左右，比现在的公务员考试难多了。

据《吴郡志》《姑苏志》《昆山县志》《吴郡甫里志》《吴郡甫里人物考》等诸多志书记载，自宋至清，甪直出过六十二位进士，而第一位进士是谁呢？他叫马友直，南宋建炎二年（1128）戊申科李易榜特奏名进士（特科）。他家住昆山全吴乡六直里（今甪直），得中进士已是晚年。

马友直，字伯忠。其祖先司马球在吴越王那儿做到御史中丞，然后调任昆山镇遏使，随后就把家安在了昆山。可是，子孙对当官并不感兴趣，而是安贫乐道，入乡随俗，过着悠闲的生活。后来，他们干脆把"司马"改为"马"姓，把家安在了全吴乡六直里，在当地以孝义著称。

到了马友直这一代，一共有兄弟七人，其余六人都从事农业，唯独马友直发奋读书。由于在县学考试成绩优异，他被推荐到京师太学就读。元符二年（1099），他被推荐为春官，与李廌（1059—1109）搭档，给乡亲们送去年画、对联之类春节祈福用品。李廌是著名文人，作品受到苏轼的赏识，成为"苏门六君子"之一。李廌知道马友直品性贤良，就把兄长的女儿许配给他。

到了北宋宣和年间，太湖流域发生了洪涝灾害，全吴乡的良田大多位于吴淞江畔，地势较低，庄稼全部受淹。马友直的兄弟们手忙脚乱地修补房子，修高田埂，把他的妻子和孩子照顾好，却把他年迈的老娘给忘了。时值金国入侵，生灵涂炭，国事飘摇，马友直就离别开封，回到了家乡。他看到母亲的窘状，鼻子一酸。他不怪兄弟们，天灾人祸，他们自顾不暇。他悄悄把母亲接到昆山县城，租了房子，悉心服侍，总算平安渡过了难关。

> 華顛又送其下第云學如吾子何憂失命屬
> 天公不可猜璋後改名玖以累舉補官孫益
> 亦登科紹興間任監察御史
> 馬友直字伯忠其先本姓司馬氏有名球者仕
> 吳越以御史中丞爲崑山鎮遏使因家焉子
> 孫樂道不仕隨乎流俗故止稱馬氏聚族居
> 于邑之全吳鄉六直里以孝義著兄弟六人
> 皆力穡獨友直以儒業自奮入京師太學元
> 符二年薦春官與李彖方叔游知友直賢以

《吴郡志》中关于马友直的记载

靖康之难，康王赵构迁都临安（今杭州），设立了临时政府，史称南宋。国家复兴，需要大量人才，朝廷在建炎二年（1128）重新开科取士。正所谓"好人有好报"，马友直"以累举得官"，成为湖州武康簿（从九品）。原来，朝廷为了吸纳人才，在正式的科举考试录取名额之外，又补录了一批，照顾对象是累计参加过五次以上科举考试、年龄五十岁以上的举子，礼部统计名单后，经补试合格，成为特奏名进士，俗称特科（参加正规科举考试合格者称正奏名进士，俗称本科）。马友直刚好符合这一条件，有幸进入公务员行列。尽管，特奏名进士入职的都是些九品、八品之类的小官吏，升迁的机会也不多，但总算吃上了俸禄，生活有奔头了。

马友直上班不久，就被调"监潭州南岳庙"，由于工作勤勉，晋升为宣教郎（正七品文官）。侍郎唐辉、御史王葆和范雩（范成大的父亲，官至左奉议郎、秘书郎）都很赏识他。马友直是七十六岁去世的。他的进士身份虽然不硬气，但他的孙子马先觉，是正儿八经的进士出身，考取的是绍兴三十年（1160）庚辰科梁克家榜进士。爷孙俩都是进士，可见甫里的读书之风，也可见良好的家风对于成才的积极影响。

甪直自古便是一镇跨两县，以界浦江为分界线，东为昆山，西为长洲。古镇区面积的八成属于甪直（甫里），只有东部很少的地方属于昆山南港，形成"大甪直"的范畴。由于甪直去昆山的距离，比去苏州近许多，从前，镇上的学子很多去昆山读书，科举时填写的学籍也是昆山，因此，《昆山县志》也把马友直收录在内。马友直当年居住的地方，位于现在的甪直镇北港里港岛花园小区。甪直镇上的"司马"姓氏，也是从马友直家族部分人家恢复原姓而来。

马先觉乐助范成大

范成大（1126—1193）自幼尝遍流离之苦。在他四岁那年，金军再度南下，繁华的平江城（今苏州城）被金军烧杀抢掠，"烟焰见百余里，火五日乃灭"，"平江士民死者近五十万人，得脱者十之一二而已"。战火使苏州城十室九空。范成大跟随父亲范雩避居昆山。他自幼聪颖，家教甚好，两三岁即识文断字，十二岁"遍读经史"，十四岁"能文词"。

其后，因父亲去世，他发誓十年不求功名。一家人寄居在昆山的荐

下北港鸟瞰

严资福禅寺（今东禅寺）。他为了照顾两个弟弟和两个妹妹，白天去打零工，晚上就着寺里的烛台看书写诗。范成大十七岁时，已经相貌堂堂，谈吐不凡，是远近闻名的少年才子，深得同龄人和长辈们的喜爱。

马先觉，字少伊，家住昆山全吴乡北港里（今甪直下北港）。他的爷爷马友直，在宋建炎二年（1128）登戊申科进士，马先觉也在绍兴三十年（1160）登庚辰科进士。据甪直历代地方志，这爷孙俩是甪直历史上最早的进士。

马先觉和文友李衡、乐备组织了一家诗社，效仿唐代的皮日休和陆龟蒙，以诗会友，往还唱和。马先觉得知范成大的情况，很有结交之意，也很想帮帮这位落难才子。但他明白，越是身世坎坷的人，越是自尊心强，范成大不会轻易接受别人的帮助。马先觉灵机一动，就对乐备说："你去邀请范成大加入咱们的诗社，他那么有才华，不加入诗社太可惜了。"乐备就到荐严资福禅寺去找范成大，邀请范成大加入甪里诗社。范成大没有犹豫，一口应允。

马先觉作了一首诗《喜乐功成招范至能入诗社》，诗云："燕国将军善主盟，新封诗将一军惊。范家老子登坛后，鼓出胸中十万兵。"看诗题，马先觉俨然是诗社的召集人，看到乐备和范成大加入诗社，他很高兴。马先觉很看好范成大，觉得凭范成大的修养，将来定有一番作为。来而不往非礼也，范成大读到马先觉的诗，当即和了一首《马少伊有诗招入社和韵奉寄》："气压昆吾一剑盟，风生铜柱百蛮惊。君家自有堂堂阵，我欲周旋恐曳兵。"范成大是谦虚的，说你们诗社人才济济，办得很出色，我加进来只怕会拖你们的后腿。

马先觉以诗社聚会的名义，邀请范成大等人到小酒馆撮一顿，边吃边聊文学，气氛自然是极好的。马先觉趁着上厕所，偷偷把单买了。吃饭前，马先觉故意点了很多菜，四人吃不完，就让范成大"吃不了兜着走"。范成大觉得扔掉可惜，也就心安理得地把剩菜带回去了。诗社聚会有点勤，范成大白吃白喝了几回，感觉出不对劲了，每次都是诗友抢着买单，每次都剩下不少菜让他带回家，分明是他们几个借以诗会友的名义，行变相帮助之实。后来诗友邀请他去雅集，他通常就辞谢不去了。

马先觉不想让好朋友吃苦受难，再次邀请范成大时就说："几天不见，我挺想念朋友的，我现在住家里，你到我家里来玩吧，不用上饭馆，我就以家常便饭招待朋友。这边风景不错，可以顺便逛一逛，你愿意的话，还可以小住几天。"范成大想，不须朋友破费，去去也无妨。马先觉家的小别墅在甫里镇北隅，经两顶小桥，沿一泓江水，过半里小径，迎几株梅花，便到了。

由于时局动荡，几位热血青年报国无门，只得寄情于山水，吟诗作画，打发时间。马先觉《幽居客至》诗云："吾爱吾庐似野人，轩窗花草逐时新。寻常俗客经过少，咫尺诗仙往复频。小摘园蔬微带雨，浅篘瓮蚁曲留春。莫嫌供给全羞涩，礼薄情浓却是真。"马先觉待在用直家中，不时有诗友来访，虽然粗茶淡饭，却是诗浓情深。他的《索笑图》诗有"杖藜微步绕千匝，一笑与花俱欲仙""甫里下田傥逢年，便判百斛买江天"等句，都有甘于清贫，不求功名的隐士思想。范成大是脑袋富、口袋穷，连去省城参加考试的路费都没有，只能搁置报国情，做起了文学梦。

王葆是范成大父亲的朋友，当时在昆山为官，他看到范成大的境况，很是关切。有一天，他把范成大叫到跟前，语重心长地说："你守孝十年的期限已经满了，照顾弟妹的责任也尽到了，你还年轻，就不想建功立业，光宗耀祖吗？享乐是退休以后的事，现在国家需要人才，像你这样有真才实学的知识分子，应该到更广阔的舞台上发挥作用，为国效力，为民造福！"王葆的话如醍醐灌顶，让范成大豁然开朗。此后，他刻苦读书，也不出去做苦力了，饿了就吃寺庙里的供品，困了就坐在草垫上打个盹。

甫里诗社很久没有聚会了，昆山的乐备写信邀请范成大去甫里看望马先觉，范成大推托卧病在床，不便前往，回了一首《中秋卧病呈同社》托乐备带给同社诗友，诗云："人间佳风月，浩浩满大千。俗子不解爱，我乃知其天。以此有尽姿，玩彼无穷妍。受用能几何，北溟一杯然。天公尚龃龉，不肯畀其全。卧病窘诗料，坐贫羞酒钱。琼楼与金阙，想像屋角边。如闻真率社，胜游若登仙。四者自难并，造物岂我偏？"大意是说，我知道世间的美好，但一味贪图享乐，终非长久之计，况且我身体欠佳，囊中羞涩，很多愿望不能实现，眼下我虽有点困顿，相信未来是光明的。他婉拒诗友好意，志在发愤读书，有朝一日能扬眉吐气。

宋绍兴二十四年（1154），新一届的科举考试又要开始了，书生们跃跃欲试，期盼鲤鱼跳龙门，从此步入仕途。马先觉和李衡、乐备不想去参加科举考试，苟且偷安于乱世便罢了，但马先觉深知范成大不是一个甘于平庸的人，有心想资助他，又怕范成大不领情，就和乐备商量，想出了一个迂回的办法。

乐备去找范成大，说想去参加科举考试，但一个人去太寂寞，想让范成大陪他一块儿去。范成大为难地说，他想去，可没有路费。乐备笑道："我叫你陪，路费当然由我负责。"两人到了临安，乐备又说："你既然来了，那就一起参加考试吧，考中了最好，考不中也无所谓，就当陪我潇洒走一回。"范成大心知肚明，朋友是变着法儿帮他，他不想拂朋友好意，就进了考场。考试结果公布，范成大和乐备一同登进士第。范成大初授户曹，历官监和剂局、处州知府等，直做到参知政事，成绩斐然。

绍兴三十年（1160），马先觉也去参加考试了，登庚辰科进士，初任海门主簿，后调常州教授，荐授兵部架阁。不过，乐备和马先觉任职不久就辞官归乡了。马先觉还写了首《挂冠而归赋》以表心迹："闻健即收身，归耕躬馌饷。诗中句堂堂，床头春盎盎。寒花晚更香，霜节老益壮。相对无俗情，端的羲皇上。"马先觉表达了思乡之情，对仕途毫无留恋。甫里诗社的几位社员中，在官场历时最久、职位最高、成就最大的，就数这位范成大了。

马先觉真不愧叫"先觉"，他对范成大有先见之明，范成大后来的人品和成就，证明马先觉当初没有看错人，没有帮错人。范成大虽然官做得很大，但他始终不忘民生疾苦，其《夏日》诗云："采菱辛苦废犁锄，血指流丹鬼质枯。无力买田聊种水，近来湖面亦收租。"既抒发了对百姓的同情，也表达了对官吏横暴的愤慨。范成大晚年所作的《四时田园杂兴》六十首，写尽了江南四时美景、物产和人情世故，比起陶渊明的"悠然见南山"，更多了份体恤之情，多了些济世情怀。

范成大功成名就之后，没有忘记老朋友的深厚情谊。在他告老还乡后，多次陪马先觉等诗友泛舟石湖，赋诗唱和。范成大赋诗《次韵马少伊、郁舜举寄示同游石湖》七首，其中之一云："两贤风度蔼春阳，步屧随风上柳塘。彩笔红笺芳径里，句中挟我万花香。"既可看出范成大的才情之丰，又可品出他与马先觉等诗友的交情之深。

赵孟頫寓居保圣寺

赵孟頫（1254—1322），字子昂，号松雪道人，又号水晶宫道人等。浙江吴兴（今湖州）人。宋末元初著名书法家、画家、诗人，宋太祖赵匡胤十一世孙、秦王赵德芳嫡派子孙。赵孟頫博学多才，能诗善文，尤其以书法和绘画成就最高，被称为"元人冠冕"。

赵孟頫曾寓居甫里（甪直）保圣寺有三四年，还留下许多墨宝。保圣寺的碑廊内，至今留有他的书法碑刻。保圣寺原大雄宝殿的抱柱上，曾有他撰书的一副对联："梵宫敕建梁朝，推甫里禅林第一；罗汉溯源惠之，为江南佛像无双。"那么他大概什么时候来甪直的呢？清乾隆年间彭方周《吴郡甫里志·游寓》有载："赵孟頫，字子昂，宋宗室，元至大间避迹保圣禅院廊下房，寺中匾额佛牌，皆其真迹也。"元至大年间，即1308年至1311年。若不是1311年他应诏入宫，说不定他在甪直会待更久。

赵孟頫的父亲赵与訔去世后，家里没了经济来源，陷入了困境，"向非亲友赠，蔬食常不饱"。赵孟頫的母亲姓丘，对赵孟頫管教甚严。赵孟頫十二岁那年，仍然贪玩，不知生活艰辛。母亲见了，严肃地说："汝幼孤，不能自强于学问，终无以觊成人，吾世则亦已矣。"大意是说，你再不努力，将来怎么自立？我这辈子也没指望了。赵孟頫从此发愤，"由是刻厉，昼夜不休，性通敏，书一目辄成诵"。

《元史》记载，赵孟頫"年十四，用父荫补官，试中吏部铨法，调真州司户参军"。作为官宦子弟，赵孟頫靠着选拔和照顾，还是谋得了一份差事。对于一个不善钻营的人，靠祖上蒙荫想有所提升是困难的，赵孟頫想靠自己的努力，"学而优则仕"。咸淳八年（1272），十九岁的赵孟頫到临安参加国子监考试，成绩不错，"中国子监"。赵孟頫想借此谋求晋升机会。

德祐二年（1276），临安城向蒙古军投降。蒙古的铁蹄横扫富庶的江南，南宋和赵孟頫的无忧时光结束了。国破山河在，二十三岁的赵孟頫做了一个遗民。在战乱中东躲西藏了一两年，学业对于赵孟頫来说，略有荒疏，母亲看到赵孟頫终日惶惶然的样子，就对他说："天下既定，朝廷必偃武修文，汝非多读书，何以自异齐民？"意思是说，天下已经平定，不会再有战乱了，朝廷也会更多地支持文化事业，你要是不多读书，早晚混得跟老百姓一样。

赵孟頫在名师敖继公的指点下，学业精进，"经明行修，声闻涌溢，达于朝廷"。赵孟頫经过刻苦学习，声名远播，连朝廷都有所耳闻。元至元十八年（1281），因父亲的墓被毁，赵孟頫将父亲改葬湖州城南。不久，母亲病逝，他甚为悲痛。良母如良师，他受益颇多。这一年，元朝大臣夹谷之奇任江南浙西道提刑按察司佥事，与赵孟頫相识。次年，夹谷之奇被召为吏部郎中，他特别推荐赵孟頫入朝，但被赵孟頫婉拒。百善孝为先，他要在家守孝。

是金子总会发光。至元二十四年（1287），三十四岁的赵孟頫迎来了新的转机。元朝行台侍御史程钜夫奉诏搜访隐居于江南的宋代遗臣，赵孟頫名列其中。这一次赵孟頫没有拒绝。第二年，赵孟頫来到京城，觐见忽必烈，"孟頫神采秀异，世祖称为神仙中人，使坐于右丞叶李上"。赵孟頫的颜值和文采，让元世祖忽必烈十分赏识。然而，官场毕竟比文坛要复杂得多，这让他很不适应。至元二十九年（1292），三十九岁的赵孟頫因朝中的政治斗争，离开京城，任济南路总管府事。也就是从这个时候开始，赵孟頫的艺术活动明显多了起来。

赵孟頫在元贞元年（1295）到大德三年（1299），借身体不适，请假回家，和夫人管道升一起回老家闲居。直到1299年，赵孟頫又被任命为集贤直学士。至大四年（1311），元仁宗即位后，赵孟頫闻诏赴京。此次赴京之后的一段时间，成为赵孟頫一生中最辉煌的时光。延祐四年（1317）赵孟頫被封为一品官，管道升也被封赠为"魏国夫人"。赵孟頫晚年发达，贵倾朝野，但他内心并不快乐，潜心于书画以自遣。身为赵

保圣寺大殿旧影中依稀能见赵孟頫题联

宋后裔，却在仇家的朝廷为官，能不郁闷和惶恐吗？

《吴郡甫里志》记载了赵孟頫在 1308 年—1311 年曾寓居甫里保圣寺。他除了给保圣寺留下那副著名的楹联外，还留下了很多题词、佛牌之类，只是大多没有保存下来。他住在保圣寺期间，还与甪直顾德辉、昆山曹知白（1272—1355）交游。曹知白有诗云："桨打甫里船，角垫林宗巾。往访赵松雪，满载九峰春。"意思是他经常带着美酒，乘船来甫里拜访赵孟頫，尽兴而归。曹知白比赵孟頫小十八岁，绘画上受赵孟頫影响颇深，两人有师徒名分，经常一起出游。

赵孟頫寓居甪直期间，游览了张陵山，并为清宁庵题写了几块匾额，可惜山移寺去，匾额不知去向。徐清宁是甪直张林人，年轻时颇有才学，自命不凡，然而身处宋元更替之际，多的是怀才不遇，直到子女都婚嫁了，晚年别无牵挂，他才在张陵西山搭建几间简陋的房子，过起了隐士生活。赵孟頫游张陵山时，与他有来往，给他题写了"无碍""怡闲""蒙泉"等匾额。惺惺相惜之情，尽在只言片语之中。

中华人民共和国成立初期，甪直镇曾利用张陵西山上的旧房子，办起张林农业初中。后来，山被挖去烧砖，留下一个深十几米、直径几百米的大潭。2012 年，深潭被填平，建起了甪直中学高中部。赵孟頫为保圣寺题写的那副楹联，因年久失修，风雨侵蚀，早已字体剥落。2012 年 6 月，甪直保圣寺文保所和甪直旅游公司计划再现昔日抱柱联，邀请书法家钱绍武先生重书了对联。2013 年 3 月，由木雕艺术家倪小舟操刀镌刻，对联采用上好老杉木制作，传统生漆上色，耗时近两个月制成。大浪淘沙，赵孟頫留在甪直的足迹已荡然无存，但他与甪直的一段渊源，他留给甪直的墨宝，却是我们弥足珍贵的文化遗产。

《清明上河图》曾由甪直人陆完收藏

《清明上河图》是北宋画家张择端的传世精品,作品生动再现了北宋都城汴京(今河南开封)的城市面貌和市井生活,具有很高的艺术价值和历史价值,是国宝级文物,现藏于北京故宫博物院。

明代中叶,这幅画曾经被一位甪直人收藏,这位甪直人还在画上题跋。《清明上河图》长五百二十八点七厘米,其中一半(约二百六十厘米)是金、元、明三代共十三位收藏者或鉴赏者撰写的十四段题跋。若大家有机会欣赏到《清明上河图》,还能在画卷上看到这位甪直人的名字和他的题跋。

他的名字叫陆完(1458—1526),字全卿,号水村先生,世居甪里。《吴郡甪里志》《吴郡甪里人物考》都收录有他的条目。他的六世祖叫陆祥(字仲祥),高祖叫陆机(字文伯),父亲叫陆溥(字宗博),均以乐善敦行闻于乡。陆完的老家在宅前村,他中年发达之后,又在苏州阊门外置有房子。宅前位于甪直古镇之南七八里,民国之前一直属甪直辖地,今属昆山锦溪镇南前村。

那么,《清明上河图》如何到了陆完手中呢?北宋末年,张择端的《清明上河图》成为宋徽宗赵佶的藏品。靖康之变后,《清明上河图》流入金国地区,文人张著、张公药、郦权、王磵、张世积等题跋于图后。蒙古人攻占金大都后,《清明上河图》到了蒙古人手中,可惜元朝皇帝不识货,后来被内务府的一位裱画匠发现,他用赝品替换真迹,于是《清明上河图》便流落民间。先是被杭州陈彦廉辗转购得,元至正十一年(1351),杨准从陈彦廉处购得,题长跋记述始末。次年,江西刘汉从杨准处欣赏此画,为之题跋,誉为"精艺绝伦"。至正二十五年(1365),李祁曾记图藏静山周氏家。明景

《吴郡甫里志》中关于陆完的记载

泰二年（1451），李东阳两次在图后题写长跋，详记画面内容和此画在明代中朝流传始末。明天顺年间，吴宽题称图在大理寺卿朱鹤坡家。明弘治以后，图归华盖殿大学士徐溥所有。徐溥临终时，将图赠李东阳。李东阳去世后，《清明上河图》到了时任吏部尚书的陆完手上。嘉靖三年（1524），陆完在图上题跋。

陆完年轻时是个学霸，乡试获经魁。明成化二十三年（1487）进士，授监察御史。正德初出任江西按察使。正德三年（1508）擢右佥都御史巡抚宣府，次年改南京右佥都御史提督江防，召为左佥都御史。正德五年（1510）升兵部右侍郎，后兼右佥都御史，平寇建功，迁右都御史仍督军务。正德七年（1512）迁左都御史，正德八年（1513）擢兵部尚书，提督团营，加太子太保。正德十年（1515）闰四月改吏部尚书。正德十五年（1520）十一月初三，因宁王朱宸濠谋反案受牵连入狱，次年谪福建靖海卫。

陆完在官场起点高，一当官就是御史，累迁至兵部尚书、太子太保、吏部尚书等职。可惜他晚节不保，与蓄意造反的宁王朱宸濠素有往来。同时代的唐伯虎曾做过宁王幕僚，看出宁王有造反之心，故意装疯卖傻，提前离开了是非之地。宁王事败，从宁王府搜出陆完的信函，皇帝震怒，将处极刑，也是陆完命不该绝，刚好正德皇帝驾崩，嘉靖皇帝登基，念在陆完以前平贼有功，赦免其罪，将其贬到福建海防所抗击倭寇，直到去世。

人有了一定地位，都爱附庸风雅，收藏字画是诸多达官贵人的嗜好，陆完也未能免俗。王世贞称陆完"好集法书名画之类"，钱谦益称其"博雅好古，精于鉴赏"，张应文记载明朝书画鉴赏家三十人，陆完为其中之一。无论是他购买也好，还是别人赠送也罢，总之他收藏了不少历代书画精品，仅他钤印或题跋的就有：怀素的《自叙帖》、颜真卿的《朱巨川诰》、蔡襄的《思咏帖》、苏轼的《前赤壁赋》、李公麟的《孝经图》等五十多幅，每一件都价值连城。

陆完晚年因宁王造反案受牵累，从吏部尚书沦为阶下囚，妻儿也同时入狱，差点遭遇不测，虽然后来幸免于难，但家中资财和藏品被抄，唯有《清明上河图》被其夫人缝入枕头中，得以保存。陆完离世后，家道中落，其子不得已，将《清明上河图》售与昆山顾鼎臣家。

《清明上河图》是一幅诡异的名画，几经流转，命运多舛，凡收藏者皆不得善终，如宋徽宗、陆完、顾鼎臣、严嵩、毕沅、溥仪等，概莫能外。中华人民共和国成立后，这幅画收归公有，供世人品赏。

李实与《陈湖八景》诗

澄湖，位于甪直镇西南部，俗称沉湖，相传"地陷成湖"，据清乾隆年间《吴郡甫里志》载："迄今湖水清浅时，底有街井、上马石等物，舟人往见之。"明清时期称陈湖，因澄湖西岸大姚村有陈氏望族而得名；民国年间"因水质清冽"，始称澄湖。澄湖为苏州市第三大淡水湖泊，地跨吴中区、吴江、昆山，其中七成的水域由吴中区甪直镇所辖。

甪直，古称"甫里"，清乾隆年间元和县丞彭方周在甫里办公，编纂《吴郡甫里志》，并邀请地方名宿确定了"甫里八景"，声名远扬。其实，早在明末清初，担任过长洲县令的李实就撰有《陈湖八景》，分别为：碛砂晚钟、席墟渔火、张陵暮雪、摇城秋月、大姚夕照、盖濠酒肆、萧淀落雁、寝浦帆归。其中六景所在地为甫里，只有寝浦帆归和萧淀落雁，描写的是澄湖南岸昆山周庄的情景。

李实（1596—1673），字如石，号镜庵，四川遂宁人。明崇祯十六年（1643）癸未科进士，授长洲县令。清廉有政声，人称"长洲如镜"。清兵入关后，不愿为官，于顺治二年（1645）辞官隐居淞南上清港（今甪直镇清江村），杜门著书，著述甚丰，有《四书略解》《六书偏旁》《沟壑吃》《文襄大礼奏议》《蜀语》等。他的《蜀语》，为研究四川方言专著，颇有学术价值。

李实出身书香门第。祖父李元桂是秀才，以书法著称。父亲李友松精通书法与医术。李实入学时，老师出上联"日月天之眼"考他，李实很快便应答"草木地之毛"，反应迅速，对仗巧妙，深得老师喜爱。李实聪慧好学，十三岁即善作文，十七岁中秀才，文才渐著。兵部尚书吕大器把女儿嫁给了他，但他并没有攀附权贵，依然教书为业，自力更生。李实二十七岁时，母亲去世，当时他在某官员家中任私塾教师，坚持穿

李实像

孝服出入,得到东家宽宥。两年后,其父亲又病逝,他便回家设馆,一边服孝一边教书,承担起家庭重担。学生入学,他从不计较学费缴纳的多少,在乡亲中广受好评。

李实于明崇祯九年(1636)中举,崇祯十六年(1643)中进士。李实被选派至长洲县担任知县。李实如在家乡一样简朴,晨出晚归,勤政理事,体恤民情,从宽发落,被当地百姓盛赞"明鉴如镜"。《吴郡甫里志》评价他:"授长洲令,才德兼优。"李实任职长洲令时,正是清军入关之际。第二年，李自成攻破北京，建大顺政权。随后清兵入关，李自成兵败。明朝廷南迁，苟延残喘。对于国家巨变，李实冷静清高，他目睹南明小王朝灭亡，不愿为侵略者驱使，效仿甫里先生陆龟蒙，辞官来到甫里，在清江村过起了扁舟独游、酒酣作诗、讲学授课的隐居生活。他学生众多，陈谟、陈二西、管士俊、郏鼎等，都曾在他门下学习。

清江距离陈湖很近，它既是一个村落，也是一条河流的名字。乘船沿清江往南三里，便是碧波浩渺的陈湖。李实无官一身轻，除了教书和著述外，他游遍了陈湖周边的风景，有感而发地写下了《陈湖八景》诗，这组诗几乎囊括了陈湖地区值得一看的去处。"世上并不缺少美，而是缺少发现美的眼睛。"正是李实的慧眼识珠，才有了让人津津乐道的"陈湖八景"。

李实描写澄湖北岸的《席墟渔火》诗云："席墟村畔泊渔舟，点点疏萤映水流。丝网半明浮白动，篷窗渐淹小红收。妻儿笑语蒹葭夜，鸿雁飞鸣芦荻秋。说向烟波名利客，不如高卧醉江头。"席墟浦是吴淞江通往澄湖的一条要道，席墟本为种植席草、交易草席的地方，后集市废弃，形成村落，村民大多在澄湖捕鱼为生，为避风浪，渔船夜晚停泊在席墟浦，渔火点点，遂成一景。另一首诗《碛砂晚钟》云："碛砂古刹废何年，留得钟声诗里传。野鹤独吟清浅月，松涛空响寂寥禅。更无贾客移船泊，惟有残僧闭户眠。草径元师遗塔在，萧萧蓼叶感前贤。"碛砂寺初建于宋乾道八年（1172），以雕版刻印《碛砂藏》闻名于世，明末毁于火灾。李实寄情江湖，淡泊名利，有意追随前贤。席墟和碛砂两个村，濒临澄湖，风景秀丽，今属甪直镇澄北村。

李实描写澄湖东南岸的《盖濠酒肆》诗云："前村茅店酒旗斜，疑有相如住此家。竹叶香闻春十里，杏花色醉路三叉。渔翁把盏邀明月，客子衔杯坐落霞。红粉当垆转愁绝，乡心一片付归鸦。"盖濠又名盖河，位于甫里凌塘（今甪直镇澄东村）。旅人途中劳累了，就到盖河附近的酒楼，温一壶酒，歇一歇脚。另一首描写澄湖东北岸的《张陵暮雪》诗云："东西两寺古陵寒，六出霏微向暮看。梅萼香含先傅粉，枫林冻彻尚馀丹。印来鸿爪人初静，点到渔蓑梦未阑。缥缈光摇迷昼夜，山中高卧有袁安。"长眠于张陵山的是东晋大将、吴郡太守张镇,而非东汉名臣袁安。李实在诗中引用的是典故"袁安困雪",表达了他仰慕袁安品性高洁,守正不移,在迷乱的时代,他也想成为袁安那样的人,忠孝清正,问心无愧。

李实描写澄湖西岸的《大姚夕照》诗云:"姚村落照色苍黄,遥望群山接大荒。数缕残霞浮水面,一弯新月破溪光。丹枫更觉流辉丽,红寺还疑射影长。牛背笛声归去晚,天边竹树渐微茫。"陈氏望族世居甫里大姚,出过陈璚、陈道复、陈仁锡等名人,明清时期,大姚陈氏先后出过六位进士,名闻江南。沉湖之所以被称为陈湖,正是拜陈家的那些文朋诗友所赐。另一首《摇城秋月》诗云:"波光月影接摇城,一望长空分外明。稻蟹出游窥夜色,草虫闲坐作秋声。芦花断岸霜同白,杨柳荒堤水共清。我欲题诗迎皓魄,更阑人静薄烟生。"摇城的秋夜虽然冷清,但诗人欣赏的正是这般的风清气正,心无旁骛,与自然融为一体。

李实描写澄湖南岸的《寝浦帆归》诗云:"蒲帆片片挂斜晖,客思苍凉寝浦归。风里白云兼岸动,水边黄叶隔江飞。画图杳霭移村寺,芦荻萧瑟过钓矶。明月棹歌乡路近,不知烟雾湿人衣。"渔舟唱晚,归家心切,寝浦禅院的门前,停泊着一艘艘挂着蒲帆的渔船,诗人寓居甫里,乡关万里,他感觉到的苍凉,也许正是渔家翘首以盼的温馨。他的另一首诗《萧淀落雁》云:"荻芦萧飒雁初归,云水无边野稻稀。斜日片帆随影度,暮霞孤鹜入行飞。阵迷午夜虚弓引,曲谱平沙妙手挥。一幅潇湘开画本,天涯兄弟两依依。"萧淀是周庄西北部的一个小湖,与澄湖相连,人称小澄湖,好似"天涯兄弟两依依"。李实触景生情,思念家乡的亲人了吧?

李实在清江时,人们敬重他为官时的清正廉明和入清不仕的忠贞气节,盗贼也听说他的英名,从不骚扰清江。由于他为官清廉,没有余财,在苏州近三十年的隐居生活,过得十分清贫,乡民看到他的窘境,主动接济他。李实怀念故国,感伤身世,以梅花冰雪自喻,写下《岁暮感怀》一诗:"门前五柳弃微官,荏苒年华阅岁寒。齿到知非方学易,老来行路极知难。飘零白下家重破,痛哭青云梦已残。故国烽烟丘墓远,梅花冰雪日凭栏。"

　　李实晚年本可以不那么清苦。他的长子李仙根（1621—1690），字子静，号南津，清顺治十八年（1661）辛丑科高中榜眼，是四川遂宁史上科名最高者，人称"李侍郎"。李实完全可以"父凭子贵"，过上锦衣玉食的生活，但他偏不。尽管儿子飞黄腾达，他却拒绝与儿子见面，就因为儿子做了清廷的官，在他眼里就是"失节"。清康熙十三年（1674），李实病逝，他临终不肯还乡，最终留葬于苏州。他一生对功名看得很淡，但"长洲如镜"的名和《陈湖八景》的诗，却铭刻在苏州人民的心中。

张青来与甪直萝卜

甪直镇,位于苏州吴中区东部,古称甫里,素有"六泽之冲""五湖之汀"之美誉。今人旅游,除了欣赏美景外,品尝美食也是必不可少的。甪直著名特产"甪直萝卜",始创于清朝道光年间,曾用名鸭头颈酱卜、源丰萝卜,中华人民共和国成立后,被评为中华老字号、苏州名优特产,至今畅销不衰。

张青来初闯甪直

张青来何许人也?

张青来,字源丰,徽州歙县人。他是"甪直萝卜"的创始人。

明清时期,徽州商人遍及全国各地,可以说无徽不成镇。其中以徽州盐商最有势力,他们几乎把持了全国盐业的经销权。徽商领取了官方的"盐引"执照,就可以开办酱园,经营与老百姓的生活密切相关的酱油、食盐、食醋、黄酒、酱菜等。利润丰厚的酱园,是资本雄厚的官绅们投资经营的首选。

当时苏州的酱园,大多由徽州人经营管理。清朝乾隆年间开始,苏州的酱园归设在葑门内吴衙场的长元吴(长洲、吴、元和三县的合称)盐公堂统一管理,各店向盐公堂登记备案后,盐公堂便会发给"官酱园"的金字招牌。酱园多为前店后坊,油盐酱醋,各酱园的生产工艺没有太大区别,而酱菜、酱豆干之类,往往风味独特,能成为店家的招牌美食。

俗话说得好:"老不离家是贵人,少不离家是废人。"嘉庆年间,正值年轻气盛的张青来,眼见大批同乡到外面经商,混得有模有样,他决定也出去闯一闯。"世界很大,我想去看看。"于是,他背起行囊,告别家人,来到了千里之外的苏州。当然,他不是穷游,而是考察市场来了。

苏州有"人间天堂"的美称,不但环境优美,地方富庶,更主要的是人气旺盛，商贸发达。富有经营头脑的张青来，一眼相中苏州，因为苏州民风淳朴，聚集的有钱人多，已经培育了相对成熟的市场环境。苏州有徽州会馆，他既能落脚，又能就近向前辈取经。然而，理想很丰满，现实很骨感。城里房租太贵，生活成本较高，各行各业的竞争也很激烈，张青来考虑到本钱有限，经验不足，又是初来乍到，在城里很难立足，决定去周边乡镇转转。

当他踏上甪直的土地，一下子就被这里的风土人情和独特的地理位置打动了。首先，甪直是个大镇，人气足；其次，甪直文化底蕴深厚，与徽州颇多相似之处，有亲切感；再次，甪直交通便利，东可至上海，西可至苏州、无锡，南可达湖州、杭州，北通往常熟、南通等地，易于拓展市场。

当时甪直已是吴东巨镇，农商发达，在苏州东面的乡镇中数一数二。甪直镇有三个闹市区，一是古镇西部的西汇街一带，二是古镇北部的和丰桥以东巷门里一带，三是古镇东部的鸡鹅桥一带。张青来相中的是鸡鹅桥那边，同样是闹市，那里辐射的是甪直和南港两个乡镇，何况，东面居住的富裕人家比较多，比如东市上塘的严氏家族，东市下塘的许氏家族，都是名门望族。鸡鹅桥还是交易禽类和水产的地方，人流量大，是开店做生意的好地方。

张青来在鸡鹅桥北塅西侧，租了三开间门面，沿街店面经营百姓日常需要的油盐酱醋、南北货之类，里厢三进是货仓和作坊，最后面还有一片很大的晒场。张青来字源丰，便给店铺取名为"源丰酱园"。

源丰酱园的开业日期是何时？根据1884年6月20日上海《申报》报道，张源丰酱园因六十年纪念，不慎失火，东至源丰酱园，西至朱益茂洋货布铺，连带着下滩沿河的店家也都被付诸一炬。旁边的商家还因此向源丰酱园索赔。当时源丰酱园的经理叫张慎之，可能是张源丰酱园的第二任掌柜。既然是店庆六十年，那么往前六十年，也即1824年6月20日，时值清朝道光四年，也就是张青来在甪直镇创办源丰酱园的日子。后来，张源丰酱园又发生过一次火灾。1924年11月28日《申报》报道，由于失火，宏来、德茂、张源丰、江顺泰等店，均付诸一炬。

甪直酱园

经过整修，张源丰酱菜店重新开张。民国时期，仍生意兴隆。那几间门面如今还在，老式的房子，高大宽敞。现在是空关着，屋里空空荡荡，后头的晒场杂草丛生。

急中生智获成功

从前，老百姓的生活很清苦，吃粥菜通常是"老三样"：咸菜、酱卜、乳腐（腐乳）。甪直镇的源丰酱园，年年在萝卜上市时做一批"鸭头颈"应市，薄利多销。

所谓"鸭头颈"，不是真的鸭脖子，而是酱萝卜的形状像鸭头颈。甪直因土壤、气候等因素，出产的萝卜奇形怪状，批量腌出来卖相不好看，品质也一般，在市场上没有竞争力。张源丰很有品牌意识，每逢新鲜萝卜上市，他就派伙计到常熟梅李、支塘一带采购长江白萝卜。长江边沙质土壤，萝卜生长过程中不会被挤压而弯曲，味道也很甘甜，当地人称

"中秋白"。张源丰选料很讲究,要求萝卜粗细均匀,条干顺直,吃口细腻,体无疤瘢。再将洗净的萝卜放在大缸里,用盐腌制。萝卜吃进咸头后自然慢慢变软,石头压在上面,汁水大量流出,不再那么粗大,形状像鸭的头颈。再将"鸭头颈"放入酱油中浸泡,两三天后就可出售。"鸭头颈"酱卜,因吃口好,价格低,深受方圆百里老百姓欢迎。张青来见鸭颈卜好做又好销,资金周转快,就逐步将经营重心放在了酱菜的生产上,减少了南北货的销售。日积月累,生意越做越红火。

人的成功,有时候看似偶然,其实也是必然。上天给予你机会,你能不能把握机会,能不能脱颖而出,很大程度取决于你个人的智慧和勇气。

天有不测风云,做生意并不总是一帆风顺的。张源丰这年采购的鲜萝卜比往年多得多,准备大干一场。现在鸭颈卜名声在外,作坊里的伙计忙着腌制加工,大家盘算着今年的生意一定更好。萝卜已经腌下去了,然而,天公不作美,阴雨连绵,半个月不见太阳,腌的萝卜不好拿出来晒。一天,张青来去工场检查,发现大缸里的萝卜竟然泛起了白花花的霉花。仔细一看,发现缸盖有不少漏雨了,也可能原本腌的时候盐分没有放足,这些泛起霉花的萝卜看上去是坏掉了。弃之不用,肯定血本无归;继续销售,必然自砸招牌,怎么办?对于满腔热忱、倾注了全部心血的张青来,无疑是兜头一盆冷水。

丢掉不舍得,那么,有没有办法减少损失呢?张青来决定这批腌坏的酱卜一块也不能在甪直本地及周边地区上市,要卖也要到外地去试试。他吩咐伙计将发霉的萝卜抬到河滩边洗刷干净,如果烂了就扔掉,如果没烂就利用起来,重新用酱油浸泡、封存。同时,他多方联系外地客商,比如浙江、安徽的经销商,价格上给予适当优惠,还可以代销,先卖后结账,总比积压或烂掉好。

但是,这批萝卜实在腌得多,本地市场不能销,外地市场又有限,总这么浸在酱油里也不是办法,浪费酱油不说,长期卖不出去的话,还是要坏的。好在过了几天,雨终于停了。张源丰把酱卜起缸后晒干,再浸入原酱。原酱味道浓郁,使萝卜充分吸收,过段时间再把萝卜起缸来晒，使得萝卜的味道更醇厚，吃不出曾经霉变的味道。

货是销到外地去了，张青来的心情忐忑不安。他怕顾客吃坏了肚子，经销商寻上门来"倒扳账"，所以他不敢去催要货款，到时候能收回多少是多少吧。

哪曾想，那批腌坏的酱卜卖出去后，非但没人来投诉，反而有不少外地客商专门到甪直来找张源丰，要求继续供货，而且要求还是上次那批货的质量。他们不但付清上次的货款，有的还主动交了预付款，要求优先供应，多多益善。

起先张源丰有点想不通，莫非有些人的口味怪，就喜欢那种腌坏的味道？或者就是人傻钱多，买来当礼品送，吃不吃无所谓？但是，来订货的经销商多了，他悟出原因出在自己家的酱萝卜上。仓库里还有一点酱萝卜，伙计们都晓得底细，他们都不吃，张青来决定亲自尝一尝。等他尝过后，大吃一惊。这酱萝卜酥而不烂，甜中带咸，香醇可口，仔细辨辨，隐隐有火腿的味道，比那"鸭头颈"好吃得多，难怪有那么多人喜欢。

虽然，张青来不明白泛起霉花的萝卜怎么会味道更好，但他抓住了商机，专门和作坊师傅一道讨论研究，不断改进工艺，批量生产酱萝卜，生意越做越兴隆。

中国有不少美食，都是急中生智得来的，比如福建的普洱茶、湖南的梅菜、浙江的臭腐乳、苏州的甪直萝卜等，可以说是天时、地利、人和的绝妙产物。如果当初不是有人"废物利用"，也许，今天我们会少了许多美食，吃货们会多了一些叹息。

公私合营创辉煌

生意好了就有人眼红，当时在西汇街上如日中天的"沈成号"，看到源丰酱萝卜这么畅销，就动了心思。当时沈成号的老板是沈宽夫，他叫人仿制源丰酱萝卜。先是形状不过关，沈成号的鲜萝卜是从甪直、斜塘、胜浦一带收购来的，有大有小，形状不规则，做出来的酱萝卜，味道一般，也卖不起价钿。第二年，沈成号从源丰酱园挖来一名作坊师傅，萝卜也从常熟支塘进货，总算做得有点像腔了。张源丰还没来得及指责沈成号仿冒产品，沈成号就为了赢得市场，故意压低价格，几乎没有赚头。张源丰一看，这样下去势必两败俱伤，于是和沈成号协商，生意大家做，可以用一样的制作工艺，但各自打各自的品牌。

价格战的风波平息，两家都不吃亏。由于张源丰是老字号，外地慕名而来的多买源丰萝卜，有的不讲究的，吃吃味道差不多，买沈成号的酱萝卜也无所谓。后来，甪直南栅的鼎康等酱菜店，也都仿制源丰萝卜。一般人吃不出哪个正宗，哪个山寨。甪直镇上的酱萝卜，因此名声大噪。

甪直萝卜，从当年秋天采购原料开始，到来年夏天产出成品，生产周期长达十个月左右。甪直萝卜的原料很讲究，先要采购八至十二寸鲜长萝卜，必须是长江边沙土里种植的萝卜。萝卜进回来后，先将干净的萝卜放在千斤缸里，用盐腌制。慢慢地，萝卜不再粗大，颇似鸭头颈。元旦后、春节前，开始在萝卜四周铺上用面粉晒制成的黄子，层层叠叠，加入盐水，最后用甜酱封缸腌制。此后需要日晒夜露。直到五月底，萝卜陆续起缸，勒酱后，被整齐码放在芦帘上，暴晒两三天，再置入清洁的缸内，经洒放香料，伏缸一周左右，即可食用。由于选料考究、工艺繁复、制作周期长、劳力成本高、成品产量少（每一百斤鲜萝卜只能做十八斤成品）等因素，民间一向有"甪直萝卜肉价钿"的说法。所谓的"肉价钿"，不是普通的猪肉价，当时是相当于金华火腿的价钿。

甪直萝卜经过挑挑拣拣的初恋阶段，进入与酱黄糕你中有我、我中有你的浓情蜜意的热恋阶段，再到来年夏天的出阁，进入寻常百姓家，过程曲折，结局美妙。张源丰的第三代传人张崇根曾经说过，要做出好的酱卜，必须具备三个要点：第一，腌制要用甜酱，因为甜能吊鲜，这样做出的酱卜香甜鲜洁；第二，酱卜制作必须经过"三套三晒"，只有这样，甜咸适度的酱汁才能渗透入内；第三，腌制时必须有几个好日头，这样不仅易于保存，而且酱卜经过日光照晒，会产生微妙的生化反应，风味更佳。可见，制作出上等的甪直萝卜，不是件容易的事，不仅要工艺精湛，还要天帮忙。

张青来在成功之余，不忘回报家乡。他虽然没有衣锦还乡，但在甪直镇上和安徽同乡一起创办了敬梓堂，位置在古镇西市下塘街，玄坛庙的河东岸。敬梓堂相当于乡镇级的安徽会馆，是个慈善组织，扶危济困，代办丧事，帮助安徽同乡。

中华人民共和国成立后，实行公私合营，当地政府将张源丰、沈成号、鼎康三家作坊合并成甪直酱品厂。1954年，源丰萝卜更名为甪直萝卜。甪直萝卜的名称，就是从那个时候开始的。如今，甪直萝卜不但畅销苏浙沪，还远销德国、日本等国家及我国的台湾地区。

徐达源编纂《吴郡甫里人物考》

徐达源（1767—1846），字岷江，号山民，吴江黎里镇人。由太学候选布政司理问，改翰林院待诏，一年后辞官归乡。工诗文，善绘画，曾集名人投赠手迹，刻《紫藤花馆藏帖》，流传海外。著有《黎里镇志》《吴郡甫里人物考》等。

明末清初，徐达源的先祖因组织参与反清活动，被籍没家产。此后，徐家人不问时政，专以读书课耕为事。徐达源自小好学不倦，博览群书，在成长过程中，与黎里才俊（有毛鼎亨、陈瑛、邱笔峰、迮青厓、柳清源、陆俊等）往来唱和，交情甚笃。乾隆五十三年（1788），徐达源和平望才女吴琼仙喜结连理，当时，徐达源二十二岁，吴琼仙二十一岁，婚后夫唱妇随，相敬如宾。诗人赵翼赞道："画眉才子便拈题，香阁联吟到日西。千百年来曾几见，人间如此好夫妻。"

新婚宴尔，徐达源即北上任职，由于"待诏"极其清闲，整天无所事事，徐达源是喜欢干实事的，因此倍觉无聊，加上夫人吴琼仙再三催促，不到一年他便回到黎里，再也无意于仕途。嘉庆八年（1803）闰二月，由于吴琼仙的母亲过世，吴琼仙哭泣过哀，忧郁成疾，不久就去世了，年方三十六。徐达源牵着蹒跚学步的孩儿，扶着妻子的灵柩，悲痛欲绝，恍惚无所恋于世，依稀流露出皈依佛门之意。朋友见他意志消沉，就给他介绍了甫里的严子芬。严家是甫里望族，徐达源对才貌双全的严子芬很是中意，随即续弦为妻。由此可见，开始一段新感情，是治疗情伤的良方，古今皆然。严子芬聪明巧秀，贤惠持家，不久生了女儿丸如和儿子晋铭，并对徐达源前妻所生儿女视如己出。沈璟有诗赞："天孙有巧人争夸，七襄丽锦流云霞。组织更及连理麦，智慧幻出空中花。"

家有贤妻，徐达源心情大好，云游四方，常与袁枚、王文治、吴锡麒、梁同书、刘墉、赵翼、王鸣盛等名士交游唱和。徐达源喜欢画画，山水以外，尤善画梅，人们争相赏购。徐达源多才多艺，不但擅长诗书画，还精研史学，嘉庆十年（1805）他编纂了《黎里志》十六卷，该志条目井然，搜罗广泛，是黎里第一部比较完整的志书，当时影响非常大。

徐达源是个仗义疏财的人，他家有四百来亩良田，照例一家数口衣食无忧，可那时水灾频发，农民多半交不出租米，徐达源生性慷慨，一笑了之，再加上他乐做善事，修桥、修祠、建义冢，为此不惜举债，乃至出售良田，终致徐家债台高筑，把花园洋房卖了，仍是捉襟见肘，而他的两个儿子都不善理财，家境渐然由富入贫。严子芬是爱徐达源的人品和才学，而非他的家财，即使徐达源破产了，她仍是不离不弃，伴其左右。人情淡薄，世间能同甘而不能共苦的男女太多了，因为他们在乎的是物质，而非心灵的交流和情感的交汇，徐达源何其有幸，娶的两任妻子，都是有才华、有主见、有情义的人。

严子芬心灵手巧，善于编织茶罨，这是一种以麦柴心制作的手工艺品，形如覆碗，可大可小，夏季用来罩茶，可防蚊蝇，又透气。原本徐达源随手赠予文朋诗友，自从移居南溪老屋后，文友纷纷掏钱购买，颇令徐达源夫妇难为情。在吴江黎里勉强支撑了一年，为了生计，也为了继续笔耕，道光元年（1821）徐达源跟随严夫人投靠其娘家，寄居到严子芬的兄长家。虽说是寄人篱下，但严家并没有歧视这位落魄的女婿，而是对他照顾有加。徐达源在衣食无忧的情况下，饱览群书，广交朋友，搜集历代诗人歌咏甫里的诗篇，编辑了《吴郡甫里诗编》十二卷和《国朝吴郡甫里诗编》八卷，为整理甫里文献立下一功。

自古以来，甪直就是苏州东部地区有名的大镇和古镇，这里物产丰富，人们安居乐业，商业和文化异常发达，而记载甪直地理人文的志书，对传承当地的文化，功不可没。古人云：言之无文，行而不远。甪直丰富的文化，是靠一代代人积淀起来的，后人能有所知晓，有赖于历代地方志的记载，倘若前人事迹湮灭于历史尘埃中，后人再要继承发扬，就如空中楼阁、水中捞月，无从谈起了。

徐达源见到的甪直地方志，有康熙年间陈惟中编纂的民间版的《吴郡甫里志》，有乾隆年间彭方周等人编纂的官方版的《吴郡甫里志》。他在阅读甫里地方志和编辑《甫里诗编》的过程中，接触到了甫里地区大量的人物资料，觉得这些资料极其珍贵，可补府志、县志之不足，丢弃实在可惜，于是开始专心致志地撰写《甫里人物考》。当时，他已六十一岁，仍坚持每日五更即起，亲录稿本，"搜遗逸后贤前哲，通精脉体制，或殊务征实，经历寒暑，忘朝夕"，殚精竭虑，终于完成了这部巨著。

《甫里人物考》，全称《吴郡甫里人物考》，一共有二十二卷，卷一至十三为列传，卷十四至十七为列女，卷十八至二十为流寓，卷二十一为释子，卷二十二为羽士，共搜录晚唐至清道光年间与甪直有关的人物，

《吴郡甫里人物考》书影

计一千二百九十多人。徐达源在道光七年（1827）九月九日所作的序中说："既辑甫里诗，编成觉阙然，于心而不能自已。盖自唐天随子迄明四代中，名公钜手尚多散佚失传，其余湮没更不可稽，然士人诗以外出处事迹，朝野足以取法，及其他艺能多有不可泯者，如列女、贞孝、节烈，灿然可维风化、光史乘，而绝无诗名，正复不少，何可略而不书？因就诗编诸家，益以仕宦政事，布衣独行，有一艺可称者，咸著于编间，附考正，旁搜博讨。由唐代至国朝计所抄撮凡一千二百九十馀家，厘为二十二卷，名曰《吴郡甫里人物考》。庶几之征文考献，有可匡其纰漏，不独居其乡，而不知其人之为可愧也。"每个人物后，徐达源加以评注，或评述品德，或考证原委，或补正事迹。

《吴郡甫里人物考》编成后，有石韫玉、梁章钜、程邦宪、杨承湛、连鹤寿等多位名人为之作序。石韫玉（乾隆状元）评价此书说："其搜罗之博，编辑之勤，可谓尽心焉。此书诚可补昔人所未备，由是推之一邦，推之天下，以为考献征文之助可也。"程邦宪（嘉庆进士）云："搜罗之富，则实足匡郡邑志所不逮。又各系论断，以若咫闻胜说，无不辑缀，使千百年间之文章、节义卓卓可称者，荟萃靡遗，诚甫里所不可无之书也。"此书集前志之大成，补郡县志之缺漏，具有重要的史料研究价值。

《吴郡甫里人物考》是专门记载甪直人物的志书，搜录甪直历史人物一千二百九十多人，几乎将晚唐至清道光年间的甪直名人都记录在案了，难能可贵的是徐达源对甪直的人物进行了筛选和考证，他的补注使人对甪直的历史人物有了更多了解，他添注的关于人物的一些逸闻趣事或道听途说，虽不足以作为史料，但增加了志书的可读性。诚如他在序中说的，因为他的家乡不是甪直，难免会有疏漏和错误，而他对"第二故乡甪直"的深情和贡献，着实让甪直人感动铭怀。

甪直最后一位进士陈凤藻

自晚唐文学家陆龟蒙隐居甪直（古称甫里）以来，此地文风兴盛，才杰辈出，考中举人、进士者不胜枚举。据清末许起《甫里志稿》记载，甪直地区最后一位进士叫陈凤藻。

陈凤藻，字翰丹，号孟掞、行一，出生于同治丙寅年（1866）四月二十五日，乡试中式第五十五名。光绪十六年（1890）会试中式第十八名，复试一等第五十五名。陈凤藻的会试朱卷上，五位主考官分别留下了批语："气充词沛，经策精祥"、"博大昌明，经策渊懿"、"笔酣墨饱，经策宏深"、"沉实高华，经策典核"、"充畅圆美，经策淹通"，评价还是蛮高的。

光绪十八年（1892）的殿试中，陈凤藻获三甲第十七名，被安排在主事分部学习。朝考二等第二十九名，被钦点主事签分户部云南司，就是在户部云南司当一名公务员。陈凤藻二十七岁就考中进士，并且成为一名"大部小吏"，在同龄人中可谓佼佼者。同科进士中，有个我们耳熟能详的人物，就是后来担任中华民国教育总长、北京大学校长等职的蔡元培（殿试名次为二甲第三十四名）。

据陈凤藻在会试卷上填写的家庭情况，"世居苏州省城葑门外甪直镇"。他们家族聚居的地方，位于甪直古镇区南端，叫陈家浜。清乾隆二十七年（1762），元和县丞彭方周驻甪直的分防官署，即建于陈家浜。

他的祖先陈奇谟，号孝若，明代昆庠生，在明末清初时迁居甫里，著有《天放散老诗集》。八世祖陈襄，号子飞，康熙四十五年（1706）乡饮介宾。七世祖陈夏，号常庵，昆庠增生，旌表孝子，建坊里中，孝行载邑里志，所著诗多选入《甫里志》。高叔祖陈万传，太学生。祖父陈铎，字子宣，诰赠中宪大夫、户部主事加四级；祖母姓杨。舅祖杨引传，就是他在苏州冷摊上发现《浮生六记》，从而使该书流传于世的。父亲陈希骏，字岭梅，敕授修职郎，诰赠中宪大夫、户部主事加四级。陈凤藻的大姑母嫁给徽州医士张恒伯。陈凤藻有三个弟弟、两个妹妹，长弟叫鸿模，庚寅年（1890）以第一名的成绩考入新阳县学。由此可见，他家是名副其实的书香门第。

陈凤藻是苏州府新阳县增生（经过考试选拔进县学的学生，比廪生差一级，廪生可享受口粮和免徭役），肄业于邑城玉山、省城紫阳、上海求志等书院，还加入了宁波辨志文会（民间文学社团）。他是新阳县学的学生，怎么算作甪直的呢？原来，雍正二年（1724），苏州府长洲县拆分为长洲县和元和县，甪直属元和县；苏州府昆山县拆分为昆山县和新阳县，原与甪直接壤的昆山县辖区归新阳县。甪直的学子素来有去昆山读书的习惯，新阳县学距离甪直不远，陈凤藻去新阳读书是顺理成章的，但他在应试和与人交往时，都自称是甪直人。

科举取士，在漫长的封建社会，不失为公平之举，为国家选拔了许多人才，也让很多寒门学子改变了命运。然而，延续了一千多年后，无论是考试的形式还是进士们的作为，都渐显疲态，八股文夸夸其谈，偏离了经世致用的效能。

清朝末年，面对列强的侵略，不少有识之士提出"变法图新"。1867年，甪直人王韬游历了法、英等国，1879年游历了日本，见识了蓬勃发展的工业文明，随后他在香港创办《循环日报》，发表政论，主张维新自强、振兴中国。梁启超曾说，王韬的《普法战纪》是他学习西方知识的启蒙书之一。1898年，康有为、梁启超等人发起"戊戌变法"，可惜失败了。1905年9月，张之洞、袁世凯奏请清政府停止科举、兴办学校。清政府下诏自1906年开始，所有乡试、会试一律停止。

1906年，甪直的沈柏寒将甫里公学改为甫里小学，甫里小学后来又成为吴县县立第五高等小学，朱文钟、沈定均、吴宾若、王伯祥、叶圣陶等人曾任教于此，培养了一批批有用的人才。从前，每三年一届的科举，甪直能出一位进士就了不得了，而今新式的教育，时时刻刻为社会输送人才，功莫大焉。

甪直是叶圣陶的福地

1917年春至1921年夏，叶圣陶任教于江苏省苏州市甪直镇县立第五高等小学（简称"五高"）。1977年5月，叶老重游阔别五十六年的甪直古镇。至今，甪直镇的叶圣陶纪念馆、生生农场、苏州叶圣陶实验小学、未厌亭、绍钧桥、叶圣陶研究中心等机构和遗迹，饱含着甪直人民对叶圣陶的深情厚谊。可以说，甪直是叶圣陶成长过程中的一个重要节点，也是他人生旅途中的一处福地。

为什么说甪直是叶圣陶的福地？因为他在对的时间，遇见了对的人，又干了对的事。同样是当老师，他在别的地方谨小慎微，郁郁不得志，在甪直却得心应手，收获颇丰。"橘生淮南为橘，淮北为枳"，这就是环境不同带来的深远影响。

叶圣陶出生于1894年。1911年冬，叶圣陶毕业于苏州草桥中学。因家境贫困，他需要工作补贴家用。次年春，经草桥中学校长袁俶畬介绍，他到言子祠内的小学任教。初出茅庐，欠缺教学经验，他受到同事排挤，工作并不顺心。1914年，他到苏州农业学校任书记员，整天印刷讲义，形同勤杂工。为了一份低廉的薪水，叶圣陶忍气吞声，终于有一天，"忍无可忍，无须再忍"，他辞职而去。

1915年4月初，经好友郭绍虞介绍，叶圣陶到上海商务印书馆附设的尚公学校担任高小一年级教员。民国时的上海，西风东渐，教育业也有诸多新气象，叶圣陶在这里受到了良好的熏陶，积攒了教育经验。他在工作之余，泡在商务印书馆的图书馆里，阅读大量的文学、教育类书籍，开阔了视野，提升了文学素养。但他在尚公学校资历尚浅，人微言轻，脑海里塞满了新主意，也只能安分守己上班，不便把想法付诸实践。

叶圣陶纪念馆

1916 年底,叶圣陶回苏州过年,中学同学吴宾若和王伯祥来看望他。吴宾若和王伯祥当时都在甪直"五高"任教,吴宾若还是校长。三人既是同窗,又是同行,相谈甚欢。吴宾若带了一份改革教育的计划,叶圣陶颇感兴趣,也聊了自己的想法。吴宾若对叶圣陶说:"往时义气相投,共事教育,必所乐愿。"王伯祥也邀请叶圣陶共赴甪直"五高"任教。叶圣陶欣然前往。

吴县县立第五高等小学,前身是甫里小学、甫里公学,再往前是甫里书院。"五高"名义上是"县立"的,实际是由甪直沈宽夫家族捐资创办。当时沈家的当家人是沈柏寒,"五高"的幕后老板也是沈柏寒,校长吴宾若就是他聘请的。沈柏寒自小受昆山名士方还指点,1904 年又去日本留学,在早稻田大学教育系学习,还加入了同盟会,学养深厚。沈柏寒回国后接管家族基业,立倡新学,是正儿八经懂教育的。1919 年,吴宾若因车祸去世,沈柏寒担任校长。他将在日本接受到的先进教育理论,结合本国本土的实情,集思广益,与教师们同心同德,鼓励教师大胆尝试教学创新,为社会培养人才。

甪直位于上海和苏州之间,闹中取静,离家又近,地理位置与人文氛围让叶圣陶颇为满意。更让他欣喜的,是他有一群志同道合的同事,比如王伯祥、沈伯英、朱文钟、萧冰黎、范佩恒等,而校长又很开明,他在上海就跃跃欲试的一些教学革新的念想,在这里得到了理解和呼应。自编教材、办阅览室、搭台演话剧、走出课堂授课、师生一起参加劳动等,叶圣陶的种种设想,在这里得以实现。实事求是地讲,没有校董沈柏寒的幕后支持,青年教师叶圣陶等人是不可能在"五高"施展才华、有所作为的。

叶圣陶在甪直成了家,妻子胡墨林调来"五高"女子部任教,并在校园内开设了小卖部。胸怀抱负的青年叶圣陶,遇见了年长自己十岁、同样怀有"教育报国"理想的沈柏寒,两人惺惺相惜。叶圣陶得到了莫大的支持和鼓励,他在甪直如鱼得水,享受到了生活的充实和工作的乐趣。

张弛有度的工作节奏,让叶圣陶在工作之余,不仅能静下心来读书写作，还能抽空去参加文学沙龙。他虽然立足于甪直，但目光和思想所及，并没有局限于一乡一镇，他的朋友圈在不断扩大。他在"五四运动"前参加了李大钊、鲁迅支持的新潮社，在《新潮》《小说月报》《晨报副刊》《学灯》《觉悟》等刊物发表作品。1921年，他与沈雁冰、郑振铎等发起组织"文学研究会"，提倡"为人生"的文学观，并与朱自清等人创办了中国新文坛上第一个诗刊《诗》。他在甪直的租住处——怀宁堂跑马楼上，写稿编稿，笔耕不辍。他发表了许多反映人民疾苦的作品，出版了童话集《稻草人》和小说集《隔膜》等。叶圣陶离开甪直后写的《倪焕之》《多收了三五斗》等，皆取材于甪直。

  1921年秋，王伯祥和叶圣陶相继离开甪直"五高"，分别去厦门和上海发展。尽管学校需要人，但沈柏寒并没有挽留，更没有"卡人"，而是任由人才流动，到其他地方发光发热。因为他明白，想留也留不住，鸿雁终究是要展翅高翔的。在甪直的四年多，可能是叶圣陶一生中最安定、幸福指数最高的一段时间。叶圣陶后来在回忆文章中称："我因年轻不谙世故，当了三数年的教师，单感这一途的滋味是淡的，有时甚至是苦的，但自从到了甪直以后，乃恍然有悟，原来这里头也颇有甜津津的味道。"

  1977年5月，叶圣陶携家人坐轮船重游甪直。他当年的朋友和学生，殷勤相接，其乐融融。当年6月，他回京后作诗《重到甪直》，以慰乡情："五十五年复此程，淞波卅六一轮轻。应真古塑重经眼，同学诸生尚记名。斗鸭池看残迹在，眠牛泾忆并肩行。再来再来沸盈耳，无限殷勤送别情。"

  他此番重新踏上甪直的土地，是"还愿"来了。他心心念念牵记甪直，因为他明白，是甪直成就了他对教育事业的满腔热爱。如果时光倒流，他当年没来甪直任教，没有遇到那些携手并肩的同事，没有遇到民主管理、对自己关爱有加的贤长沈柏寒，那么，他走的就是另一条路，也许是作家，也许是编辑，却未必是一名家喻户晓的教育家。甪直真是叶圣陶的福地，他能成为"知识分子的良心，教书育人的楷模"，离不开他在甪直的那些探索，那些历练，那些成长。

叶圣陶(二排左二)1917年春初到甪直"五高"时与教师的合影

1988年2月16日,叶圣陶逝世于北京,后移葬甪直,长眠于他执教过的甪直"五高"的校址北侧、他一手倡办的"生生农场"旁边。甪直,是叶圣陶风华正茂时蓄势待发的起点,也是他人生的归宿,这是一个圆满的结局。

王伯祥的用直时光

王伯祥（1890—1975）是我国颇有建树的历史学家，也是 20 世纪著名的"姑苏五老"（王伯祥、顾颉刚、叶圣陶、章元善、俞平伯）之一。说起现代用直的文化名人，大家首先想到的便是叶圣陶。其实，叶圣陶的同窗好友王伯祥，比叶圣陶早一年多来到用直"五高"执教。正是在他的介绍下，叶圣陶来到用直，尝到了教育"甜津津的味道"，并且，王伯祥还是叶圣陶与胡墨林成婚的媒人。

王伯祥，原名王钟麒，字伯祥，清光绪十六年（1890）二月二十七日生于苏州。1907 年，他考入苏州公立第一中学（草桥学堂），随后与同学叶圣陶、郭绍虞、章元善、顾颉刚结为好友。他们在这所学校里接受新思潮的影响，思想很活跃。王伯祥与同学叶圣陶、顾颉刚、吴宾若一起组织了个诗社"放社"，经常组织社友作诗、填词、联句等，更主要的是交流思想，畅谈抱负和政治见解。中学毕业后，王伯祥怀着一腔热情投笔从戎。不几年，王伯祥因不满野蛮的军阀作风，离开了军营。当时社会动荡，就业不易，身在用直的吴宾若是"五高"的校长，他邀请王伯祥前往任教，王伯祥欣然应允。1916 年冬，叶圣陶自沪返苏，与王伯祥促膝谈心，在上海有点施展不开手脚的叶圣陶，决定亦往用直任教。

1917 年 1 月底，叶圣陶随王伯祥来到用直"五高"，与吴宾若会面。三位志同道合的好友重逢，相谈甚欢。话题落到教育改革上，大家决心从自身做起，从本校做起。他们从教材、教法、写作练习等方面入手，努力探讨如何使语文教学与"造成健全公民"的教育宗旨相适应。他们自编课本，开办书店，创办农场，开辟博览室、音乐室、篆刻室，修建戏台，组织师生演出文娱节目和远足，使学生扩大了眼界，得到较为全面的发展。

三贤合影（左起分别为顾颉刚、叶圣陶、王伯祥）

  1919年，北大《新潮》月刊创刊号发表了王伯祥、叶圣陶的《对于小学作文教授之意见》。王伯祥的《拟编高等小学史地教材大纲》也由叶圣陶题跋，在《新潮》八月号上被做了评介。王伯祥博学多识，多才多艺，在教师中素以熟悉历代掌故、能唱道情京剧、喜爱昆曲评弹而著称。他们把甪直当作实践教育改革的实验场，同时，也使得千年古镇甪直洋

第二辑　名人轶事　117

溢着新鲜的气息。

关于叶圣陶与胡墨林的婚姻，叶圣陶在给王伯祥之子王湜华《甪直闲吟图》作的题记中提及，王伯祥与计硕民（胡墨林的三姑父）相识，常一起喝茶聊天，叶圣陶有时同坐，计硕民对叶圣陶很是赞许，回家与妻姐等谈及，都很满意，于是请王伯祥到叶家进媒妁之言。两家议定，双方交换庚帖、照片等，都由王伯祥传送。叶圣陶自述，如果不是王伯祥认识计硕民，叶家必议婚别家，因了这层缘由，才有了这段姻缘。

王伯祥给叶圣陶和胡墨林穿针引线当红娘时，叶圣陶尚在言子祠内的小学教书。王伯祥与胡墨林的三姑父计硕民和大姑父章钰都熟稔，胡墨林的二姑母胡铮子是位女中豪杰，她看中了叶圣陶的才气，便请王伯祥到叶家去说媒。有王伯祥的美言，叶圣陶同意了这门亲事，帖子、照片之类都由王伯祥转交。结婚前，叶圣陶与胡墨林没有见过面。1916年8月19日，二十三岁的叶圣陶与二十四岁的胡墨林结婚，婚后仍是两地分居。1919年7月，胡墨林带着不到两岁的儿子叶至善，从南通来到甪直，在"五高"女子部任教。

王伯祥与叶圣陶在甪直时，租住在同一个地方，就是他们的学生陈继昌家的怀宁堂跑马楼，王伯祥住楼上，叶圣陶住楼下。王伯祥离开甪直时，可能预付了全年房租，把楼上让给叶圣陶一家居住。

王伯祥不只是叶圣陶夫妇的媒人，还是顾颉刚夫妇的媒人。1918年，顾颉刚因夫人吴徵兰病重，从北大回到苏州照顾，不久夫人病逝，顾颉刚悲痛不已，王伯祥邀请他到甪直散心。顾颉刚来甪直后，在王伯祥、叶圣陶的陪同下，游览了"五高"旁的保圣寺。顾颉刚认为寺内的泥塑罗汉是唐代大雕塑家杨惠之手笔，飘逸灵动，栩栩如生，但屋宇破漏，眼看如此精美的古塑，即将毁于一旦，他多次撰文呼吁社会筹资修缮，终于得到蔡元培、马叙伦、叶恭绰等人的支持，成立了保存甪直唐塑委员会，修缮了古物馆，保存了半堂罗汉。正是1918年那次顾颉刚的甪直之行，王伯祥将他班上的优秀毕业生殷履安介绍给顾颉刚，使顾颉刚成了甪直女婿。顾颉刚晚年谈到王伯祥，曾说："七十年来推大哥，我狂君狷久相和。"王伯祥比顾颉刚大三岁，比叶圣陶大四岁，平时对他俩颇多照应，还是他俩的大媒人，可谓是当仁不让的大哥。

1919年夏，北京爆发了"五四运动"。消息传到甪直，甪直"五高"的教员都为学生的爱国行动所感动，立即在镇上开会进行声援，不久又发表了《甪直高小国民学校宣言》，抗议北洋政府的暴行。当年冬，王伯祥与叶圣陶创办了《直声》文艺周刊，以文艺形式在甪直发出正直之声，但不久即停刊。1920年，王伯祥得到陈嘉庚先生的邀请与聘任，遂辞了甪直的教职，去厦门集美学校教书。教了两年中学之后，又在顾颉刚的推荐与介绍下，到北京大学教北大预科的国文课，教过的学生中有游国恩、冯至、季羡林等后来非常杰出的人物。他做讲师的时间不是很长，后来又回到上海做编辑，先在商务印书馆，后在开明书店，曾任开明书店总经理。他与叶圣陶是多年的同事，无论是在甪直，还是在北京或上海，两人多次"同居"，同处一室，甚至同睡一榻，可见友谊之深厚。

王伯祥学养深厚，曾撰写《三国史略》《郑成功》《太平天国革命史》《中日战争》等专著，主持编印过《二十五史》《二十五史补编》等，还选注了《史记选》《春秋左传读本》《唐诗选》等书，完成了《增订李太白年谱》，并为《四库全书总目提要》断句复校，促使这一关系重大的清代书籍重新公开面世。王伯祥曾任中国史学会理事，社科院文研所研究员，第三、四届全国政协委员等。

自1915年至1920年，王伯祥在甪直待了五年，之后在外地发展，没再回甪直，但他的学问与品格，却在甪直的星空熠熠生辉，让人心怀敬意。

费孝通与"神州水乡第一镇"

费孝通(1910—2005),苏州吴江人,全国人大常委会副委员长,中国社会学和人类学的奠基人之一。几十年来,他奔波于全国各地,调查研究,出谋划策,著书立说,影响深远,获得国际社会的极高评价,先后获得美国马林诺斯基应用人类学奖、英国皇家人类学会赫胥黎奖、联合国"大英百科全书"奖和英国伦敦经济学院荣誉院士称号等。其《江村经济》《乡土中国》《乡镇发展论述》等作品,成为研究中国农村社会和乡村经济的经典著作。

1992年春,费孝通来到了古镇甪直。那时甪直还保持着原汁原味的古镇韵味,还没有把旅游作为产业来做。不过当时甪直已经名声在外了,乡镇企业蓬勃发展,并且是江苏省外向型经济明星乡镇。费孝通参观了甪直新城镇的工业开发区,实地考察了几家乡镇企业,并且深入农村,了解丰产方试验田的特色种植和管理方式,回到镇上,又细细游览了古色古香的古镇区,还与沿街的居民和商户闲谈交流,对于甪直概况有了比较清晰的了解。

费孝通经走访得知,除了农忙季节外,农村田野里很少看到农民在劳作,年轻人基本都到村办厂、乡办厂上班,生活条件因此大大改善。1992年,甪直的乡镇经济如火如荼,人们的生活水平也水涨船高,农村的楼房普及率达到百分之九十以上,人们干劲十足,对生活充满了希望。费孝通始终认为,"农民和农村的问题解决了,中国的问题就解决了"。最终解决我国土地问题的根本办法是恢复发展乡土工业,使之能从传统落后的乡村手工业转化为乡土性的现代工业,但这一乡村工业的改造转化,并不仅仅是一个单纯的技术改进问题,而是一个"社会重组"的过程。"评价它们的唯一标准,应当是视其是否促进了社会生产力的发展,是否提高了人民大众的生活水平。"

　　甪直在乡镇企业发展中，并没有甩开农村，而是城乡协作、城乡联结，吸收农村闲余劳动力，开拓农村的广阔市场，比如船用机械、家用电扇、袜子、玩具、皮箱等，都与农民和农村有紧密联系，乡镇企业在其中起了黏合剂的作用，工业与农业是相辅相成的，而不是相互取代的。"穷则变，变则通"，在甪直农村看到的景象，让费孝通心花怒放，这正是他梦寐之中理想乡村的情景：田园风貌依旧，村庄自然而建，三业协调发展，农业发达，工业小型轻型，没有污染，人口本地为主，生活设施现代，农民生活丰足。他相信这种典型的小康生活，更具有普遍性，更适宜于广大农村，而甪直的乡村经济，充满生机与活力，无疑具有代表性，是一个富有说服力的样板。

　　考察甪直古镇后，费孝通认为，中国的古镇没有经济是不能传承的，在上千年的封建社会，有名的古镇都不是纯粹的居住地，而是汇集了众多的商号，那种前店后坊式的手工业商铺，支撑起古镇的经济、文化和人口的兴旺。"四面不通风、里面黑洞洞的砖木结构，需要年年维修，需要通过旅游发展的所得来补贴，有了钱才能帮老百姓改善。"如果说，开弦弓村（江村）是费孝通理想中的村庄，那么，甪直镇毫无疑问是他理想中乡镇的模样。

　　费孝通回到北京后，难抑激动的心情，挥笔写下一首诗：

访甪直古镇

为觅童时境，

弃车入古镇。

小桥流水石驳岸，

实物犹存未失真。

老妪腰缠裙、头扎巾，

小我二十春。

叩问何不移家入新村？

答云"鸡犬尤恋窝，

此处多旧邻。"

> 街狭弄深楼相接,
> 推窗攀谈笑语频。
> 沿街堂前摆餐席,
> 谈笑不避过路人。
> 满桌多乡味,
> 鱼鲜菜蔬新。
> 此处无惊险,
> 欢乐属天伦。
> 揖别老乡亲,
> 低头自思量:
> 推陈乃出新,
> 文化转型何其如此费精神?

费孝通在这首诗中,描写了他在甪直的所见所想,甪直的风土人情和幸福生活,亲切曼妙,跃然纸上。当人们还都在研究经济发展时,他已将目光投注于文化转型,他的睿智与远见,既合乎情理又出人意料。甪直的一草一木,甪直的生机勃勃,甪直的物阜民殷,让这位名满天下的教授和社会活动家,魂牵梦萦,念念不忘。在一个晨曦微现的早晨,他披衣而起,研墨摊纸,挥毫写下几个英姿洒脱的大字:神州水乡第一镇——甪直。

他把这幅字,寄给了他心心念念的甪直,表达了他对甪直深情的思念和由衷的赞美。甪直的经济结构、人文历史和社会生活,充满了底气和灵气,充满了潜力和活力,也许,甪直正是费孝通"众里寻他千百度,蓦然回首,那人却在灯火阑珊处"中的那个"人"。

吴冠中笔下的甪直水乡

吴冠中（1919—2010），江苏宜兴人。1942年毕业于杭州艺术专科学校，1946年考取教育部公费留学，1947年赴法国巴黎国立高等美术学院深造。1950年秋回国，先后任教于中央美术学院、清华大学建筑系、北京艺术学院、中央工艺美术学院等。曾任清华大学美术学院教授、中国美术家协会顾问、全国政协常委等职。曾于中国美术馆、大英博物馆、美国底特律博物馆、新加坡国家博物馆等处举办个展数十次，并出版画集、散文集七十余种。1991年获法国文化部文艺最高勋位，1999年入选为法兰西学院艺术院通讯院士。

吴冠中是学贯中西的艺术大师，他在油画、水墨、彩墨、速写及艺术理论和文学创作等方面，均成就卓然。江南水乡题材是吴冠中的代表系列，画中的水乡景色，如初春的新绿、薄薄的雾霭、水边村舍、黑瓦白墙，和谐清新的色调，宁静淡美的境界，出神入化的艺术加工，使画面产生一种抒情诗般的感染力。

甪直是苏州的一座千年古镇，是江南水乡的杰出代表，以历史悠久、古桥众多、环境优美而闻名，2003年入选国家文物局和建设部评的第一批中国历史文化名镇。清秀典雅的甪直，历来是文人墨客云集之地，明代的著名画家董其昌和陈道复，与生于甪直的戏曲家许自昌往来酬唱，交情莫逆。吴冠中与甪直也有着扯不断的情缘，他涉足甪直有五六次之多，且不是匆匆一瞥的游客，而是静下心来，住了些日子，漫步于老街和农村之间，创作了大量经典作品，为后人留下了宝贵的精神财富。

1973年，吴冠中第一次来甪直，同行的还有黄永玉。他们先到保圣寺参观唐塑罗汉，因为这是全国重点文物保护单位，且其在雕塑和绘画上都有极高的价值，几乎每个到甪直的人，都会来这里瞻仰一番，内行的人看看门道，外行的人看个热闹。吴冠中在保圣寺听了一位讲解员的详细讲解，为了表示感谢，他在册页上画了一幅小品，送给保圣寺留作纪念。

　　1980年春天，六十二岁的吴冠中与研究生钟蜀珩，带领中央工艺美院学生到苏州写生。重游保圣寺时，吴冠中见到自己当年的那幅小画被装裱后挂在墙上，很是感动。这一次，吴冠中在甪直，除了画小镇风景外，还喜欢往乡野跑，画水柳、木桥、渔船等，越是乡土的景物，他画得越投入。他去乡下的那天，正遇上那个村庄有户人家结婚，时值傍晚，他留下来吃了晚饭，夜间借宿在一个农户家。农户听说他是北京来的，知道是个人物，不敢怠慢，把刚打好准备给儿子结婚用的新床让给他睡。次日早晨，他在村里给一位俊俏伶俐的小姑娘画素描，寥寥数笔，神韵毕现，当时他身边有不少小孩和村民围观，都说他画得好，比真人还好看。这可能就是艺术的魅力，艺术的美，既来源于现实，又超然于现实。

　　吴冠中画了油画《水上人家》《水乡》《江南人家》等作品，还有一些速写作品。他的《苏州甪直：速写》正是当时所作，这是一幅不可多得的速写精品，构图开阔，用笔简洁，轻描淡写间，向我们描绘出甪直古镇的美丽景色。小桥流水人家，石缝里长出一丛新绿，给古桥平添几许春色，人们成群结队在赶集，河里几只鸭子悠闲地在水中嬉戏，真可谓"春江水暖鸭先知"，整个画面充溢着浓浓的江南春意，又散发出相映成趣的生活气息。

　　吴冠中在一篇散文中，详细记载了这次甪直之行："1980年春天我带领一班学生去上课，汽车抵甪直时正值大雨滂沱，衣服与行李统统湿透，同学们设法到一家豆腐坊的炉灶前去烤衣被，一面租借被褥。小镇上很不易找到住处，先联系住到附近农村的谷仓里，太不方便，最后由文化馆协助让出了他们的办公室，睡地铺。旅社是有一家的，但大学生外出实习按规定不能住旅社。虽然住得很困难，但同学们对这个小镇实在非常喜爱，天不明就起来，画那晨雾中的小船、桥头卖鱼的苏州乡下姑娘、沿河飘拂的垂柳，捕捉那又绿了江南岸的春风。白天，小河浜里塞满了四乡的来船，几乎看不见水面了，那是画人物速写的好机会，各种脸型和服饰齐全。傍晚,宁静的小河里是空荡荡的了,但并不空虚,岸上的白墙、黑瓦、深褐色的木楼都倒映在水里了。乡镇,特色就在半乡半镇,介乎乡与镇之间,镇与乡之间难划明确的界线。镇的尽头,已是船坞、独木桥、菜畦,极目四顾,处处都是丛丛新柳掩映着江南村落,过了一村又一村,而且远处的村落似乎总比近处更吸引人,引得我们永远向往远处。"

1983年,吴冠中又到甪直写生。可以说,他每到苏州,必来甪直。甪直已经不单纯是他写生的目的地之一,这里带有几分梦里水乡的味道,让他喜欢,让他惦记。有时,苏州的朋友会自告奋勇陪他来,苏州画家杨明义、甪直籍作家孙柔刚等,都曾与他同行。吴冠中就像个孩子一样,对苏州水乡充满了好奇心,他用画笔捕捉生活中的美,让美好的景色、美好的情愫,感染更多的人。1984年,第六届全国美展展出的吴冠中油画作品《苏州人家》,即以苏州甪直写生稿完成,墙体的拉长,色块的组合等方面都做了主观处理,形式不落俗套,使人耳目一新。1988年,吴冠中根据保圣寺罗汉塑像创作了《罗汉居》。2011年,《罗汉居》以一千八百四十万元成交。

1985年,吴冠中应朋友之邀前来苏州,又是先到甪直,后去周庄。1992年9月,七十四岁的吴冠中应中央电视台之邀赴甪直、光福、周庄等地拍摄专题片《生命的风景》。片中展示了吴冠中的油画、水墨、速写和水彩精品,以及他作画的经历和心得,他那宝刀不老、童心未泯、热爱生活的大师形象,使人感触良多。吴冠中在散文《江南小镇》中说:"我几乎跑遍江南村镇,苏州甪直曾是画家们写生的名镇,人家密集,河道曲折,小桥纵横贯穿菜市与小巷。画中小桥正入巷口,小巷深深深几许,听凭画家设迷宫;桥下水流少行舟,淘米洗菜妇女多,鹅鸭点点白,漂流上游与下游,沉浮自如。我几次在这一巷口写生,用线勾勒,用油彩涂抹,在写生中感觉到'错觉',她是感性之母。"是甪直,激发了他创作的灵感,使他一次次对甪直流连忘返。

2008年,吴冠中来苏州,去了留园、光福,还去了甪直,可见甪直在他心目中的位置。吴冠中画笔下的不只是具体的景物,他把自己对生活的朴素情怀,把自己对生命的感悟,都融进浓淡相宜的颜料中,使画面超越了小情小调,让人透过画面,感触到更细腻或更博大的视野。吴冠中善于作变体画,他能根据一幅画面,构思出另一个境界的作品,别开生面,让人惊喜。比如他在1980年速写的《苏州甪直小镇》,后来他根据这一速写稿,还画了一幅水墨画《乡镇小桥多》,大块面的渗化,门窗、桥体的简化处理,这样的画面具有现代感,与小桥流水人家,各具特色,相得益彰。

吴冠中始终对黑瓦白墙的江南民居有着特殊的感情,他的很多作品都以江南水乡为题材,画面充满诗意,他特别重视点、线、面的结合与搭配,在画面的点滴中流露出他浓浓的乡情,以及对美的不懈追求。他之所以钟情于水乡的描绘,不单单是因为寄托对故土的热爱,更是因为对"小桥流水人家"所表现出的形式美感和恬静生活的无比欣赏。小桥是一条条大弧线,流水便是长长的细曲线,人家则是黑与白的块面。这些块面、弧线与曲线,通过吴冠中的巧妙搭配组合,构成了一幅幅变化多样、美妙动人的图画。

吴冠中说过:"艺术是自然形成的,时代一定会有真诚的挽留和无情的淘汰。"他在文章中写道:"从艺以来,如猎人生涯,深山追虎豹,弯弓射大雕。不获猎物则如丧家之犬,心魂失尽依托。在猎取中,亦即创造中,耗尽生命,但生命之花年年璀璨,人虽瘦,心胸是肥硕壮实的。"他虽然是个瘦小的人,但他通过画笔所展示的艺术之美,以及他在教学中体现的诲人不倦的品格,是饱满的,是充满力量的。

水乡古镇甪直,既有吴冠中取之不尽的创作素材,更契合了他心目中的故乡印象。他对甪直始终魂牵梦萦,在他去世的前几个月,还曾造访甪直,最后一次游保圣寺。可以说,吴冠中与甪直结下的不解之缘,随着时间的沉淀,不但不会消退,反而会像美酒一样,历久弥香。

第三辑 名门望族

甪直名门望族之许家

甪直历来"地以人重",风水宝地与人文鼎盛,交相辉映,滋润着这一方水土。古镇有民谚云:"许家的园子,严家的房子,沈家的银子,金家的方子,殷家的儿子。"形象概括了甪直古镇许、严、沈、金、殷等几大望族的特点。

按五行方位来说,东方木,充满生机,所以达官贵人大多居住于东部;南方火,金神入火乡,南方蕴含着机会,但也可能毁于一旦,变数较大;西方金,适合经商,因此西部大多设有商业区,易出富人;北方水,财来财去似流水,货运码头和红灯区大多开设于此;中央土,土生万物,居中而四通八达,互为调度。

四百多年前的明朝万历年间,甪直东市下塘街的许自昌家,"财雄于吴"。许自昌的父亲许朝相,字国用,号怡泉,手下有个建筑队,靠着精打细算和乐善好施,积累了财富与名声。据陈继儒《怡泉许公墓志铭》载,许朝相记忆超群,精于心算,曾揽下修葺苏州城墙和文庙两大工程,慷慨捐资数千金。老许曾说:"我积善为子孙,捐建学宫,能让子孙世世代代到这里读书,我就心满意足了。"

许朝相与原配夫人沈氏,婚后多年没有生育。老许感情专一,尽管有钱,却没有纳妾。在他四十八岁时,沈氏逼着老公娶陆氏为妾,为的是延续许家的香火。"不孝有三,无后为大",没有子嗣,这万贯家财谁人继承?终于在万历六年(1578),许朝相五十岁时,宝贝儿子许自昌出生了。老来得子,自然宠爱有加。老许虽然是个商人,却很有远见,他不希望儿子是个啃老族,他希望儿子能自己开创一番事业,所以给儿子取名"自昌"。

许自昌,字玄祐,自幼喜欢读书,还喜欢结交文朋诗友,做事有条不紊。十六岁时，他翻刻了《分类补注李太白诗》。十八岁时，娶昆山诸氏为妻，此后相敬如宾，一生恩爱。二十岁时，游学南京国子监。二十四岁时，自费出版了《百花杂咏》和《咏情草》。二十五岁时，刻印了作品集《卧云稿》，并与董其昌、陈继儒等名流交往。二十六岁时，编刻《前唐二十家诗》，重刊唐代陆龟蒙《甫里集》。许自昌三十岁时，由于多次参加科考都名落孙山，父亲不得不出手助他一臂之力，出钱为他捐了个官，"选授文华殿中书舍人"，相当于文化部的一个秘书，负责起草文件、编写宣传资料之类，从七品的官衔。

据野史记载，自明代成化始，生员纳米百石以上，入国子监，军民纳二百五十石，为正九品……古代一石为今天的六十千克左右，秀才要进"国立中央大学"读书，须赞助六千千克粮食，军士或农民想要个九品的官衔，需缴纳一万五千千克粮食。许朝相给儿子捐的七品官衔，必定花了不少钱。政府卖官鬻爵，是因国库空虚，万历皇帝不理朝政，全国的财路都让利益集团霸占了，国家反而成了空架子。当时，有个官衔，或许便于做生意，也或许比较受人待见，许朝相给自己也捐了个"四川龙安府照磨"，这是个九品小官，本就是个虚职，有合适的机会才去补缺。老许一把年纪了，自然不会离开苏州去千里之外的四川赴任。

许自昌"放荡不羁爱自由"，他在文华殿上班，倍觉无聊。万历三十六年（1608），三十一岁的许自昌，借着父亲八十一大寿之机，"以养双亲为由"，递上辞职报告，告归故里。许自昌是个率性的人，难以适应尔虞我诈的官场，从挤进体制内到潇洒辞职，他只当了一年不到的公务员。许自昌回到甪直之后，如鱼得水。自此，家族隆昌，事业兴旺，开创了人生的鼎盛时期。

许宅位于东美桥南堍，许自昌在许宅南面圈地近百亩，修筑私家园林梅花墅。梅花墅宏伟壮丽，结构精巧，被誉为仅次于杭州西湖、苏州虎丘的"江南第三名胜"。《吴郡甫里志》记载梅花墅"山水亭榭为吴中奇胜"。朱之蕃《梅花墅二十二咏》所记，有得闲堂、竟观居、杞菊斋、映阁、湛华阁、维摩庵、滴秋庵、流影廊、烧香洞、小西洞、招爽亭、在洞亭、转翠亭、碧落亭、涤砚亭、漾月梁、锦淙滩、浮红渡、莲沼等

海藏梅花墅

诸多景观。许自昌在梅花墅写作、排戏、藏书、刻书、会客等，结交天下名士。当时有点名气的江南文人，如陈仁锡、姚希孟、马万、陈履端、申时行、马玉麟、杨廷鉴、尤侗、徐乾学、盛符升、钱谦益、王时敏、吴伟业、李维桢、夏之鼎、钱希言、胡汝谆等，几乎都与许自昌有过交集，或在梅花墅喝过酒，做过诗文。

陈继儒在《许秘书园记》中说："玄祐好闲适，治梅花墅于宅址之南。广池曲廊，亭台阁道，石十之一，花竹十之三，水十之七，弦索歌舞称之，而又撰乐府新声，度曲以奉上客。客过甫里不访玄祐不名游，游而不与玄祐唱和不名子墨卿……"言下之意，到了甫里（甪直）若不去梅花墅，等于没来游览；去了梅花墅若不与许自昌交游唱和，就算不得文人。蒋铉在《梅墅诗》的诗题中说："许中翰张灯梅花墅……昼宴夜游，极声伎灯火之盛。"梅花墅门庭若市，可见一斑。

明代钟惺《题梅花墅》诗云："闭门一寒流，举手成山水。动止入户分，倾返有妙理。修廊界竹树，声光变远迩。从来看园居，冬日难为美。能不废喧萋，春夏复何似。何以见君闲，一桥一亭里。闲亦有才识，位置非偶尔。"对于梅花墅的布局和意境，做了恰如其分的描写。过了两年，钟惺又洋洋千言写了篇《梅花墅记》："地广百亩，漪水蓄鱼，榆柳纵横，花竹秀撮，辈石为岛，攒立水中……闲者静于观取，慧者灵于部署，达者精于承受……"对于梅花墅的美景，可谓推崇备至，令人浮想联翩。

许自昌能诗善文，对于昆曲的传承与发展，起到了积极的助力作用。他亲自操刀，改编了《水浒记》《橘浦记》《报主记》《弄珠楼》《临潼会》《百花亭》《灵犀佩》等十余种传奇，又改订汪廷讷的《种玉记》及许三阶的《节侠记》。为了检验戏剧效果，给文朋诗友助兴，他办有家乐班，不时表演新编曲目，名闻江南。《水浒记》是许自昌的代表作，写宋江与阎婆惜的故事，情节改编自《水浒传》，其中《借茶》《前诱》《后诱》《杀惜》《活捉》等几出，在昆曲舞台上久演不衰。钟伯敬、文震孟、董其昌、张凤翼、张采、王穉登、侯峒曾、陈子龙、陈继儒等一批文人，是许家的座上宾。雅聚梅花墅作诗听戏，是令当时文人赏心悦目的交游活动。

　　侯广成有"浮白奏来天上曲，杀青搜尽世间书"的诗句，说的是许自昌好酒、好戏、好书的三大爱好。许自昌收藏了数万册古籍，编选刻印了晚唐皮日休的《文薮》，还刻印了《太平广记》《李杜集》《甫里先生文集》等。不久，沈母去世。许自昌是陆氏所生，但沈母对他视如己出，许自昌甚为悲痛，亲自写了《先母沈太孺人行略》，陈继儒写了《许母沈孺人行状》，董其昌写了《明故龙安府照磨怡泉许公元配沈孺人墓志铭》。

　　万历三十八年（1610），许自昌三十三岁，父亲许朝相去世了。许自昌悲伤泣血，亲自写了《先考怡泉府君行略》，陈继儒撰写了《明故四川龙安府照磨怡泉许公墓志铭》，钱允治写了《明故例授四川龙安府照磨怡泉许翁行状》。请名人给亡者"盖棺定论"，除了不菲的交情外，还要支付相当可观的润笔费。

　　万历四十年（1612），三十五岁的许自昌，完成了《樗斋漫录》。"樗斋"是许自昌的书房，这本笔记体的文集，记录了许自昌交往过的各色文人的轶事趣闻，颇有可读性，还有一定的民间史的参考价值。

　　许自昌在许宅西侧的东市河上，出资修建了一座太平桥，这是用直古镇上独一无二的三孔石桥。当时桥栏杆皆是红木朱漆，俗称红木桥。许虎柄的《红木桥》诗云："市尘两岸竞朝昏，架石为梁坚作墩。想见当年多甲第，危栏曲曲映朱门。波心红影映朝霞，上下塘听晓市哗。村女趁虚平步去，栏杆红映鬓边花。多少人烟倚彩虹，波心朝暮一舟通。里桥卅二间行遍，短木栏杆独此红。"鸡鹅桥一带是个集市，人潮拥挤，此红木桥既方便东市上下塘居民往来，也有利于疏解密集人流，相当于"安全通道"，故称太平桥。当然，这也寄托了许家期望天下太平、家族平安兴旺的愿景。

　　万历四十五年（1617），四十岁的许自昌，校对再版了《唐皮陆从事唱和集》，搜罗整理了陆龟蒙和皮日休的大量唱和之作。两年后，许自昌出版了自己的一本诗集《樗斋诗钞》，还编了本《捧腹编》。许自昌先后出版过《笑林广记》和《捧腹编》，收集古今笑话，供茶余饭后谈资，在市场上很是畅销。

天启三年（1623）四月，许自昌的生母陆氏去世。许自昌悲伤过度，抑郁成疾，于当年六月十日与世长辞，年仅四十六岁。甫里自唐以来，一代风流人物，英年早逝，悲乎哀哉！

《吴郡甫里志·庙宇》载："许公祠，祀许中翰自昌也。中翰父子行谊著于里，万历间祠于仁寿庵西。康熙辛未（1691）督学许批行两世崇祀郡学乡贤。"基于许朝相和许自昌在地方上所做的贡献，父子二人同入苏州文庙乡贤祠。甫直镇上也建有许公祠，乡民缅怀他们的功德。清同治《苏州府志·坛庙祠宇二》有载："许中书祠，在甫直镇，祀明中书舍人许自昌……国朝康熙三十年（1691）督学许汝霖建。咸丰十年（1860）毁。"

许自昌有六个儿子，分别是许元溥、许元恭、许元任、许元方、许元毅、许元超，个个不是等闲之辈。

长子许元溥（1596—1645），字孟宏，号鸿公。喜购书，自号千卷生。崇祯三年（1630）举人，是熊开元的门下。他是清初有名的学者，又是有名的藏书家、刻书家。他痴心于书，与当时大学问家黄宗羲、刘伯宗结交，成立"抄书社"，刻印了许多秘籍、典籍。家中藏书室就叫"梅花墅"。他创立高阳社，课授子弟。选辑《古文佚》，张采、张博作序。他又是应社、复社的重要成员。他的著作大多散佚，仅有《吴乘窃笔》《孟宏诗残稿》行世。明清交替之际，许元溥在离乱之中遇到散兵，损失了很多藏书。朋友劝他卖掉一些房子，他说："吾先人一生心力悉注于此，何忍弃之？"他不想梅花墅败在自己手里，"以梅墅作灵隐下院，名海藏庵"。他捐出梅花墅部分房子，辟为海藏禅院。清乾隆年间有"甫里八景"，其中的"海藏钟声"与"浮图夕照"，即与此有关。因不善经营，手头拮据，他将许家剩下的房产，一半卖与苏州名士汪缙。汪缙（字大绅）与其弟慕甫里先生之风，耕读其中，将居处命名为"二耕草堂"。至今，梅花墅一带还有姓汪的人家。许元溥人品端方，与杨廷枢、陆垣、郑敷教并称"四孝廉"，卒年仅五十岁，友人私谥"孝书"。

次子许元恭，字仲谦，在许自昌去世后，因大哥许元溥经营不善，他就继承了父亲开创的刻书事业。陈继儒是许自昌的老朋友，他的孙子

正阳桥

陈仙觉，娶了许元恭的次女为妻，陈、许遂为亲家，关系更进一步。陈继儒给许元恭的出版事业提了不少建议。"今读《化书》，字字皆灵，句句皆有益于身心家国，此学士大夫未尝教儿读者，节短转快，此举业之径路，容寄老亲家刻之。"何谓《化书》？这是举子们的科考参考书，相当于现在的公务员考试辅导读本，陈继儒认为这本书不愁销路，让许元恭大量印行。崇祯九年（1636），许元恭捐资重建正阳桥。正阳桥又名青龙桥，俗称东大桥，位于甪直古镇最东端。明成化年间陆惟深倡建板桥，取名东板桥。万历年间陈双萱募建石梁桥，初名青龙桥，后改名震阳桥。崇祯九年，许元恭重建，并镌刻桥联，东侧阴刻"双萱旧迹更新象，甫里金波绕玉梁"，西侧为"东接昆冈钟毓繁，西迎淞水源流远"。

三子许元任，一名元礼，字叔尹，早年在嘉兴府读书，科举不第，此后"以编书、种菊为乐"。他热心乡里公益事业，镇上马公桥失修坍塌后，独自捐银重建。顺治八年（1651），吴地水患，农民缺粮断炊，他设粥厂于高真道院。康熙九年（1670）江南出现大饥荒，他又在保圣寺设粥厂救济贫民，还慷慨救助贡生金继夔赴任江西司训。许元任一生宽厚仁慈，乐于助人。因其小儿子许定升任禹城知县，被赠封为文林郎，卒年七十二岁。

许自昌的四子许元方、五子许元毅、六子许元超，均为府学庠生，政府发给口粮和生活津贴，虽然未能进入仕途，但在地方上有一定的名望，尤其乐善好施，成为美谈。所谓"青出于蓝而胜于蓝"，许自昌的孙子辈，也是人才济济，各领风骚。

许王俨，字孝酌，一作玉俨，是许元溥的长子，曾加入复社、听社、慎交社。他喜藏书，室名"闻樨轩"。他的妻子，是大姚村陈允坚的孙女，陈礼锡之女。顺治十二年（1655），他与昆山友人共倡"桂子轩文社"。他著述丰富，有《韧园杂志》《闻樨轩文集》《沧浪亭集》《代萱集》《予怀集》《蔗庵诗草》《孝酌诗存》等。顺治十七年（1660），苏州才子金圣叹评选唐七律诗时，寄信给许孝酌，在信中说："弟比日随手抄得七言律诗六百余篇，尽是温柔敦厚之言，甚欲先生为我一订正之。"言甚谦恭，可见他对许王俨的敬重。《吴郡甫里志》称其："父子俱负重名，四方孥舟造谒者，日夜相望。"到用直造访许元溥、许王俨的船只，接二连三，停满了河埠头。地方志又赞其："积善著书，文名遐播，从游者甚众。赈饥民，赎难妇，建桥梁，创育婴，孳孳以终。"康熙十三年（1674），他与堂弟许定升首创苏州育婴堂（苏州儿童福利院的前身）。

许定升（1622—1700），字升年，号香谷，是许元任的第三个儿子。顺治十一年（1654）秋中副榜贡生，入太学，后选为镶红旗官学教习。三年期满还归家乡，力行善事，他与堂兄许王俨、同乡蒋德峻等，"悯穷民遗弃子女"，在城内雷尊殿西建育婴堂，"收养遗孩，月给乳母，好善者迭司其事，刻有《出入汇记册》"。不但做好事，收支账目也是清清楚楚。康熙十六年（1677），任山东济南府禹城县令。劳心淳淳，视民如子，廉平不苛，办案"决断明敏"，政绩卓然。韩菼是科举状元，他在《禹城行》中盛赞许定升的政绩："香谷许先生令禹城三年，县大治。世言县难为，上官难事，例难破，令一摇手不得。香谷为之，绰绰有馀裕，令而尽香谷若也，民其有瘳乎？"许定升为官廉洁，行事有方，令世人敬佩。他著有《高阳社近言》《归田杂志》《香谷林文集》《清荫阁诗集》等。他的儿子许廷鑅作诗追忆先父："林居三十载，乐善日不遑。晚出膺民社，单骑走岩疆。"

许虬，字竹隐，别字敏庵，号湛庵，是许元方的儿子。顺治八年（1651）辛卯举人，顺治十五年（1658）戊戌科进士，授贵州思州府推官。康熙五年（1666）升思南府知府。为政宽仁平稳，精通科举应试所用的文字，时常在办公有闲暇时，召进生员讲授读书作文的方法，思南地区文风为之振兴。康熙八年（1669）因丁忧离任。康熙十五年（1676），授浙江绍兴府同知。许虬惩治不法的老吏，使属吏不敢对诉讼案件上下其手，公府风气为之清澄。康熙十九年（1680）授湖南永州府知府，三年后离任。晚年与汪琬、尤侗等人亲善。著有《竹隐小品文》《万山楼诗集》《周易注解》等。《万山楼诗集》十四卷收录于《四库全书》。其诗清新平和，在民间颇为流行，如《折杨柳歌三首》："柳条三尺长，明日清明节。江南小儿女，采作流苏结。""千树宫墙柳，万朵道旁花。折柳在侬手，花飞到谁家？""居辽四十年，生儿十岁许。偶听故乡音，问爷此何语。"他官至四品，无论为官还是为文，颇有见地，可谓许自昌后代中的佼佼者。

许自昌的曾孙辈中，也有一些杰出人物，比如许廷鑅、许心康、许名崙等。《吴郡甫里志》中提到的许氏族人有三十九人，卓有成就。

许廷鑅（1675—1760），字子逊，号竹素，是许定升的儿子。康熙五十九年（1720）中举人，后授官福建武平知县。为官廉正，百姓称颂。后应好友高文良的聘请，到广东担任粤秀书院山长，培育后进。后来历官布政使、巡抚、总督、东阁大学士兼工部尚书的陈弘谋，便是他的学生。他先后执教于潮阳韩山书院、三山鳌峰书院、江阴澄江书院、太仓娄东书院等。著有《竹素园诗钞》《竹素园集》等。热心公益，逝世时家徒四壁，然"一片冰心在玉壶"。

许心康，字安臣，一字朗山，是许虬的儿子。天资聪颖、淡泊名利。

苏州遭受兵灾人祸，他招抚流亡，尽心做安抚工作。官方援例要授为县令，亲友劝他接受"任命"，而他"笑而谢之"。生活节俭，乐于助人，当地人尊其为长者。他的兄弟许心宸，住到老丈人昆山叶家（叶昼家族）。叶家也是藏书家，许心宸把梅花墅的藏书大多搬到老丈人家了。后来，在"文革"期间，从昆山叶家流散出许自昌家族的不少家谱、著作和藏书。

许名崙，字蕴源，号访槎。少时即以孝闻名。博览群书，过目成诵。雍正元年（1723），清世宗心腹西林觉罗、鄂尔泰开藩江南，搜罗博雅、能文之士，许名崙以文章拔为冠军，文章收录于《南邦黎献集》。许名崙入聘相府，不久，告病归乡，杜门教子。爱好诗歌，擅长书法，著有《松鳞集》《悲秋诗》《涉淮草》《钧天遗响》《访槎骈体》《访槎尺牍》《访槎诗馀》《访槎诗存》等十余种。

晚清时期，甫里人许起编纂《甫里志》，一为继承先祖遗志，许自昌在明万历年间也参与修订过地方志；二为续补清乾隆间彭方周的《吴郡甫里志》。许起，字壬甫，又字壬瓠，元和县贡生，精于诗文、书法，是王韬的好朋友。少年时跟随同里顾惺游学，得医学真传。晚年和儿子许玉瀛一起编纂《甫里志》，志书记事至光绪二十三年（1897）。虽然这本《甫里志》没有出版发行，但民间的传抄本较多，通常叫《甫里志稿》，只是内容有缺失。约四百年来，梅花墅许家出了许多有名望的人物，为地方建设做出了卓越贡献。

风云变幻，物是人非。许氏一脉星移人散，梅花墅渐次荒芜。清代蒋韶《海藏钟声》诗云："梅花寺古白云封，有客临风听晚钟。清响一声吹不断，隔溪烟树碧重重。"在古人的诗中，透过岁月的纱幔，依稀能看到梅花墅昔日的荣光。清光绪年间，王韬在《古墅探梅》一文中感叹道："梅花今已半株无，为念梅花展旧图。回首故园悲寂寞，夕阳一抹下平芜。"文中，王韬回忆年少时，与二三好友踏雪探梅，梅花墅虽已凋零，尚余秋水亭、樗斋等旧景，叠石引泉，回廊曲折，犹有遗迹可寻。海藏禅院的僧人为了自给，将一些空房子出租给乡民，勉强度日。

再后来，许家宅第和梅花墅，做过甪直镇的粮库，还开办过饼干厂，后为民居。现许氏梅花墅部分场院，修复后被辟为美术基地。

甪直名门望族之严家

甪直严家，位于甪直古镇东市上塘街。旧时，从太平桥北堍一直延伸至广济桥北堍，人丁兴旺，房屋连绵，素以"房多多"著称，这些房屋见证了严氏家族之繁盛。

据1988年的《续修甪直严氏宗谱》殷绥来序云，"严氏为吴门望族，源远流长，英才辈出，业绩卓著，文靖公严讷以端揆硕辅为一代名臣。明季后期，一支定居淞滨，氏族鼎盛，第宅连垣，是即为甫里严氏者也"。

严大椿序云："我们甪直严氏原为吴郡大族，明代中叶有一部分迁居常熟，到明末有一支来甪直定居，后来子孙繁衍，有的读书成名做了官，遂成了甪直的书香大族。"

严修桢序云："我甪直严氏，自明末八世祖梓从常熟新开河为求学而迁居甪直，到十三世，男丁就达四十三人，自后支系更加繁衍，自梓三传到均的长子禹沛，在康熙戊子（1708）中举人，乙未（1715）成进士，弟兄相继迁升，遂成为甪直的名家大族，书香门第。"

甪直严氏，源自常熟海虞严讷家族。严讷（1511—1584），字敏卿，号养斋，明嘉靖年间官至武英殿大学士（相当于宰相）。严讷的堂弟严谦，官至工部主事，晚年迁至苏州十梓街一带。严谦的儿子严淑，字明川，入长洲县学，与弟弟如川从苏州迁居甫里，闭门自修，以诗文自娱。从严淑的儿子严梓开始，正式从常熟举家搬到了甪直定居。严梓的孙子严均，号纯庵，娶了陆龟蒙后裔陆完的六世孙女陆氏为妻，生有禹沛和禹镍二子。陆完（1458—1526），字全卿，号水村，是明正德年间的兵部尚书、吏部尚书。据《甪直严氏宗谱》记载，严均"良田不及半顷，娶陆太孺人，前少保水村公六世女孙，生二子，家渐隆起"。

严均娶了陆氏之后，夫妻勤俭持家，儿子严禹沛、严禹镣颇有出息，生活有了明显改善。严均从许自昌的后代手里，买下了位于太平桥北堍的许朝相老宅。陆氏过世后，严均继娶凌氏，生禹锴、禹铸、禹镁、禹铿四子。严均在严氏祠堂内撰有一副对联："禹兆振兴，德修乃大；宗荣恩懋，传世惟贤。"对应了严氏一脉的辈序。

甫直严氏，在大房严禹沛和二房严禹镣的苦心经营之下，真正发展壮大起来。严禹沛的长子严振元，字友恺，号恕亭，嗜书，房名"留耕堂"，意即耕读世家，不可忘本。此也成为严家一脉相承的家族之魂。严振元生有八个儿子，所以甫直严家有"老大房小八房"之称。随着子孙繁衍，宅基地不够用了，严家不断向西扩展，形成了宽百多米、纵深数十米的族人聚居区。家族的兴旺发达，始于一代代人才的积累及其对家族事业的悉心维护。

严禹沛，字武迁，号西圃，人称西圃先生。康熙戊子年（1708）中举人，康熙五十四年（1715）考中乙未科进士，留京做教习。雍正三年（1725），被选授宁夏中卫县首任县令。为官清正，以法严治，刚正不阿，为当地的政治、文化、文明做出了巨大贡献。后改授江苏六合县教谕，七十岁后才回甫里。卒年七十七岁。

严禹镣，字殿英，号蓉斋。早年即放弃科举，做起生意来，不久发了财，拿出钱来买一笔田产，与兄共分。严禹沛初到宁夏中卫县任知县，缺少经费，严禹镣"挟千金策骑驰往"，支持兄长搞好边疆建设。清乾隆五年（1740），元和县要求乡里建社仓，积粟备饥荒，严禹镣捐高敞地一区，营建仓房，并捐谷二百六十石。又在社仓旁建了一所"义学"，免费教育乡里子弟。每当遇到荒年，青黄不接时，粮价暴涨，便平粜米千余石，稳定人心。严禹镣为人慈善，为乡人敬重。乾隆十七年（1752）在家病逝，享年七十岁。

许自昌的曾孙许廷镣，是严禹沛的发小，当过福建武平知县，他为严禹沛写了篇《严西圃传》，记述了好朋友严禹沛的生平事迹。清中期苏州名士沈德潜为严禹镣写过《严蓉斋传》，记述了严禹镣乐于助人的高风亮节。这两篇都收录于乾隆年间彭方周的《吴郡甫里志》。严氏甫直分支自此家道中兴，才杰辈出。

严兆麒，字秋渔，府廪生。清嘉庆辛酉（1801）拔贡，壬戌（1802）朝考一等六名，保和殿复试钦取一等二名。工书画，书法宗赵孟頫，逾董文敏而有神似之誉。画宗北苑，出入四王，能自创一家，当时誉满京师，求书画者踏破了门槛。严兆麒性格古怪，达官贵人索求，被他一口回绝，而地位卑下者反能如愿以偿。因此得罪权贵，只得个知县的官职。他到任一百天左右，就推托有病，辞官回家了。在甪直以书画自娱。

严兆鹤，字芝田，庠生。嘉庆八年（1803）春，严兆鹤十岁，一天，邻居着火，蔓延到他家厢房，父亲赶紧叫家人离屋外出，严兆鹤想起书房里有父亲的许多文章，就急急返回家中，抱着父亲的一摞书籍和文稿出来。父亲问他在火中看到了什么，严兆鹤回答："儿但知觅文，不知有火灾也。"众人啧啧称奇，赞其孝子。其《晓起至海藏禅院观荷》云："僧敲钟罢我敲门，十八声中动晓痕。一榻清风明佛意，半湖残月醒花魂。借侬杯水能消暑，割汝藕丝未断根。谐语斗翻老禅客，鸟巢笑指上朝墩。"读他的诗，了解到他是个亦庄亦谐的人，有时还与河对岸海藏禅院的老和尚开开玩笑。他还捐资创办严氏义塾，捐义田百余亩充学资。直到他去世二十多年后，甪直人对他"火中抢书"的勇敢和创办严氏义塾的善举，仍津津乐道。同治七年（1868），有人把他的孝义事迹上报官府，建坊表彰。今坊已不存。

严子镕（1877—1945），原名德铸，号子镕，以号行。他是严兆鹤的曾孙。早年在沈宽夫家的私塾任教。民国期间，先后任甪直镇乡董、甪直乡政局局长，后致力发展地方事业。曾出面集股组建六通轮船公司，任经理二十一年。与沈柏寒等人创办吴昆甪直民营电话公司，任经理。开办甪直镇新明电气厂，任董事长。1942年，严德模（号焕臣，严修桢之父）捐献房产与义田，与严子镕等人创办私立甪直中学，由严子镕任董事长，曹伯荫任校长，沈定均任教导主任。在严子镕的管理下，私立甪直中学培养出了许多杰出人才。严子镕为人公道，热心社会公益事业，被人们誉为"甪直小张謇"。

严良才（1898—1954），甪里小学毕业后考入江苏第一师范，品学兼优,毕业后留校任教。又先后在甪直的县立第五高等小学、苏州景海女中、上海尚公学校执教。20世纪20年代初,参加创造社,他的小说《最后的安慰》刊登在《创造》杂志第29期、第30期上,后被收录在《中国新文学大系·小说三集》里。1925年秋,严良才与殷冰履自由恋爱结婚。郭沫若在《洪水》主编周全平等的陪同下,特地赴甪直参加严良才的新式婚礼,并作为证婚人在仪式上讲话。"四一二事变",严良才留沪,一面从教一面写作,发表《惆怅》等文章。抗日战争爆发,上海沦陷,他搁笔弃教。经内堂兄殷季常介绍担任上海太平洋保险公司秘书长。他对保圣寺罗汉塑像保护倾注了心血,拍了不少罗汉照片寄给史学家顾颉刚(连襟)。中华人民共和国成立初期,郭沫若来信邀他去北京参加筹办中国人民保险公司,其因病未能成行。1954年病逝于上海。

严大椿(1909—1991),原名锡寿,又名庄森。毕业于上海立达学院文科。1926年入法国格城大学文学院攻法国文学。1930年回国,先后任《上海时事汇报》、开明书店、上海儿童书店编辑。中华人民共和国成立后,历任中国青年出版社编审、上海少年儿童出版社三编室副主任。1952年加入中国作家协会,是第一位加入中国作家协会的甪直人。著有儿童文学《动物漫谈》《刺猬家庭》《杜鹃的故事》《蜜蜂国》《海豹冒险旅行记》,短篇小说集《把大炮带回家的兵士》,传记文学《法布尔》,民间故事《快乐的老神仙》等。

严修桢(1923—1997),1939年11月,年仅十七岁的他到常熟抗日游击根据地参加革命,担任新四军东路常熟横泾地区的教育股长,不久又担任新四军六师师长谭震林的机要员。1940年夏,回甪直开展地下工作,团结有志青年,油印刊物《铁流》,传播革命思想。抗日战争胜利后,在甫里小学任教师。1947年8月,加入中国共产党。根据组织的安排,在群众中做宣传教育工作。利用甪直"青年图书馆",组织青年阅读进步书籍,宣传进步思想。联络当地名人沈柏寒、陈逖先等,做好统战工作。1948年,与陈大经、魏秉章、李维松等党员组建党支部,担任中共甪直地下党支部第一任书记,为解除敌人武装,争取甪直和平解放,做出了贡献。1949年5月,任张浦区副区长。1952年,任昆山县文教科副科长。1955 年起，先后任昆山县人民政府秘书室助理秘书、昆山县人民法院秘书、昆山县人民法庭庭长。1982 年，在昆山农水局离休。

严修莹，生于 1933 年。资深翻译家，擅长英语、缅甸语，曾担任驻缅使馆一秘。1950 年 12 月报名参加军事干部学校，分配到北京外国语学校（北京外国语大学前身）英语系学习英语。1952—1956 年被国家派往缅甸仰光驻缅甸大使馆学习缅语，任驻缅使馆文化新闻处翻译。1956—1970 年任外交部亚洲司翻译，曾担任毛泽东、刘少奇、周恩来等国家领导人的缅语口译，参加了解决中缅边界问题谈判的全过程。1978 年起调新闻出版署做联合国文件的英译中工作，参与《多种声音一个世界》《工业可行性研究报告编写手册》《联合国手册（第九版）》《外交实践指南》《坦桑尼亚的合作社》等出版物的翻译审校。参与编写《缅华词典》。审定了百万字的联合国《国民账户体系》一书。审校《亚太经济社会概览》《联合国裁军年鉴》《联合国与提高妇女地位》等联合国重要出版物。多次应邀赴联合国日内瓦办事处、维也纳办事处，从事翻译、审校工作。1993 年起享受政府特殊津贴。

严乃长，生于 1933 年。上海交通大学船舶与海洋工程学院教授、潜艇实验室主任。1958 年上海交通大学船舶设计与制造专业毕业后留校，参与筹建潜艇设计与制造教研室，为国家培养潜艇设计与制造人才。1980 年开始参与建设潜艇实验室，为改进和发展新一代常规潜艇和核潜艇技术，参与开创性研究二十余项，并多次荣获原六机部重大科技成果奖、原中国船舶工业总公司重大科技成果奖。

严毅，生于 1936 年。北京无线电总厂总工程师，教授级高级工程师，我国无线电领域开拓者之一。1954 年考入清华大学无线电系。早在 1971 年就设计出手持式晶体管对讲机，供地质部南京第六物探大队使用。大学毕业后，分配到北京无线电总厂。1981 年被聘为全国集成电路标准化技术委员会委员。1994 年被聘为北京市工程技术系列电子仪表工程高级评审委员会评议组成员。40 年来，带领工厂的技术人员设计开发了牡丹牌晶体管收音机、VCD 影碟机、立体声收录机、组合音响、四十一键落地式电子琴等六十余个型号的电子产品，并为国家引进集成电路。

甪直严氏鼎盛时期，第宅连亘，蔚为大观。世事变迁，或充公，或转让，或损毁，现存严氏明清宅第如下。

严大房，位于东市上塘太平桥（红木桥）之北，原为许朝相宅，后归严禹沛，后人定名严大房。惜"文化大革命"前后被拆，现存沿街备弄石库门及更楼等。

严二房，又称老二房，始祖是严禹镰次子严振文。位于东市上塘街108号，前门临街，后至凌家溇。民国时卖给曹景泰锡箔庄。

严三房，亦称老三房，始祖为严振和。位于东市上塘夏家弄西侧，前后五进，画栋雕梁。中华人民共和国成立后被吴县前进机械厂占用。严家祠堂亦在此处。

严五房，全称老大房小五房，始祖是严振元第五个儿子严国泰。位于东市上塘街严五房（弄），该宅茶厅、主厅、楼厅等主建筑尚完整。

严八房，全称老大房小八房，始祖是严振元的第八个儿子严蔚。位于东市上塘街东段严八房（弄），主体建筑已不完整。

严氏祠堂，位于甪直东市上塘街161号，广济桥北堍（原吴县前进机械厂内），祀乡饮宾严均之子严禹沛和严禹镰。严氏祠堂始建于清乾隆四十二年（1777），坐北朝南，面街而建，现存单体建筑有后厅和青石碑刻。祠堂东有备弄。西梢间南山墙内有青石碑记，上阴刻"甫里严氏新建祠堂碑记"诸字。该祠堂原有二进，即为前厅和后厅，前厅大门两侧设有旗杆石，后厅带两厢。20世纪80年代末，因新建环镇公路，严家祠堂的前厅、两厢房、旗杆石被拆除。吴县前进机械厂关闭后，祠堂曾租赁给红木加工厂。现经古镇管委会修复后，辟为甪直文创园。

严三房的风火墙

甪直名门望族之沈家

甪直古镇，清乾隆年间有"甪里八景"，其一为"西汇晓市"，说的是西汇街上下塘，店铺林立，行摊相接，人流密集，市场繁盛。每日拂晓时分，四乡农民云集于此，物产琳琅满目，满街人群摩肩接踵，熙熙攘攘，热闹非凡。

且看诗人们为"西汇晓市"留下的墨宝，昔日繁华街市，跃然眼前："南泾住渔家，西汇接乡里。网得夜潮鱼，朝来沸街市。""甪里西偏晓雾开，行人接踵去还来。林梢初上三竿日，便有村船载酒回。""吴淞生业半鱼虾，市在街西近水家。妇子数钱朝食去，背摇初日入芦花。"此景自宋元明清，一直延续至20世纪80年代末，长盛不衰。后来，新镇区建设了农贸市场，买卖有了专门的场所，古镇区自发形成的早市，便淡出了人们视野。

西涨汇，是西汇街上下塘之间的一条小河，既承吴淞之水，也接八方财源。甪直西部和南部的乡民，大清早摇船而来，沿街叫卖水产和蔬瓜之类。甪直的名门望族沈氏，宅第和产业大多在西汇街。民国年间，沈氏资产遍布镇区各地，"沈半镇"的名声，也就不胫而走。

据沈福源的乡试朱卷载，甪直沈氏的祖先叫沈郢，字律节，是楚国人。沈郢的第十一世孙沈戎，字威远，汉光帝时，先是当上济南府太守，因说降了巨盗尹良，被封为海民侯，不久，迁徙到了浙江湖州的乌镇一带。沈戎的第四十一世孙沈子敬，字余庆，在元代至正初年，入赘到浙江嵊州竹溪村施氏。沈子敬的第十世孙沈兆岐，字凤卿，在清康熙初期，为谋取一官半职，离家来到苏州，拜谒权贵、结交朋友，选择在阊门外居住。沈兆岐的第三个儿子沈锺冕，字冠臣，倜傥风流，由于他的相好是甪里（甪直）人，他也就搬到了甪直。

沈福源，原名淇源，字漱石，号绥若，一字馥园。在家中排行第五。清同治庚午年（1870）八月二十二日生。很多人不知道沈福源是谁，但说起他的父亲沈宽夫、侄儿沈柏寒，甪直人就都知道啦。沈福源是沈宽夫的第五个儿子，清光绪丁酉科（1897）举人，曾任河南兰仪县（今兰考）知县。

沈福源的高祖叫沈天壁，字洪发，是沈锺冕的第五世孙，国学生，敕授修职郎；曾祖沈锦成，字家柱，诰赠奉政大夫；祖父沈翼升，字万鹏，国学生。祖父临终前，遗命建庄。毕竟租房子住，总有点漂泊感，要想成为新甪直人，必须在甪直拥有自己的房子。

沈福源的父亲沈国琛（1830—1892），原名沈绪文，字宽夫，以字行。国学生，花翎双月选用府同知，诰授奉政大夫，覃恩诰封资政大夫，分部主事加八级。沈宽夫广置田产，勤于经营，一举脱贫致富，并遵从父亲遗命，于同治九年（1870）在西汇街修建了沈宅，前店后宅，左坊右铺，宜居宜商，也算是扬眉吐气。在沈宅东侧，沈宽夫建立义庄，救助族中子弟，还赈济外地的灾民。元和县令李超琼组织兴筑金鸡湖堰堤（今名李公堤），沈宽夫"捐钱百万"（约合五百两银子）。光绪十五年（1889），沈宽夫在甫里先生祠之南，重建甫里书院，并捐吴昆新田四百多亩，为日后书院所需经费提供了保障。他多次的善举，地方官员闻讯后上奏皇帝，"奉特旨旌奖"，奖赠匾额"乐善好施"。沈宽夫不只是地主和商人，还是个文化人，著有《居易书屋诗稿》四卷，只是没有公开发行。沈宽夫的事迹，一如沈宅大厅"乐善堂"的抱柱联描写的那样："经济有成，事业俱自苦志起；读书最乐，俊彦都由名教来。"

沈福源的叔叔叫沈国瑚，原名沈绪敏，字润生，蓝翎监提举衔，候选县丞，诰授奉直大夫，赐封资政大夫，分部主事加八级。沈福源的堂叔伯，一为沈增福，军功保举都司衔，花翎拔补营守备，诰授昭武都尉，随剿嘉兴粤逆，攻城阵亡，入祀昭忠祠；一为沈绍义，候选县主簿；一为沈绪纪，候选巡检；一为沈绪益，议叙从九品。

沈福源的大哥叫沈根源，字养其，是沈宽夫的长子，行廪贡生，中书科中书衔，甘泉县（今扬州）训导。二哥叫沈溶源，字皙存，附贡生，

沈宽夫故居

沈柏寒故居

员外郎衔，分部主事。清光绪三十一年（1905），沈濬源将甫里书院改为甫里公学。三哥沈济源，勤奋好学，可惜早逝。四哥沈滨源，幼时夭折。沈福源的堂兄沈辰源，国学生。堂弟沈毓源，五品衔，指分两浙试用监大使。沈启泰，从九品。

沈柏寒（1883—1953），名长慰，字柏寒，以此字行，又字伯安，号雪尘、素园。他是沈宽夫的长房长孙，也即沈根源的长子。其七岁丧父，由母亲和奶奶抚养长大。光绪三十年（1904）东渡日本求学，入早稻田大学教育系，并加入同盟会。光绪三十二年（1906），因家中发生变故，奶奶急命他回国。沈柏寒接手了家族事业，励精图治，开拓创新，使家业取得了长足发展。当年，他将甫里公学改为甫里小学，试行新式教育，请朱文锤、萧冰黎、殷伯虔等人担任教师。将甫里小学之四面厅，辟为乡先贤祠，中勒沈宽夫像，邑人王同愈为之记，以志沈公兴学之绩。不

第三辑　名门望族

久,甫里小学更名为"吴县县立第五高等小学",邀请吴宾若、王伯祥、叶圣陶、沈定均、沈百英、胡墨林等人执教。在他的大力支持下,用直的教育风气为之一新。叶圣陶的文学创作生涯和教育革新之路,就是在用直起步的。叶圣陶后来在回忆文章中称:"我因年轻不谙世故,当了三数年的教师,单感这一途的滋味是淡的,有时甚至是苦的,但自从到了用直以后,乃恍然有悟,原来这里头也颇有甜津津的味道。"

  沈柏寒主持创办的培本幼稚园,是当时吴县第一所具有新式教法和先进设备的幼儿园。他热心公益事业,与萧冰黎、范佩恒、殷柏虔、严子镕等在镇上创办电灯厂、电话局、碾米厂和面粉厂。沈家和范家作为大股东的万顺恒米行,是当时吴东地区最大的米行。"万顺",既暗合了范、沈两家的吴语谐音,也寄托了万事如意的美好心愿。沈家祠堂,就位于米行的最西端。叶圣陶离开用直后,以万顺恒米行为原型、以他在用直的所见所闻所思为素材,创作了著名短篇小说《多收了三五斗》。为了保用直一方平安,沈柏寒协助创办吴昆用直镇人民自卫团,并参与建造了一座高六十多米的瞭望塔,探照灯可以照到北面的吴淞江、南面的澄湖、东面的东塘江、西面的清小江,使盗匪不敢轻举妄动。做好事也是需要本钱的。沈柏寒在西汇街成立了商业集团"沈成号",经营饭店、酒坊、茶馆、酱园、肉铺、布店、南北货行等,都与人们的生活息息相关,顾客络绎不绝。中华人民共和国成立后,他任苏南区特邀代表,参加第一次苏南政协会议。1953年12月病逝于苏州。沈柏寒是用直著名乡贤,既是成功商人,也是社会慈善家,还是功力不凡的画家,他临摹的画作《沈素园临黄公望富春山居图卷》,曾被大画家吴湖帆收藏。他的子孙,遵从"不从仕,便从医"的先训,有多人从医,成为专家型的人才。

  沈定钧(1891—1958),字家珩,号琴生,笔名廷尊、韵宗。本姓王,家有兄弟六人,因家境贫困,他入赘沈家当女婿,遂改姓沈。妻子名沈佩兰。他入赘的沈家,岳父沈同夫,与沈宽夫虽然是同一祖先,但各立门户,并非近亲关系。沈同夫从事的是竹行生意,进销毛竹和竹制品,人称"竹行沈家",家境不能与西涨汇沈家媲美,但还过得去。人称"用直小张骞"的严子镕,年轻时曾在沈家做私塾教师。旧时,结婚就分家,沈定均居住在甪直古镇的蜡烛弄。1914年起,沈定均应聘在甫里小学任教。1919年,他与叶圣陶等组织师生罢教罢课,游行示威,支持"五四运动"。1923年11月,他作《感怀》诗云:"世事每从冷眼观,江河日下最寒酸。翻云覆雨交情幻,走食奔衣生计难。大好年华如逝若,庄严国土变狂澜。满腔热血洒何处,只自临风泪暗弹。"1929年,他离甪到苏州多所中学任教。1937年10月,苏州沦陷,他返回甪直。1938年夏季,应蒋企范邀请去苏州祥符寺巷纱缎小学担任文史地珠算教员兼教导主任,迁居双林巷。1940年春,应徐潭秋邀请,在江苏省立苏州图书馆任征审部主任。1942年,与陈逖先、严沛仁等创办进步文艺周刊《心》,宣传反帝救国思想,并参与创办私立甪直初级中学,先后担任教导主任、校长,作《甪中校歌》。著有《中国书装沿革考》《甫里掌故谈》《吴中逸史经眼录》《桐荫轩读书笔记》《桐荫轩诗文稿》《养晦室联语》等。沈定钧注重对孩子的言传身教,他的长子沈圣时,是苏州文

沈定钧故居

坛的青年才俊，可惜英年早逝；次子沈达人，曾任江苏省委书记、宁夏回族自治区党委书记。

沈定钧居住的蜡烛弄8号，曾经居住过一支颇有成就的沈氏家族，是元末明初从南京江宁迁徙而来。据清道光年间的《吴郡甫里人物考》载："沈祥，字兆兴，号以诚，元末明初甫里人，原籍南京江宁，迁至甫里，淹通经史，明初徵博士，不起。"沈祥的儿子叫沈泓，字孟新，以荐授浙江新昌县令，廉谨有守，任职九年，多惠政，离开新昌时，士民拥道攀留，追送数十里不绝。

清乾隆间的《吴郡甫里志》载："双进士坊，在众安桥西、蜡烛弄口，为天顺庚辰（1460）进士沈锤、成化壬辰（1472）进士沈铠立，康熙壬午（1702）夏圮。"这双进士的牌坊，纪念的是沈泓的孙子沈锤和沈铠。兄弟俩皆为进士。他们的父亲是沈泓的儿子沈原本，也当过新昌县令。沈原本有五子：长子沈鉴，明正德年间岁贡生，官山东长山知县；次子沈锤，官至湖广、山东提学副使；三子沈铎，长洲儒学生；四子沈镛，长洲国子生，弘治间由太学授上林苑署丞；五子沈铠，官兵部主事等。

沈锤（1436—1518），字仲律，晚号休斋，应天上元（今南京江宁）籍。他考进士时，填的籍贯是他的老家南京江宁。自幼读书刻苦，博通经史。明景泰七年（1456）丙子科举人。明天顺四年（1460）庚辰科吴宽榜进士，授吏部验封主事，改南京工部主事。升山西提学佥事，明成化十年（1474）参与编修《山西通志》并作序文。累迁湖广、山东提学副使。沈锤为人耿直，不依权势，一生"仕馀三十年，无所干谒"，就是当官的时候没有攀附权贵认"干爹"。当时的首辅李东阳感慨地说："今之不识相门者，沈仲律一人耳！"意思是说，文武百官只有沈锤没到我府上来过。这是对沈锤的褒奖之词，说他没有走后门拉关系。沈锤好赋诗，与吴中名士沈周、吴宽等常相唱酬。沈锤两次打报告申请退休，得到允许后即日南归。因长子沈宝在江夏（今武汉）为官，他去了江夏安度晚年。著有《思古斋集》《晋阳稿》《楚游》等。

据江夏《沈氏家谱》载，沈锤的第三个老婆周氏育有三个儿子：长子沈宝，字怀甫，一字楚善，号近湖国宾，由太学入楚府仪宾，配楚府中牟郡主，成为楚靖王的女婿。次子沈贲，字文甫，明弘治十一年（1498）举人，官雷州同知，三子沈贡，遇例加纳光禄、等署正七品服色，居中和门，近其兄沈宝居所。明成化二十三年（1487），因黄鹤楼"年久倾圮"，楚府捐赀，都御史吴琛修葺，事成后，沈锤作《重修黄鹤楼记》，因此结识了楚靖王。沈锤的儿子沈宝能入幕楚府，攀上皇亲国戚，或许这是契机。

沈铠，字仲威，一字幼威，从小"奋志力学"，别筑一小楼，在楼上读书，数月不出门。功夫不负有心人，"以上元籍举于乡"，就是以江宁的学籍参加乡试，明成化四年（1468）中戊子科举人。成化八年（1472）中壬辰科进士，官江西等处，钦敕兵部主事。后来，沈铠一家投奔兄长，迁居于武汉的锦绣山麓。

没想到，沈宝在楚府并不安分，竟诬陷楚王世子朱显榕有谋逆之心，幸好嘉靖皇帝明察秋毫，没有降罪即将上任的楚藩王，但沈宝惹祸上身，难免会受到惩罚。好在沈贲先前有首广为人知的《讽兄》诗："锦衣玉食非为福，檀板金樽可罢休。何事子孙长久计，瓦盆盛酒木棉裘。"早有规劝兄长沈宝之意，算是划清了与沈宝的界线，没有被连坐处罚。一首诗救下了沈氏家族，为保全沈锤一脉立下头功，也是万幸。沈宝案发时，沈锤、沈铠这兄弟俩已过世，但他们的子孙后代，前途或许受到沈宝案的连累，在明王朝难以得到重用。

沈锤前两个老婆赵氏和徐氏，有没有留下子嗣，江夏的《沈氏家谱》没有记载。清道光间徐达源的《吴郡甫里人物考》，记沈锤有子沈济，孙沈文，或为留在甪直的血脉。他们没有跟随父亲去武汉享福，而是在甪直过着平淡的日子，焉知非福？徐达源还记载了沈铠有两个儿子，一为沈滨，一为沈宝。他把沈宝误为沈铠的儿子了，这个当以《沈氏家谱》记载的为准。

沈伯英（1897—1992），又作沈百英，原名沈菊泉，笔名石英、白丁。教育专家，儿童文学家。1913年，考入江苏省立第一师范学校本科，主攻初等教育。1917年，师范毕业后回家乡，执教于吴县县立第五高等小学，与叶圣陶、王伯祥是同事。1920年秋，到上海商务印书馆附设尚公小学任教。1922年被聘为校部主任，并从事教材编审工作。1926年任尚公小学校长。1928年，任商务印书馆编辑，并兼任省立上海中学师范班、安定立达学院教师。1930年起，兼任大夏、光华、沪江等大学教育系教授。1952年，离开商务印书馆，任上海华东师范大学教育系教授，曾兼职华东师范大学教学法教研室主任。1956年起，兼任上海政协委员。1980年，任全国珠算协会理事、上海市教育学会顾问。曾编辑《幼童文库》《小学生文库》《国民教育文库》《设计教学法演讲集》《国民教育文库》《小学语文教学法演讲集》《珠算常识与珠算教法》等图书，参与《教育大辞书》的编写，并撰写了大学讲义《小学数学教学法》。发表教育论文三百多篇。1988年，荣获儿童园丁奖、全国教育新闻工作者协会教育期刊系列言论一等奖。作品《是谁咬坏了果树》《十个小朋友》《嫩芽的话》等，曾被翻译介绍到苏联、朝鲜等国家。

沈家同（1911—1983），甪直乡绅沈柏寒之子。1938年，沈家同自同济医大毕业，进宝隆医院实习一年。1939年，任宝隆医院内科、小儿科住院医师。1942年，任宝隆医院内科主治医师。1943年，在上海自行开业。1951年，兼任华东工业部华东建筑工程公司医务室特约医师。1953年，获上海静安区优抚模范奖。1957年，受聘兼任华东建筑管理总局职工医院内科主任，并加入九三学社。1958年3月，华东建筑管理总局职工医院并入上海市建筑工程局职工医院，沈家同任内科主任。此后，他放弃私人医生业务，将全部精力投入医院工作。1959年兼任上海的区政协委员。1962年被评为上海建工局职工医院先进工作者。

沈圣时（1915—1943），名储，又名莳，圣时是他的号。他是沈定钧的长子。沈圣时九岁时，母亲沈佩兰病逝。他自幼聪敏，酷爱读书和绘画。十六岁即参加工作，由亲戚严子镕介绍到昆山银行当练习生。1932年，他考进位于沧浪亭的苏州美术专科学校，三个学期之后，因故自动退学。1934年，他到浦庄小学代课，写下了《浦庄》《箱子盖上》《河浜的早晨》《落花生船》等文章，在苏州文坛崭露头角。1935年2月，他去皖北怀远县淮西中学教书，发出了"老中国是到处破落得可怜"的感慨。他思想进步，笔耕不辍，常在上海的《申报》发表文章，杂文《膝盖骨》曾轰动文坛。他曾入聘苏州《早报》负责副刊"早茶"的编辑工作。1936年春，他选编三十九篇旧作，出版了一本《落花生船》。上海开明书店曾把他的作品选进初中《国文》课本，对于一位青年作家来说，无疑是一种殊荣。抗日战争前夕，他倡议"在抗战中我们都要为国家作出一定的贡献"，他目睹日本侵略军的横行，民族败类的无耻及人民处在水深火热中的苦况，写了许多刺刀投矛式的杂文，还撰写了两部中长篇小说《夕阳》和《渔娘哀史》，小说先后在南京《京报》连载。沈圣时体弱多病，为了贴补家用，一面拼命工作，一面熬夜写作，还在振华女中兼课，终于一病不起，去世时年仅二十九岁。

沈家立（1921—1998），是沈柏寒之子。1940年9月，考入东吴大学生物系，毕业后考入国立上海医学院（上海医科大学前身）。1948年，在中国红十字会第一医院（今华山医院）外科工作。1952年3月，参加上海市第三批抗美援朝志愿者医疗队。当年9月，转到上海外科医院（中山医院）泌尿科工作。1955年，调入中国红十字会第一医院，参加创建上海医科大学附属华山医院泌尿外科，历任泌尿外科主任、副教授、教授。1977年，成功完成一例"同科异体肾移植"手术。1988年起担任上海医科大学泌尿外科博士生导师。1992年，退休后返聘留用。曾在《中华外科杂志》《中华泌尿科杂志》等全国性医学杂志上发表论文四十余篇，参加《外科手术》《临床实用泌尿外科学》《实用外科学》《实用临床泌尿外科》《实用内科学》《肾脏移植》《中国医学百科全书》等十二部书籍的编写工作，是《中国医学百科全书》编委之一。他治学态度求实、严谨，擅长尿流动力学及泌尿生殖系统肿瘤的诊断和治疗，为中国泌尿外科的发展做出了杰出贡献。

甪直西涨汇沈家，子孙繁衍，分散于世界各地，不少人成就卓著。如：沈家钧（1905—1986），清华庚子赔款留美学生，哈佛大学经济学硕士，曾任职于中国银行；沈家锡（1911—1998），上海交通大学土木工程系毕业，美国密歇根大学土木工程硕士，大夏大学（今华东师范大学）教授；沈家鉴（1916— ），上海海运学院毕业，1938年进入金融界，

1957年去香港，参与创办香港美林公司，任副总裁；沈家铨（1921—   ），上海圣约翰大学化学系毕业，水处理专家，能源部教授级高级工程师；沈人伟，沈福源之曾孙，上海《文汇报》编辑，著有回忆家乡甪直的文集《我心中的河》等……

甪直沈氏家族，星光闪耀，不胜枚举。四海之内，血脉相连，散则甪直人，合则民族魂！

甪直名门望族之金家

甪直金家,崛起于明代中叶,振兴于清代中期,绵延于当今盛世,四百多年来,经世致用,乐善好施,成为甪直名门望族之一。

金家祖先源出甘肃天水,明初有一支迁徙至甪直,居住在众安桥南、三元桥北这一段。甪直金家最先出人头地的,是明代的金应徵与金士衡,父子俩皆为进士,又秉性耿良,受人敬重。

金应徵(1531—1587),字懋德,号绿野。自幼聪明好学,又很孝顺,对待继母敬奉有加。少学易,得到金志宏员外的真传。金志宏没有子嗣,身后事都由金应徵操办。他得中明嘉靖四十四年(1565)乙丑科进士,历任奉新知县、刑部主事、刑部郎中、工部郎中、江西按察副使、云南参政等职。他在江西奉新县当知县时,带头捐献俸禄,募资修筑了坚固的城墙,后来发生"土寇之变",县城得以守住。当年遇上罕见的旱灾,他亲临第一线组织抗旱。又"设学田,立文社,士习一新",不久就有一些学生中科举。他重视民风的教化,在《建养正塾记》中说:"古循良之吏,莫不以教民为重务。"他不畏权贵,在刑部的几年里,平反了许多冤假错案,不少权贵人物出面打招呼,请求帮忙,被"正色拒之"。他以诚服民,以廉能著称,深得当时首辅张居正的赏识,张居正多次对幕僚说:"做官当如金刑部。"金应徵业务娴熟,为官清正,著有《恤刑疏稿》行世。

明万历七年(1579)九月,金应徵倡议革除家乡甪直的"市肆门摊税",就是废除对店铺和摊贩的征税,让大家减轻负担,增加收入。当地人感激他的功德,立祠祀之,还刻了《议革门摊碑记》。金公祠在通明道院(永宁桥北),今已不存。金应徵的弟弟叫金善徵,字懋绩,慕义务德,为人正直。他的父亲叫金樾,字本阳,乡饮宾,父因子贵,万历间累赠奉政大夫。

金士衡,是金应徵的长子,字秉中,号昆源,长洲国子生,万历二十年(1592)壬辰科进士,授江西永丰知县,擢南京工科给事中。敢于直谏,有乃父之风。曾上疏言:"曩者采于山,榷于市,今则不山而采,不市而榷矣。刑馀小丑,市井无藉,安知远谋,假以利柄,贪饕无厌。杨荣启衅于丽江,高淮肆毒于辽左,孙朝造患于石岭,其尤著者也。今天下水旱盗贼,所在而有。萧、砀、丰、沛间河流决堤,居人为鱼鳖,乃复横征巧取以蹙之。兽穷则攫,鸟穷则啄,祸将有不可言者。"甘肃发生地震,复上疏曰:"往者湖广冰雹,顺天昼晦,丰润地陷,四川星变,辽东天鼓震,山东、山西则牛妖,人妖,今甘肃天鸣地裂,山崩川竭矣。陛下明知乱征,而泄泄从事,是以天下戏也。"他阐明矿税、水灾、地震、贪官污吏、匪祸等乱象,致民生贫瘠,朝廷宜开仓救济,不宜强征暴敛,雪上加霜,直言皇帝明知故犯,是在拿全国老百姓的利益当儿戏。他不畏强权,弹劾京官,为朋友的清白仗义执言,无奈上路闭听,为国为民的正义之人,往往受到冷落甚至打击。不久,他出任南京通政参议。万历三十九年(1611),因党争谪降两浙盐运副使,没有赴任。天启初年,起任兵部员外郎,累迁太仆少卿。不久因病离职,回到家乡,卒于家中。著有《昆源集》《留垣疏草》行世。

不得不说,父亲金应徵的以身作则,对金士衡的成长和处世风格,起到了潜移默化的作用。金应徵还有三个儿子,分别是玉衡(字秉政)、元衡(字秉仁)、鼎衡(字秉彝),都是品行端方的人。良好的家风,不是标榜口号,而是行为师范。经过多人的努力,经过几代的积累,一个大家族就会在世人面前树立起独有的形象,散发出独特的光芒。

甪直的同仁堂,由金三才创建于乾隆五年(1740),刚开始租了保圣寺的后屋办公。乾隆二十六年(1761),同仁局在西美桥北塄东侧,一直到寿仁桥北塄,建屋三十余间,作为新的办公场所。同仁局的善举,在苏州地区造成了很大的影响。江苏巡抚陈宏谋亲临甪直镇,命将"同仁局"改名为"同仁堂",同时题写了"笃善可风""乐善不倦"的匾额,予以褒奖。

甪直金家涉足医药行业的历史,并不比北京同仁堂晚。据《金氏家谱》记载,金三才的爷爷金玉音(1639—1718),字正禧,精习医业。甪直同仁堂开展的业务,一开始就包括免费施药。金三才的儿子金滨(1719—1772),字师尚,号松涛,继续前辈的善举,督抚又颁给"推广仁术"的匾额。医者,仁术也。

金三才的孙子金成(1744—1796),字槐宸,号墨堂,晚年自号指石道人。候选按察司经历。生平博学多才,琴、棋、书、画俱精,继承先辈遗志。督抚又奖给"绳武推仁"的匾额。他是第一位呼吁保护修缮保圣寺罗汉的甪直人。金成的孙子金辂(1800—1880),字绍商,一字息繁,号质人,候补布政司经历随带加二级。清道光己亥年(1839),金辂编纂了甪直的《金氏家谱》,当时家族的堂号叫"履素堂"。而先祖创立的"同仁堂"的影响,已超越了家族和地域的局限,如同一块金字招牌,在岁月的磨淬中熠熠生辉。

金辂的儿子金容照(1831—?),一作金荣照,字希南,号明甫。太学生,五品衔,刑部司狱。他立下规矩,从其儿子开始,以"国恩家庆,人寿年丰"排列辈分。金容照去世后,由母舅葛子翰召集金容照的三个儿子国治、国泰、国桢议事分家,将金家所有田产一分为三,每房得400亩,除去大厅、祠堂、学堂间、匠门间等为公产外,以金家弄为界,将其之东南部住宅划归大房国治,西部住宅划归二房国泰,东北部住宅划归三房国桢。

金国治(1856—?),字定安,是金容照的长子。太学生,候选县丞。其子恩燮、恩永。金恩燮,字友克,清光绪四年(1878)生,娶同里庠生宋韵篪的长女宋乔为妻。金恩燮育有四子,长子金家麟四岁时夭折,次子金家凤,三子金家龙,四子金家骏。从取名可以看出,金恩燮望子成龙,对孩子寄予极大的期望。

金国泰(1866—1887),是金容照的次子,字仲莲。五品衔,候选盐运使知事。金国泰没有生育,大哥金国治便把次子金恩永过继给他。金恩永(1880—?),字思言,从小顽皮,不肯读书,独喜武术与骑射兵法。金恩永的长子金家驹,字里千,悬壶济世,是民国年间甪直医界"四庭柱"之一。金里千将上几代有意涉足仕途的"企图",重新拉回到民间和"仁术",可谓"不忘初心"。

金国桢,字书云,生平不详。他的长子金恩绶,字谷仁;次子金恩纶,字杏仁,曾在甪直鲁望中学教书,闲暇时参加甪直紫云昆曲社演出。金恩绶的长子金家坊,曾在上海橡胶厂任职高管;次子金家式,在上海雷允上药店工作。金恩纶的长子金家凡,1949年5月参加中国人民解放军后去华东军政大学深造,后分派去北京军委侦察部任参谋,1964年转业至常熟农副产品交易城;其长女金家华,退休于吴县塑料厂,2022年时是九十二岁的长寿老人;次女金家玲,常熟税务局离休干部。金家玲的儿子孙毅,毕业于华东工程学院,是中国兵器工业集团第二一二研究所研究员,获集团公司及国家级竞赛一等、二等、三等奖多项。金恩纶的第四个女儿金家萌,退休于甪直供销社,其长女龚旱雷曾任吴中区保圣寺文保所所长、叶圣陶纪念馆馆长;次女龚隐雷,江苏省演艺集团昆剧院国家一级演员,获江苏省有杰出贡献中青年专家荣誉称号及首届江苏省文华奖、第四届中国昆剧节优秀表演奖,被聘为南京师范大学音乐学院客座教授、昆山当代昆剧院艺术总监。

金里千(1899—1985),名家驹,字里千,以字行。六岁入私塾,九岁就读甫里小学,历年成绩第一。十六岁从岳父殷骏生学医,成为明末名医李士材的第十代弟子,以"熟读、博览、精思、勤练"为座右铭。1921年起,在家中坐堂行医,诊所名"春常在室"。尤擅儿科,通过验齿、察舌、辨斑疹白痦、嗅痘气等诊察病情,做到"病家不说话,病情已分晓"。1931年在甪直开设天心堂药店,将中医与中药有机结合,严把药材质量关,对贫困患者药费给予赊免。他精研中药,尤其喜欢收访各种单方、验方和秘方,例如蟹壳、枸橘李治疗乳房肿瘤、山甲黄蜡丸治疗肝硬化、鹅不食草治疗鼻炎、鲜鹅血治疗晚期血吸虫病等,这些简、便、廉、验的医疗手段,受到广大群众的欢迎和赞许。许多危重病症或迭治无望的病人,往往被他一帖扳回性命,民间遂有"金一帖"之美誉。1955年1月,由金里千与殷季达、戴伯平、顾景亭等十八人,发起成立了甪直联合诊所,自带诊疗器具设备折价入所,各显神通,日门诊量达

金里千故居

四百多号。1956年6月,金里千出席了江苏省医务卫生代表大会。后历任吴县医学会副主任、吴县中医中药研究会主任、吴县人民医院中医科主任。先后开办了两期中医讲习班,自编讲义,亲自授课,培养了中医学徒数十人。1969年至斜塘地区人民医院工作,擅治风、痨、臌、膈等疑难杂症,用药简单、方便、价廉、应验。1975年退休回甪直后,在家义诊,他风趣诙谐的话语,使患者忧心而来,微笑而归,无形中减轻了病痛。1980年,江苏省卫生厅授予其"江苏省名老中医"称号。金里千一生娶过三个妻子,总共十六个子女,其中儿子十个。其子金庆畬、金庆雷、金庆江、金庆荣等,秉承父志,以中医为业。金里千编著的《春常在室医验录》,由金庆江整理出版。

金家凤(1902—1979),又名品三、凤三、冠三。他是金国治的孙子,金恩燮的次子。1916年去沪就读南洋附中。1919年参加世界语学会。后曾与侯绍裘等谋炸"淞沪护军使"何丰林,事泄被捕。保释后转入南洋路矿学校附中,参加陈独秀的"马克思学说研究会"。1920年8月,与俞秀松、陈望道、叶天底等八人组建"中国社会主义青年团"。曾托言留学法国,将母亲宋氏所寄六千银圆捐赠给陈独秀作为党团活动经费。是年秋,经李大钊介绍入北京大学读书,并参加北大共产主义小组活动。1921年春夏间,由邓中夏、范鸿颉介绍加入中国共产党。5月,参加在广州召开的中国社会主义青年团第一次全国代表大会。次年秋，去安庆组建共产主义小组及青年团，并在安徽法政专门学校任教。1924年年初，返北京任改组后的国民党华北执行部组织干事，并组织东南青年协进会。1926年，在南京遭孙传芳拘捕，一度得精神分裂症，脱离中国共产党。后历任国民党政府教育部图书馆主任、铁道部秘书、经济委员会专任委员、中央党部图书室主任等职。其热心参与唐塑保存委员会，为修复用直保圣寺罗汉塑像尽心尽力。1940年夏，被汪伪委为伪国民党中央执行委员，历任伪中国政治委员会社会事业专门委员会主任委员、伪上海华中运输公司董事、伪交通部顾问等职。1945年4月，日方以"通共通渝"罪将其关押。抗日战争胜利后他去了香港，先后担任上海通安轮船公司台湾、天津、香港等分公司的代表和经理。1953年秋，因"罗斯陶"号轮船投台事件被广东省公安厅拘捕。1975年特赦出狱，移居香港。金家凤在和儿子金大康的通信中，提到金家大坟，"葬光福铜井山麓，我曾去扫墓，已荒芜，并碑记亦失，只一断石有金士衡三字，人称金家大坟，想已开垦"。1979年9月11日，他在香港因车祸身亡。新华社香港分社以中国旅行社的名义送了花圈，花牌上写着"典型尚在"四个大字，对金家凤的生平事迹做了恰如其分的评价。

金庆蕃（1920—2019），是金里千的长子，小名祥官。自幼受父亲熏陶，上海同济中学毕业后，即与二弟金庆畲开设中西医诊所。1950年到上海中孚橡胶厂担任副厂长，开发利用废轮胎做底的劳动鞋。1956年，中孚橡胶厂并入上海大中华橡胶厂，金庆蕃被任命为技术科副科长、中心实验科物理室主任，首创轮胎硫化高频率预热（微波预热）项目，获得上海化工局表彰。"文革"期间，设计出自动捞皮机等。"文革"结束后，担任上海大中华橡胶厂轮胎研究所副所长，率队两次前往美国美特斯公司、孟山都公司等谈判，发挥其语言和专业优势，引进先进设备，为公司发展做出贡献。

金大康（1926—2013），原名金庆平，金家凤的长子，自幼随母亲毛一鸣生活。1943年8月考入上海大同大学化工系，1945年5月参加革命并加入中国共产党，青年时期从事中共地下工作。1953年4月调到中国科学院上海冶金研究所工作，在我国粉末冶金科研及工业领域卓有建树。1958年分别被授予上海市青年红色突击手、上海市青年社会主义建设积极分子、全国青年社会主义建设积极分子等荣誉称号。1959年作为科技界代表参加了国庆十周年北京观礼活动。金大康参加了我国第一颗原子弹的研制，作为主要技术负责人之一、第一大组组长，成功研发了核燃料生产的关键技术——甲种分离膜的制造技术，该项目分别荣获国家发明一等奖和国家科技进步特等奖，为我国研制"两弹一星"做出了重要贡献。他是我国著名的粉末冶金及有色金属材料专家，参与"铝合金防弹衣研制与生产"与"高可靠性集成电路用封装材料"项目，曾获全国科学大会奖和中国科学院重大成果奖。1982年被授予"上海市劳动模范"称号。1993年，被评为上海市老有所为精英和中科院老有所为先进个人。

金庆年，是金家凤与毛一鸣的小儿子。1949年参军，1951年调中央机要局任译电员，1953年调朝鲜停战谈判代表团机要处任译电员，曾荣立三等功。1954年调中央机要局工作。1955年调新疆昌吉县工作。1980年年底调苏州市园林局旅游公司工作。1985年调回新疆，在昌吉州搞成人教育工作。1993年起担任政协昌吉州第七届委员会常委、昌吉州教育局副处级调研员等。1995年起担任昌吉州监察局特邀监察员，被昌吉州党委反腐办、昌吉州政府纠风办聘为行风评议员。曾出席民革第九次全国代表大会。

金庆江，是金里千的第九个儿子。1982年毕业于南京中医学院。1995年，吴县中医院在他与刘天明等人的吁请下成立。历任江苏省中医学会名家流派研究会常委，苏州市中医学会常务理事。2010年被评为苏州市十大中医健康养生专家。擅长中医药治疗气管炎、哮喘、鼻炎、肾病、风湿、肿瘤及膏方调养等。编撰出版医学书六本，发表论文二十余篇。金庆江并未将中医和西医对立起来，而是有机结合，取长补短。在他的带头努力下，木渎人民医院成功升格为苏州市中西医结合医院。2007年退休后，受聘为医院开设中医专家门诊，医术精湛，广受好评。2016年10月，金庆江当选为世界中医药联合会中医药文献与流派研究专业委员会常务理事。2019 年入选第二批江苏省中医药文化建设专家库名单。2020 年被评为江苏省名中医。

金氏后人，不乏业界精英，诸如金庆蕃、金庆寅、金庆奋、金明等，都拥有高级职称，在所在单位或行业领域有所建树。金人夔，小名金星，是金里千的长孙、金庆蕃的长子。1962 年，金人夔考上中国科技大学近代力学系（钱学森是系主任），后任铁道部第四设计院教授级高级工程师，控制爆破研究所所长兼总工程师，中国力学会二、三、四届爆破专业委员会委员，九三学社湖北省委常委，湖北省政协委员。金庆蕃的次子金人彪，小名玛瑙，曾任上海 JVC 系统开发工程有限公司高级工程师。金庆蕃的小儿子金人麟，1987 年赴美留学，是威斯康星大学博士、伯克利大学博士后，美国查尔斯顿大学数学教授。金庆荟的儿子杨瑞龙，是中国人民大学经济学院院长。金庆勇，是甪直萝卜制作技艺的非遗传承人。此文只是钩沉史实，贯通古今，系统介绍家族历程，对相关人物不可能面面俱到，难免有遗珠之憾。

甪直金家，在甪直的渊源近五百年，枝繁叶茂。由金三才创设的同仁堂，自乾隆五年（1740）到 1949 年交由政府接管，这家民营慈善机构存续了两百余年，难能可贵。中华人民共和国成立后，同仁堂旧址归甪直粮管所，那些老房子曾被作为粮仓。2000 年，同仁堂所在地被改建为西美花苑小区。曾经的匾额和碑刻，已难觅踪影，仅有沈德潜的诗碑保存于保圣寺内。

岁月悠悠，山不转水转。梳理一个家族的档案，收集一个地方的史料，从大的方面说，是"整理国故，再造文明"（胡适语），从小的方面说，是厘清这个地方的文化脉络，让曾经担当中流砥柱的名门望族，为家乡的发展增光添彩。

甪直名门望族之殷家

甪直殷氏，居古镇区南栅吉溪浜（又名"吉家浜"）。殷姓源于商代，郡望汝南。迁居甪直近三百年来，亦商亦儒，广结善缘，声名远扬。至今人才勃兴，星光璀璨，令人敬佩。

殷尚质（1517—1556），字仲华，一字辅文，号朴斋。明嘉靖三十三年（1554）任辽东总兵，挂征虏大将军印。殷尚质屡建勋功，累获嘉奖，嘉靖三十五年（1556）冬战死沙场。明朝末年，殷氏家族不再世袭军功，而改隶民籍。殷尚质的八世孙殷桂盛，"以治产致富"。殷桂盛的儿子殷维玠（1721—1778），字尔锡，号宪南，曾任徐州府邳宿运河通判，对江苏富有感情。殷维玠辞官归家后，"赡族济贫，慷慨无吝"，并著有《和乐堂文集》。殷维玠的儿子殷希文（1738—1800），字宪之，又字兰亭，号郁堂。乾隆二十七年（1762）举人，曾任清丰县教谕、山西长治知县等。殷希文擅诗文，著有《和乐堂文稿》《兰亭诗钞》。

殷希文喜欢江南的诗情画意，迁居在苏州城东的甪直。他的子孙继承了先祖的优良基因，能文能商，宅心仁厚。殷茵如出生于嘉庆年间，富才知，善经营，因地制宜买卖农副产品，使家兴渐隆。为了使家族进一步昌盛，他定下三条家策：其一，在吉家浜畔买下十多亩土地兴建宅院，厅堂庭院，自成体系；其二，捐得从五品、正六品官衔两个以示风光；其三，提倡子孙后代要多读书，使殷家成为书香门第，从孙辈开始以"福履绥之，人文不起"八个字为辈称，以示厚望。

殷茵如的儿辈殷械（字槱材），能力出众，参与过甪直同仁堂的管理，在同仁堂遭太平军破坏后，他还负责筹资修复。他与沈宽夫一起，捐资重修甫里书院，为地方培养人才，不遗余力。清同治七年（1868），他还在甪直东面的姜望村，设立东岳庙义渡，募捐田二十二亩，为船只

乐善好施坊

维护和摆渡工提供经费,交由敦善堂经理。

清同治十二年(1873)九月十五日,当朝旌表甪直殷世良"乐善好施"。清光绪二十六年(1900),经地方政府允准,设立牌坊于殷家祠堂前,中间两根石柱上,阳刻着一副柱联,联句为:"溯往嗣遗风,百代馨香绵俎豆;教希文良法,九天雨露沛丝纶。"称颂殷家"武能卫国,文能安邦"的良好家风能百代延绵,下联中的"希文",即指殷希文,说殷家先贤把希文培养得出类拔萃,惠泽乡民,功德圆满。1999年,甪直旅游公司将殷家祠堂改建为万盛米行景点时,将牌坊移至中美桥北块,2015年又移到江南文化园廊桥北侧。

甪直殷氏把殷尚质奉为首祖,其实殷尚质只是功高名大,真正在甪直开疆拓土、振兴门风的,是殷希文和殷茵如,是他们使殷氏分支在甪直站稳脚跟,扩展家业,人丁兴旺,渐成书香门第。殷世良是殷茵如的裔孙，应是用直殷家"福"字辈，"世良"或为其字号，但其本名叫什么，查阅清道光年间的《吴郡甫里人物考》与清光绪间的《甫里志稿》，并无记载。

殷家后人，也有不喜经商，而喜欢舞文弄墨的。殷福懋（1824—1898），号子春，是殷茵如的裔孙，也是清末吴门名画师任薰（1835—1893）的门人。殷子春为人聪颖勤奋，得乃师真传，人物、花卉、走兽、博古皆精，为用直画坛之佼佼者，与赵季范、戴振斋齐名，时称"用直三画师"，在苏州地区也很有名。他的儿子殷履坦，字康伯，善作油画、水彩画，是一名教师。殷家还喜欢收藏，历史学家顾颉刚曾为殷氏珍藏的文徵明书卷题跋，跋文中"甫里殷氏，予外家也"，言出有因。顾颉刚的第二任夫人殷履安，号季仙，就来自用直殷家，曾是王伯祥、叶圣陶的六年级学生，经王伯祥介绍相识，与顾颉刚结为伉俪。殷履安性情谦和内敛，是顾颉刚的贤内助。

自古而今，医生是一门高尚而收入不错的职业。用直殷家有多位从医，既救死扶伤，又发家致富，两不耽误。殷履科（字骏生），少年即中秀才，后因乡闱不第，师从父亲殷子量学医，擅中医内科，在西市上塘街环璧桥西侧开设诊所，从清末营业至1921年，后迁至上海开业，1927年病逝。他还是用直名医金里千的岳父兼授业恩师。殷履鸿（字季达），南通医学院毕业，学贯中西，在吉溪浜开设诊所，从1921年营业至1955年，成为民国年间用直医界"四庭柱"之一。殷绥平，擅长西医，曾在吉溪浜开诊所，自1951年至1987年先后在无锡一院、无锡二院、响水医院、无锡四院工作，任内科负责人、副院长、内科主任等职，被人誉为"无锡名医"。殷绥仪，擅长西医妇产科，诊所开在用直东市上塘街，从1945年营业至1958年。殷品逸，擅长西医内科，诊所也在吉家浜，从1919年营业至1945年。殷绥琮，1956年上海第二医学院毕业，曾任北京朝阳医院内科主任医师、上海卢湾区中心医院内科主任。

殷季达（1896—1962），名履鸿，初在家从兄殷骏生学医。他敏锐地看到中医的短板和西医的实用，于1915年考入清末状元张謇创办的南通医学院，1918年毕业，在丹阳与同学合开诊所。1922年回用直开设诊所，望闻问切，辨证施药，药到病除。他待人和气，药价公道，病者络绎不绝，致难以出诊，人称"请不出的殷季达"。1950年，当选吴县一届三次各界人民代表会议协商委员会委员。1952年，接受人民政府防保任务，与戴百平下乡调查血吸虫患者，开设血吸虫病治疗站联诊，成绩显著，受吴县政府表彰。1954年年底，与金里千等人创办甪直联合诊所，门诊量剧增。1954年至1961年连任吴县人民代表、吴县医务工作者协会副主席。1956年，调离甪直诊所任吴县人民医院副院长时，捐赠开办私人诊所时购置的两台进口显微镜等所有医疗器械及现金近万元。他在担任吴县人民医院副院长时，亲自编写教材为医务人员做学术讲座，研讨病例，主动要求降低工资。1962年因肺癌病逝，终年六十七岁。

殷季常，名履恒。他学校毕业后，分配到上海金城银行工作，为人精明能干，交游甚广，勤奋工作数十年，从一个小职员逐步提升为上海分行副经理（金城银行总部在香港）。抗战期间曾资助一些贫弱之士，其中包括昆曲名家俞振飞。抗战胜利后担任甪直私立鲁望中学校董，当时经费除学生交的学费和地方上一些捐款外，全部费用都由殷季常负责，有的是劝募所得，但大部分是他自己的钱，直到中华人民共和国成立后由人民政府接管为止，数年如一日，全无烦言，这对培养甪直子弟中华人民共和国成立后参加国家建设的贡献是巨大的。平时为人慷慨，乡里熟人有困难的，他一般都肯帮助，如著名水利专家、葛洲坝总工程师曹宏勋，正军级总参工程部顾问、著名隧道专家殷之书等都是在他帮助下去内地读书成才的。中华人民共和国即将成立时他因接触进步思想，看清国家前途，拒绝去港，情愿留沪。1952年离世，时年五十余岁。生四子四女，长子绥培，退休干部；次子绥均，现居美国，著名建筑师；三子绥成，武汉地质学院教授；四子绥庆，在香港。

殷绥猷（1898—1941），字克维，小名杉林。自幼聪慧过人，小学未读完跳级考入江苏省立第二中学，后又以名列前茅的成绩考入上海县江苏第二师范学校。1922年毕业后任甫里小学初小班教职，循循善诱，以身作则，推行启发式教学，与学生感情融洽。后改负责学校行政工作。1927年，经吴县官方推荐，被委任为吴县第十区（甪直区）区长。常亲

殷氏宗祠

自下乡，实地查勘，以明理合法为主旨，为民众解决实际问题。遇到灾荒年份，明令减租。1928年，甪直至苏州轮船被劫，绑架十多人，数月才放归。盗匪扬言要抢劫甪直镇。殷绥猷组织甪直镇防务委员会，请沈柏寒担任监事长，自己兼任理事长，募资建造瞭望台，购置望远镜与探照灯，添雇商团团丁十多名，以防盗匪进犯，很好地维护了地方安定。甪直保圣寺的九尊唐塑罗汉拆卸保存，是在他与沈柏寒的主持下完成的，并请苏州瑞记照相馆逐个摄影。范文澜所著《中国通史》中刊印的两帧甪直罗汉相片，即为瑞记照相馆摄影。1932年日寇侵华，淞沪战役爆发，十九路军派一连驻防甪直。殷绥猷组织人员慰问，提供补给，号召民众捐款支援抗日。1936年，殷绥猷因肺病辞职，不久病逝，年仅四十四岁。担任甪直区区长的九年，他殚精竭虑，一心为民，可谓"鞠躬尽瘁，死而后已"。

殷绥万，字云林，号学耕，生于 1898 年。从甫里小学毕业后，就读于苏州草桥中学，与吴湖帆、郑逸梅、严良才等为同学。1916 年，考入上海复旦大学文科。毕业返家，任教于吴县第三学区第一国民小学（甪直小学）。抗日战争期间，因他学问渊博，德高望重，日伪请他当区长，他以体弱有病拒绝。日伪又以县参议员、农会长相诱，称农会掌握大量物资可以发财。殷云林正色道："人要生活得干净舒坦，发了昧心财还睡得着觉吗？"他的书法秀美遒劲，享誉吴中，常书写岳飞的《满江红》、文天祥的《正气歌》送人，以励名节。解放战争时期，他追求进步，从 1947 年开始不再向佃农收租。1947 年，他受聘在吴县甪直私立鲁望中学任教。中华人民共和国成立初，他把二十余件祖传珍贵文物，慷慨献给政府，内含明蓝瑛山水精品中堂一轴、明末清初徐枋山水小中堂一轴、民国胡石予梅花屏条四幅、上品端砚三方等。1957 年，他调至吴县陆墓中学，任语文教研组组长，1971 年在陆墓中学退休。一生从教，孜孜不倦，曾作诗自勉："桃李花开日，依依惜别情。立言兼德体、甚慰老人心。"

殷绥来（1910—1995），父亲是殷履遵。殷绥来是叶圣陶的学生，颇受器重，后考入复旦大学攻读教育，1933 年毕业后，先后在复旦实验中学、吴县县立中学等学校执教。抗日战争爆发后，供职于上海太平洋保险公司。1945 年回甪直，应邀任鲁望中学校长。1947 年年底，聘请陆钦墀为鲁望中学代课老师，掩护陆开展地下革命活动。1948 年 10 月，民盟苏州支部在木渎石家饭店成立，殷绥来与唐立德在陆钦墀的介绍下加入民盟。1949 年 10 月，民盟甪直小组成立，殷绥来为组长，是民盟吴县组织的第一位负责人。1957 年 9 月，殷绥来调任吴县中学校长，任职期间，创办了吴县第一所完中。1958 年 9 月，调任吴县陆墓中学校长。前任校长殷之成，也是甪直殷家人，是殷云林的儿子。1964 年，殷绥来调木渎中学工作，至 1975 年退休。他退而不休，创办了东吴科技进修学校，并在复旦大学函授班、苏州市八中、苏州市十一中等学校，任兼职教师和做校务工作，尽情发挥着余热。

殷之文（1919—2006），是殷云林的长子。著名材料科学家，我国无机材料学科的学术带头人和奠基人之一，中国科学院院士。少年时，嗣给大房堂祖父殷伯虔为孙。1931年就读于上海南洋中学，高中就读于苏州东吴大学附属中学，1937年高中毕业，适逢日寇入侵家乡，就在甪直与几位堂叔、堂弟创办殷氏补习班。1938年秋赴上海就读于大同大学土木工程系，1939年秋离上海经香港、越南河内到昆明进云南大学矿冶系。1942年大学毕业，到四川綦江铁矿工作，在那里结识了西南联大毕业来此工作的闵嗣桂，后结为伴侣。1946年秋，殷之文获美国密苏里大学奖学金，携爱人一起赴美留学。1950年与妻子分别获得伊利诺伊大学陶瓷工程硕士和有机化学硕士学位，并留校工作。1950年5月，殷之文夫妻放弃国外优越条件，毅然回国参加祖国建设。担任唐山铁道部铁道研究所副研究员期间，解决了铁路车辆的弹簧钢经常断裂的问题。1951年6月，调到上海任中国科学院冶金陶瓷研究所副研究员，从事光学波动和特种波动方面的研究工作。1954年，为配合西安高压电瓷厂建厂和改进其余几家电瓷老厂的生产，从事高压电瓷研究。1956年，获国家科技发明二等奖，并于年底晋升为研究员。1960年，被选为上海市政协委员，并担任硅酸盐研究所波动和功能陶瓷两个研究室的主任，从事压电陶瓷的研究工作，成绩显著，1978年获全国科学大会重大成果奖。1978年起，担任上海硅酸盐研究所副所长兼学术委员会主任，当选第五、第六届上海市政协常委兼科技委员会副主任。1983年改任中国科学院无机材料中试基地经理。1986年，被聘为美国宾夕法尼亚州立大学材料研究所客座教授。1988年，他在建立我国岸用声呐阵列与舰用声呐阵列中做出重大贡献，获得"献身国防科技事业"荣誉证章。1993年12月，殷之文当选为中国科学院院士。

殷之书（1920—2018），字启周。先后就读于甫里小学、苏州纯一中学、苏州工业专科学校土木科、之江大学土木系、云南大学矿冶系、西南联合大学（清华、北大、南开三校合并）土木系。1945年毕业时，因成绩优等，留校任助教，又去建筑系随班系统学习。1952年，军委决定创办军事工程学院，以陈赓为院长。殷之书参加筹备工作和建筑施工设计，并调入该院工程系任教。1957年与1958年，他因负责抢修松花江大堤得力，连续两年被评为哈尔滨市一等防汛模范，在军内荣立一等功。1961年，任西安工程兵工程学院训练部副部长，1964年任训练部部长，主管全院教学工作。1970年调任北京工程兵国防工程设计研究所副所长，1980年任所长。1983年，调任总参谋部工程兵部顾问。1986年离休，为正军职。殷之书是我国著名的土木工程专家，享受国务院政府特殊津贴。他是第四届全国人民代表大会代表。担任过三峡防汛试验研究组组长、三峡工程论证专家组专家、长江三峡工程审查委员会专家审查组专家。

殷震（1926—2000），原名殷之士，是殷云林的幼子，也是殷之文的亲弟。我国著名的动物病毒学和分子生物学专家，中国工程院院士。1949年6月，南通医学院毕业，在华东军区兽医学校先后担任过讲师、副教授、一级教授。他是国家重点学科传染病与预防兽医学学科带头人，是中国动物病毒学研究领域的开拓者和奠基人。先后完成或指导完成"十三种动物病毒的分离鉴定""梅花鹿流行性狂犬病的研究""不同属小核糖核酸病毒的基因重组研究"等十多项重大科研课题，荣获国家科技进步二等奖、全军科技进步一等奖。1981年，殷震主编了我国第一部系统全面的动物病毒学专著《动物病毒学》，编著、译著《动物病毒学基础》《动物传染病诊断学》等作品20余部。开展病毒基因工程研究，其中三个研究课题获国家自然科学基金或全军协作攻关课题基金。因培养高技术人才卓有成绩，1988年被评为全军优秀教员，1989年获军队院校优秀教学成果一等奖，并被国家科委授予"全国优秀科技工作者"称号。1990年起享受国务院政府特殊津贴。1995年，殷震当选为中国工程院院士。

殷绥亚，生于1928年。1951年毕业于东吴大学生物系，分配至卫生部，参加中央生物制品人员训练班。1953年3月调卫生部兰州生物制品研究所，历任组长、正副室主任及所长等职。他还是第六届甘肃省人大代表、第六届甘肃省政协委员、中国预防医学会理事、《实验和临床病毒学》杂志编委、卫生部肝炎专家咨询委员会委员。他的女儿殷之平，1958年生于上海，1982年毕业于兰州大学物理系，1985年获硕士学位，1985年留学美国，1991年获纽约大学物理系博士学位。1992—1995年，担任新加坡南洋理工大学研究员。1995—1996 年，获得美国纽约大学物理系博士后。1996—2018 年，担任美国爱达荷州博伊西美光半导体公司特级工程师。2018 年回国，担任武汉长江储存科技有限责任公司科技高管。

殷绥公，生于 1928 年。1951 年毕业于苏州东吴大学生物系。1952 年起，任教于沈阳卫生学校。1958 年起，任教于沈阳医学专科学校。1963—1969 年，担任吉林医科大学讲师、副教授。1978 年后，担任沈阳农业大学教授。1992 年起享受国务院政府特殊津贴。殷绥公是昆虫学专家，曾任辽宁省动物学会理事、辽宁省昆虫学会常务理事。

殷之贤，生于 1929 年。毕业于苏州东吴大学化工系，教授级高级工程师。1952 年参加工作，长期从事钢铁联合企业和金属制品企业的总设计师工作。负责鞍山钢铁厂的设计建设工作，担任邯郸钢铁厂、济南钢铁厂、贵州钢铁厂的设计总负责人，负责湘潭钢铁公司、无锡钢丝绳厂、马鞍山钢丝绳厂、天津钢丝绳厂的设计，任设计总工程师。1978—1989 年，任重庆钢铁设计院宝钢设计总队副队长兼宝钢工程总设计师，负责宝钢一期工程和二期工程的总包设计和有关项目的设计，并任宝钢工程指挥部对外商的设计联络总代表。获得优秀设计工作者、优秀总设计师等多项荣誉称号。著有《钢铁企业余热利用》《钢铁企业设备防冻对策》《炼焦炉水压计算》《钢铁企业合理利用能源降低能耗的若干有效途径》及《优化设计程序缩短设计周期》等。

甪直殷家开花散叶，除了以上介绍的之外，还有许许多多的殷家儿女，在浩瀚星海，留下星光点点。他们留下的足印，消失于历史的长空，却铭刻于甪直人民的心底。譬如：殷绥和，美国康奈尔大学教授；殷绥达，武汉电力试验所高级工程师；殷绥平，无锡第四人民医院副院长；殷绥均，美国匹兹堡西屋电气公司培训部主任、特级工程师；殷绥玉，天津城建学院建筑系主任；殷绥君，海军某医院正师级大校；殷绥域，中国地质大学博士生导师、教授；殷之龙，沈阳东北电管局教授级高级工程师；殷之慧，中国体育报社高级编辑；殷之苏，北京化工局化工设计院高级工程师；殷之锐，昆明水利局高级工程师；殷之瑜，上海华东医院主任医师；殷之放，上海针灸研究所主任医师；殷人昆，清华大学计算机系教授；殷人琦，中国水电科研院办公室主任、高级工程师；殷建男，美国乔奇亚化学公司高级化工师；殷人和，美国洛杉矶高速公路副总设计师、高级工程师……

吉溪浜，是一条波澜不惊的河流，河流北侧，是甪直殷氏家族的聚居区。那里没有姓吉的人家，这个"吉"，也许就是吉利、吉祥的意思。晚清以来，甪直殷家仿佛"吉星高照"，人才层出不穷，难怪乡民会啧啧称羡"殷家的儿子"，他们个个才华出众，能独自撑起一片天空。殷家重视子女教育，立足甪直，放眼世界，前途不可限量。

唐代诗人殷陶有副对联："万古只应留旧宅，千金无复换新诗。"意思是说，光阴似箭，万事皆空，唯有祖宅留人间，这是家族的根；你留下再多的钱，不如你的后代子孙有文化，有文化才能承先启后，光耀门庭。

甪直名门望族之陈家

宋室南渡，迁都临安（今杭州）。不少臣民为了前途与生计，跟着南宋皇帝来到苏杭。几个陈姓人，从安徽凤阳迁徙到苏州甫里（今甪直），有的在农村，有的在古镇。

大姚村位于甪直的东南，它的东侧是一个湖荡，相传水底下是古摇城的遗址，俗称沉湖。南宋初期，江南发了几次洪水，沉湖面积越来越大。陈家扎根于大姚村，走的是"学而优则仕"之路，逐渐发迹，涌现出左副都御史陈瑶、探花陈仁锡、著名书画家陈道复等杰出人物，不断有名人雅士前来拜访，吴宽、沈周、文徵明、文震孟等名士，都是陈家的朋友。他们泛舟湖上，陶醉于旖旎风光，情难自抑，留下了一些墨宝。也许是文人们出于对陈家的敬重，他们在诗书画作品中习惯于把这个湖泊称为"陈湖"。据《吴郡甫里志》记载，陈湖的名字，从南宋一直延续到晚清，有数百年之久。民国年间始称澄湖。

甪直古镇在南宋已略具规模，陈家人来到镇上后，打工、种田、读书，立稳脚跟，徐图发展，走的是"学而优则医"之路。从元代的陈良炳、明代的陈公贤等太医院"国手"，一直到民国年间的陈芳洲等，历五百多年，世代行医。陈家还做了许多善事，明万历间的陈双萱，修建了正阳桥和寿昌桥，清康熙年间的陈惟中，参与重修甫里书院，并编纂《吴郡甫里志》十二卷，留下了翔实的文史资料。甪直古镇区有两个地名与陈家密切相关，一是陈家桥（兴隆桥），乾隆三十年（1765）陈襄臣参与捐资重建；一是陈家浜，陈家人聚居之地。

树德堂陈家

据尤侗的《树德堂记》载："甫里陈氏，自宋南渡由凤阳迁吴，以医术传者，已十有三世也。"陈氏世医，自元代翰林学士、同知太医院事陈

陈家桥

良炳开始，传至清康熙年间的陈惟中、陈惟康兄弟，已有十三世了。其世代行医，历年之久，在吴地乃至全国来说，并不多见。

陈良炳是元末名医，尤精儿科，诊所初名"慈幼堂"。因其医术精湛，且有文才，被选为翰林学士，以医任同知太医院事。他的孙子陈道，是明洪武年间的著名儿科医生。陈道之子陈彦赋，精于儿科医术，名著当时。古代医家的名声，不靠广告靠疗效，完全是从口碑积累而来。

陈道的后裔陈公贤，原名陈庆，字公贤，一字公尚。他七岁丧父，长大后随叔习医，成为明代中期著名的儿科医生。明成化年间征召为太医院医生，至京都，后因母亲年迈告归。母亲逝世后，再次被召入太医院，入御药房，不久授御医。陈公贤医术高明，用药辨证，所开药方"累奏其效"，于是晋升为太医院院判。明孝宗即位，授迪功郎。他医德高尚，看病多恻隐之心，对贫寒的病人不但不收费，还周济人家。

陈公贤的长子陈宪，字文中，从小得家传，亦精儿科，治痘症多奏奇效。有个徐家的孩子，患痘脾泄，"众医皆谓不治"。陈宪诊断后认为有救，以前只是没用对药。他说："此疾非附子不疗。"于是在药方中用附子，"一剂见效，再投而愈"。他医者仁心，深受百姓爱戴。

陈公贤的次子陈宠，字希承，号春斋，继承家业，以儿科著名。明代弘治年间征召入京，为宫中典药，用药有神效。明孝宗喜其恭谨，拔为御医，后升为太医院院使，加秩至右通政。

陈公贤的裔孙陈履端，精通儿科，又善书法，名扬江南。陈履端之子陈如珍，继承儿科医术，改慈幼堂为树德堂。虽然追根溯源，用直古镇陈氏的先祖为陈良炳，但确立树德堂名号的第一人，应为陈如珍。

陈孜，是陈良炳八世孙，精于儿科医术，长寿老人，卒年九十三岁。陈如春，是陈孜之子，以儿科医术著名，为甫里陈氏医业九世孙。陈于廷，是陈孜之孙，也是陈良炳的十世孙。其青出于蓝而胜于蓝，治病奇效，闻名四乡。

中医讲究"望闻问切"，小孩不能讲述病情，又很娇弱，给对症下药增添了难度。用直陈家世代精研儿科，经验丰富，往往药到病除，因此名声大噪。当时在陈家门口，每天排满了等候看病的患者。有的家境贫困，没有买药的钱，陈郎中就免费施药。有的病家写了欠条，陈郎中并不催讨，到了年底，就把一叠欠条扔进炉子烧个干净。陈郎中知道病家的苦衷，并非有意拖欠不给，实是囊中羞涩，生计维艰。尤侗由衷感叹道："古人不为良相，即为良医，以尔师方术道义，当为医中宰相。"

陈家人不但世代行医，还重修过千年古刹保圣寺。明成化二十三年（1487），左善世璇大章回用直省亲。璇大章俗名陈大章，早年丧父，小时候到保圣寺出家当小和尚。左善世一职相当于中国佛教协会会长，明初的姚广孝就担任过这个职务。璇大章在北京主持大兴隆寺，很得皇上恩宠与信众膜拜。他很有孝心，这次回来，把孤苦伶仃的母亲接到了保圣寺的爱日堂，让她颐养天年。第二年，璇大章经浙江普陀回到用直，见保圣寺殿宇破损不堪，有坍塌之险，遂进行募化。由于他是京师高僧，声望颇大，募化时得到大家的热情捐助。当年八月，雇匠拆建，至来年五月，共建殿堂七座，庑廊六十间。殿宇巍然，焕然一新。工程竣工，璇大章复回京城大兴隆寺。昆山归有光应保圣寺住持法慧之邀，写了篇《保圣寺安隐堂记》，详细记录了璇大章募资重建保圣寺的经过。

明中期后，陈氏没人进太医院了，影响力有所减弱。实际上在甪直，陈家人仍然在行医和行善。明万历间，陈世贤捐资在甫里塘修建了五座石梁桥，桥名分别为：祥里、文昌、塌水、迎阳、聚隆，但乡民为感激陈氏义举，将五座桥通称为"陈世贤桥"。

明万历间的陈双萱（字云鹏），疏财仗义。许廷铼在《重修正阳桥记》记载了陈双萱捐资重修正阳桥（俗称东大桥）的事迹。朱玉诜在《寿昌桥记》中云："吾吴素称泽国，当吴淞江之东，有镇曰甫里，其地介长、昆两邑，烟火所望，不下数千家，川回水复，往来者每以徒涉为艰，明万历间有云鹏陈君建寿昌桥于市南，远近村落及四方商旅之出于是者咸赖焉。"陈双萱出资建造了甪直古镇南端的第一座桥"寿昌桥"，桥基南侧阳刻"遥山黛影分江路，夹岸钟声过客船"，北侧刻"波静清江环竹院，日临晓市集云帆"。寿昌桥（俗称南大桥）的修建，大大便利了附近乡民出入和农商贸易。

陈启胤，是陈良炳十一世孙，明万历七年（1579）举孝廉，世以医名。陈吾典，字继培，是陈良炳的十二世孙，精通医术，专攻幼医。清康熙四十一年（1702），陈吾典恢复了中断近百年的树德堂，重振医业。陈吾典的儿子陈惟中和陈惟康，都是医中高手，陈惟中更是儒学精进，热心修纂地方志和家谱，并请好朋友尤侗为树德堂作记立传。

为什么叫树德堂呢？尤侗的《树德堂记》一文提到：伍子胥曾经说过，一年之计树谷，十年之计树木，百年之计树人，至于树德，则亿万年也没有终点。以事立德，以德立人，正是甫里陈家矢志不渝的追求。

陈惟中，字尧心。子承父业，以医著名，尤擅儿科。陈惟中是长洲儒学高材生，热心公益事业。康熙二十六年（1687）八月，陈惟中与陈汝璟、许心增、郏鼎等二十余名生员，联名上书申请重修甫里书院，得到了江苏巡抚汤雄等人的批复。康熙四十六年（1707），陈惟中有感于"往者金问川、赵甫阳诸先辈，曾有纂集里志之举，惜未成书，沧桑以后复散佚",于是立志纂修《吴郡甫里志》及家谱,终成书,功莫大焉。

陈明智,清康熙年间昆曲演员。他的兴趣不在农工商,也不在医术,偏喜昆曲表演。原在甪直一带农村草台班演戏,并未引起人们重视。有一次,偶入苏城,适遇昆曲名班寒香部在苏城显贵人家演出,班子人才济济,名角众多,独缺净角。熟人便荐陈明智临时入班充数,扮净角参演。陈明智嗓音洪亮,唱做俱佳,一鸣惊人,深得观众和同行的赞赏,被誉为"甪直大面"。康熙二十三年(1684)十月,康熙帝南巡苏州时,观看了陈明智的演出,颇为赏识,予以嘉奖,并将其选入清宫内廷,前后达二十年之久,后其因年老而告归。陈明智乞请在苏州虎丘山塘街建造普济堂,以救济黎民。康熙批准并赐"普济群黎"匾额。陈明智的善举大得人心,普受赞扬,人们都称他为"陈善人"。

明代是树德堂陈家的鼎盛时期,名医辈出,义举频频,陈家人

寿昌桥

陈芳洲故居

还在古镇区的南部、寿昌桥的西侧,置地建屋,自发形成一个村落。因村中以陈姓人家为多,故称"陈家浜"。树德堂的后人,并不都住在陈家浜,也有另外置业者,居住在甪直古镇其他地方。

清康熙以后,树德堂很少有名医著称于世,但地方志上没有记载,并不代表陈家就没人行医了。直到民国年间,陈家仍有不少人投身杏林,继承着先祖的医业。比如陈芳洲,中医内科,开业于中市下塘众安里,从1940年营业至1956年;陈见恒,中医内科,开业于中市下塘街,从1933年营业于1945年;陈治康,中医外科,开业于中市上塘街,从

1938年营业至1948年；陈振家，中医伤科，开业于东栅上塘，从1945年营业至1950年。

当代一些陈家后人，虽然没有继承医业，但在各行各业施展才华，卓有成就。如陈祖怡，生于1932年，南京自动化技术研究所所长、高级工程师；陈祖愉，生于1933年，江苏省新沂市农业局农业研究所高级农艺师；陈中华，生于1938年，北京机械工业自动化研究所研究员；陈鉴铭，生于1938年，浙江省杭州市电力设计院设计师、教授级高级工程师；陈俊彦，生于1940年，原冶金部自动化研究院高级工程师；陈璐，生于1952年，美国纽约州立大学高级工程师；陈阳，生于1967年，苏州市东吴建筑设计院院长、高级工程师；陈露，生于1971年，苏州工业园区建筑设计院高级工程师。

怀宁堂陈家

用直古镇区还有支怀宁堂陈家，他们的祖先与树德堂陈家和大姚村陈家一样，都是南宋初期从安徽凤阳迁徙而来，只不过，怀宁堂这支起初到的是昆山，传到明末清初的陈奇谟，才从昆山迁居用直。他们主要居住于古镇区的东市下塘街，位置在太平桥西和广济桥南堍一带。现代教育家叶圣陶青年时在用直教书，就租住在怀宁堂陈家的跑马楼上。他利用业余时间，勤奋写作，还编过中国新文学史上第一本诗刊。

清乾隆间彭方周的《吴郡甫里志》收录了七篇关于怀宁堂陈家的人物传，分别是：唐甄的《陈孝若先生传》、韩孝基的《青溪陈君传》、徐陶璋的《陈君子飞传》、王开基的《陈子渭磻传》、沈德潜的《陈君常庵传》、王孝咏的《孝子陈常庵传后》、沈慰祖的《陈君砚堂传》等，由此亦可见陈家是当之无愧的名门望族。

用直怀宁堂首祖陈奇谟，号孝若，明代昆庠生，以孝义著称，明末清初时，携家带口迁居甫里，著有《天放散老诗集》。陈奇谟的长子陈开震，字东癸，一字青溪；次子陈夏，字仁洽，一字常庵，昆庠增生，旌表孝子，建坊里中；三子陈日新，孝义著于乡里。陈开震的儿子陈璜，字瑗文，一字渭磻。陈夏的儿子陈朱组，字佩寅，一字砚堂。陈日新的儿子陈襄（1637—1708），字匡叔，晚号子飞，英敏过人，善于调解邻里纠纷，康熙四十五年（1706）乡饮介宾。

晚清时期的陈凤藻，是甪直地区最后一位进士。据他在会试朱卷上填写的考生资料，"世居苏州省城葑门外甪直镇"，他的祖先叫陈奇谟。他的祖父叫陈铎，字子宣，诰赠中宪大夫、户部主事加四级。他的父亲陈希骏，字岭梅，敕授修职郎，诰赠中宪大夫、户部主事加四级。

陈凤藻，字翰丹，号孟掞、行一，出生于清同治丙寅年（1866）四月二十五日。乡试中式第五十五名。光绪十六年（1890）会试中式第十八名，复试一等第五十五名。光绪十八年（1892）的殿试中，陈凤藻获三甲第十七名，被安排在主事分部学习。朝考二等第二十九名，被钦点主事签分户部云南司，相当于在户部云南司当一名公务员。

陈逊先（1893—1980），名绍祖，字逊先，以字行。为人正直，平易近人，常以"俭以养廉"自励。早年就读于甫里书院。光绪三十三年（1907），入苏州府前中学读书。1915 年，上海吴淞中国公学政治经济科毕业后，回家乡任教于甫里小学。1927 年，经地方推荐参加县里区长训练班培训学习，结业后分派担任吴县周（庄）陈（墓）区的区长，没有就职，仍回甫里小学教书。1929 年，升任校长。1937 年，日军占领甪直后，毅然离职，蓄须吃素。抗日胜利，复任甫里小学校长，以全部工资作为贫苦学生助学金和补贴学校办公费用，兼任私立甪直初级中学校董事会董事长。他掩护地下党活动，助资扩大"青年图书馆"，成立"自励健身院""工商自卫团"，开办"职工业余学校"。中华人民共和国成立初，当选为吴县首届各界人民代表会议常务委员和苏南区各界人民代表。1951 年，任吴县抗美援朝分会副主席。1956 年，当选为吴县政协副主席、江苏省政协委员。1957 年，任县政府教育科科长，次年任文教局副局长。1959 年起，任吴县政协专职副主席。

陈继昌（1906—1930），原名陈寿銮，居住在甪直镇东市下塘 142 号怀宁堂。上小学时是叶圣陶的学生。1919 年，陈继昌参加了"五四运动"，印发传单，宣传爱国思想。小学毕业后，到上海浦东中学求学，后因参加学生政治活动，被学校开除。后随父亲去武汉汉口电报局当学徒，再到四川夔州当实习生。1926 年，调至南京电报局当报务员。1930 年 7

怀宁堂陈宅

月,他根据党组织的指示,积极鼓动电信局工友以"提高待遇,反对政治迫害"为由集会罢工,致使全局业务瘫痪,南京与各地联络中断,引起南京政府的恐慌。是年 7 月 29 日,南京卫戍司令部军警包围电信局,逮捕了陈继昌等十人。陈继昌受尽敌人各种刑具折磨,威武不屈。8 月 18 日,被害于雨花台,年仅二十五岁。

陈大猷(1919—1987),生在太平桥南堍怀宁堂陈家。1942 年,毕业于上海沪江大学化学系。1956 年 10 月加入中国共产党。历任上海鸿源化学厂副厂长,上海合成橡胶研究所副所长,四川晨光化工研究院二厂副厂长,晨光化工研究院一分院副院长、院长兼总工程师,晨光化工研究院副院长兼总工程师等职,为中国聚四氟乙烯塑料的技术开发和诞生,殚精竭虑,并在有机氟材料的研究、发展、推广应用中做出了重要贡献。他是晨光化工研究院的总工程师、高级工程师,四川省第五届人大常委会委员,中国化工学会和石油化工学会理事,四川化工学会理事,中国化学工业有机氟行业的创始人之一。

陈大元(1933—),出生于甪直怀宁堂,是陈遂先的侄子,幼时居住在眠牛泾浜。小学就读于甫里小学。1957年毕业于山东大学生物系胚胎学专业,1957年9月统配到北京中国科学院动物研究所,任实习研究员。20世纪70年代升为助理研究员。1981—1984年获美国洛克菲勒基金会支持赴美国爱荷华大学医学院深造。1984年2月回国,在原单位从事受精生物学研究,1985年晋升为副研究员,1990年晋升为研究员、博士生导师。1995年被评为中国科学院动物研究所首席研究员。克隆出世界上最早一批大熊猫早期重构胚胎。曾获国家级、中科院和省部委级一、二等奖十一项,发表科学论文三百一十二余篇。

怀宁堂陈家,定居甪直的时间,相比于其他陈家兄弟稍晚,但从清初至今也有近四百年历史,根深叶茂,人才延续不断,淡泊明志,渐现细水长流的好处。人与一地之缘分,不在早晚,而在恒远。

"怀宁"者,有虚怀若谷、宁静致远之意。在吴语中,"怀宁"的谐音,既似"怀银",寄托着家族兴旺发达的希冀;亦似"怀人",满怀着家族兴盛、人丁兴旺的期许;又似"怀仁",流露出宽以待人、仁治天下的家国情怀。

大姚村陈家

大姚村,位于甪直镇东南部,濒临澄湖,风景秀美。大姚村一带,有崧泽文化时期的澄湖遗址,有春秋战国时期的摇城遗址,有始建于梁代的大觉寺遗址,有省级文物保护单位大觉寺桥……

宋代书画家米芾曾游历苏州,寓居大姚村。当时大姚"为江中一岛,水雾兼葭",旁边的湖泊只有几千亩,还没有现在这么大。米芾喜欢这里的淳朴乡情,把女儿嫁在了大姚村陈家。米芾看出陈家虽然初来乍到,却渔樵耕读，井然有序，很有发展前景。后来的事实证明，米芾眼光独到，大姚村陈家确实是"潜力股"。

米芾的长子米友仁（1074—1153），字元晖，小名寅哥、鳌儿，黄庭坚戏称他为"虎儿"。米友仁是南宋著名的书画家、收藏家、鉴赏家，官至兵部侍郎、敷文阁直学士。由于妹妹在大姚村，他就经常来陈家做客。大姚村物美林茂，环境清幽，水产丰富，竟让他流连忘返。米友仁在此创作了《大姚村图》《姚山秋霁图》《云山图》等作品。明代画家沈周收藏了米友仁的诗书作品《寓大姚村所书三诗》，沈周与大姚村的陈璚交情笃厚，把这幅书法作品赠给了陈璚。

陈璚（1440—1506），字玉汝，世居甫里大姚，明成化戊戌科进士，选庶吉士，历兵科给事中、大理寺少卿、南京左副都御史等职。与李东阳、沈周、吴宽、王鏊等交游。著有《成斋集》。陈璚除了文才出众、为官有方之外，还平荡寇乱，得到皇帝的嘉奖。陈璚的弟弟叫陈珪，字东湖，成化年间承事郎。陈珪有个儿子叫陈钰，字以鼎，号附庵，嘉靖己丑科罗洪先榜进士，贡授福宁州同知，卒于任上。

陈道复（1482—1544），初名陈淳，字道复，后以字行，别号白阳山人。陈道复是陈璚的孙子，明代著名书画家，吴门画派的杰出代表。《吴郡甫里人物考》载其："长洲儒学生，少从文徵明游，能文词，善书画，自成一家，尤工写生，淋漓疏爽，不落蹊径……所居曰五湖田舍，艺花种鱼，极幽栖之胜……"陈道复的父亲陈钥（1464—1516），字以可，号韦斋，与文徵明是好朋友，往来频繁，在耳濡目染之下，文徵明也就成了陈道复的启蒙老师。文徵明曾寄语陈道复"最是世心忘不得，满头尘土说功名"。文徵明与陈道复父子谊厚，视大姚村为第二故乡。

陈道复的画与徐渭的画并称"青藤白阳"，其书法与祝允明、文徵明、王雅宜合称"吴中四名家"，代表作有《杜诗卷》《武林帖》《花卉卷》《山茶水仙图轴》《秋葵轴》等。陈道复的一些作品，现收藏于南京博物院、北京故宫博物院和台北"故宫博物院"等。他的儿子陈枚和陈栝，一善书，一工画，颇有造诣。

陈璚的从孙陈椿，字子年，是嘉靖乙未科进士，历官刑部郎中，擢

陈道复画作

湖北荆州知府。陈椿的父亲叫陈濡,字希原,号西江,封刑部主事。

陈道复的儿子陈允坚,字贞甫,自号毅端,以学行为乡里所推,明万历乙未科进士,曾任浙江诸暨、崇德二县县令,很有清廉的名声。任期满后升为吏部主事,不久便病故了。

陈仁锡(1579—1634),字明卿,号芝台,是陈允坚的儿子,从小笃志好学,博览经史。十九岁便乡试中举,后考取天启壬戌科文震孟榜一甲第三名(探花),授翰林院编修,不久任经筵日讲官,掌典诰敕。父子进士,门庭显耀。陈仁锡秉性耿直,为人正派,因触犯阉党魏忠贤,削籍归。崇祯初起原官,署国子司业,预修神光二朝实录。几年后担任南京国子监祭酒,刚接受任命,就因病去世。后赠詹事,谥文庄。著有《义经易简录》《周礼句解》《四书语录备考》《六经图考》等诗文集千余卷。

陈仁锡不但博学多才,为人清正,还乐善好施,在世时曾捐出多年积攒的奉银六百余两、郭田三顷,设立赡族义庄,交由叔叔陈允昌管理,资助族中贫困好学者。他还修葺先祖陈璂的牌坊,另置买义庄一所,世为公产,帮助族人。陈仁锡的高风亮节,为人称颂。他去世后,著名学者、抗清名臣、官至武英殿大学士的黄道周,为他撰写了墓志铭。

陈璂的曾孙陈楠,字让甫,号九泾,"以曾祖璂除寇功,荫锦衣卫百户"。陈楠的几个弟弟都很有学问,陈桂是国学生,陈柱是山水花鸟画家,陈子贤是太医院医士,陈子茂官至都司都事。

陈载锡是陈仁锡的堂兄弟,字三卿,长洲儒学生,为人诚朴,有《云间草堂诗》。陈载锡抚养侄儿陈景琇,饮食教诲,视如己出。陈景琇考中清康熙乙丑科进士,授山东德平县知县,著有《斗溪诗稿》。陈仁锡的孙子陈睿思,字匡九,长洲儒学生,力学能文,康熙壬午科举人,官安徽宣城教谕。

陈家之于大姚村,是明珠般的存在。大姚村陈氏一脉,明清就出了六位进士,相当了得,从事文艺或入朝为官者,更是多不胜数,如:陈枎,字子茂,浙江都司都事;陈津,字通道,兵部郎中;陈健,字以严,兵部员外郎、奉直大夫;陈可琴,能诗,精音律,自号东洲子,有《幽居小草》。大姚村原有陈璚的进士府和陈仁锡的探花府，可惜世事变迁，已无踪迹。

一镇三陈，他们是相互依存的关系。他们五百年前是一家，然后来到一个共同的风水宝地——甪直，各自以不同的方式，维系和发展着家族。所谓"英雄所见略同"，他们的出发点和归宿地不谋而合，说明甪直是他们圆梦的地方。

一部甪直名门望族史，几乎占据了甪直人文历史的半壁江山。翻开甪直古镇的地图，几大家族构成古镇版图的一个个板块。他们并驾齐驱，又各有千秋，或耕读传家，或经商致富，或悬壶济世，但他们有个共同点，都是德善之家，为国、为家、为民，襟怀坦荡，风范垂世。《论语》有云："慎终追远，民德归厚矣。"今天，我们纪念他们，正是为了沿着他们的足迹，自强不息，厚德载物，让甪直的明天更美好！

第四辑 吴淞随笔

寻根觅源话甪直

甪直,古称甫里,素有"五湖之汀""六泽之冲"的美誉。清康熙年间,江苏巡抚汤斌曾说:"府东巨镇,首推六直,原名甫里。"

甪直风物清嘉,人文荟萃,是久负盛名的历史文化名镇和诗意水乡。尽管,甪直的"甪"字有点生僻,许多人不认识,然而,一旦你走近它,感知它的内涵与风情,便会魂牵梦萦,没齿难忘。

方圆一里称甫里

了解甪直的历史,先得从甫里说起。

相传春秋时期,吴王阖闾在甫里境内修建行宫,留下阖闾塘、宫殿村(今公田村)等遗迹。吴王夫差在吴淞江畔(今淞南村)修筑梧桐园,俗称"吴宫"。当地至今尚有"梧桐秋,吴宫愁"之谚。宋代范成大《吴郡志·古迹》云:"吴宫乡,在今长洲东南五十里,相传吴王别宫,然举无旧迹矣。"在两位吴王修筑的行宫之间,有个村落,方圆刚好一里,故名"甫里"。

宋《吴郡图经续记》卷下有云:"陆龟蒙宅,在淞江上甫里。"清乾隆年间彭方周《吴郡甫里志·甫里志叙》云:"甫里,居郡之东,当淞之冲,为陆鲁望先生钓游终隐之地,而名遂与之俱传。"旧时,甫里村内有甫里庙,亦名甫里先生祠。范成大《吴郡志》云:"乡人祠陆龟蒙于此,至今不废。"陆龟蒙是晚唐文学家,晚年隐居甫里,自号甫里先生。其诗文和高风亮节,素为文人倾慕。甫里因了甫里先生,声名远播。

清代乾隆年间《苏州府志》载:"甫里塘自界浦以西,纵广约里许,故曰甫里。"意思是说,界浦以西至甫里塘,大约一里,所以此地叫甫里。这种说法是不确切的,因为"甫里"的地名早在甫里集镇形成之前就已存在。界浦是甫里与昆山六直之间的界河,可追溯至宋代,而"甫

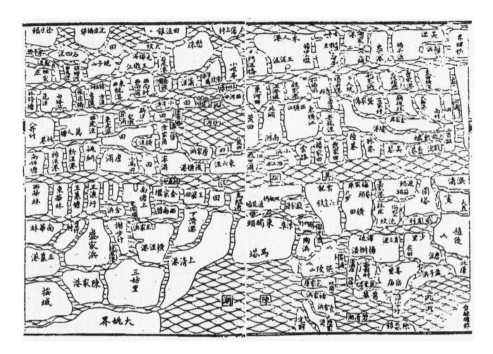

甪直地区水域图

里"名称在唐之前就有了，显然不是"甫里塘自界浦以西，纵广约里许，故曰甫里"，就像有人说"甫里因甫里先生隐居于此而得名"，这是本末倒置了。

甫里村在春秋时代就有了，形成集市始于南北朝（镇上的保圣寺建于南朝梁天监二年，503年，自此，信众日增，甫里村不断扩大），形成集镇的规模约在宋元时期（中美桥建于北宋，为镇北端之中心桥，可见当时的甫里集镇已具一定的规模），明代才正式成立建制镇，甫里为长洲五镇之一。

明清时期，甪直出了许多进士和举人，传播了文化，带来了人气。明中叶居住在东市下塘的许自昌，筑梅花墅，为吴中胜景，一时名人高士云集，文风兴盛。明代文学家归有光寓居保圣寺，作《保圣寺安隐堂记》，记录了保圣寺的兴废历程和重建经过。

康熙年间陈惟中《吴郡甫里志·自序一》云："吴郡文献甲海内，

长、昆两邑复甲于吴。甫里则介两邑之间，滨吴淞江，固弹丸下里也。自唐甫里先生隐于此，以风雅名节著。后之生此寓此者，闻风兴起，名贤辈出，声名文物之盛，几与名州大邑等。"陈治策作《甫里志序》云："去邑治东四十余里有镇曰甫里，为唐先贤陆鲁望故所居地，映山带湖，林木苍郁，生其间者多高才，博学矫矫，绝俗之士。"可见，当时甫里已人文鼎盛，声名远扬了。

"甫"的含义，主要有以下几个：

1. 方才，刚刚。

2. 在田里长得壮健的新苗。

3. 通"圃"，种植果木瓜菜的园地。

地名中"里"的含义，主要是指：

1. 从田从土，适合人居住的地方。

2. 街坊，乡民聚居之所。

3. 路程，三百六十步（此步为丈，非脚步之步）。现五百米为一里。

综上，甫里之所以叫"甫里"，既是因为村落方圆刚好一里，也是因为这里是个典型的鱼米之乡，草长莺飞，物丰民殷，是宜居的风水宝地。

众说纷纭话甪直

从"甫里"到"甪直"，名称并非一下子转换的，而是相互交叉和混用的。关于"甪直"这个名称的来历，众说纷纭，大致有以下几种。

1. 甪端说

从甪直牌楼处进入古镇，映入眼帘的是一尊叫"甪端"的雄伟石雕。

甪端，古书《山海经》中记载的异兽，独角，日行一万八千里，通晓四夷之语，保佑地方风调雨顺，护卫和辅佐明君，为吉祥之物，故在皇帝办公的地方常有甪端陈设。古香熏炉上常见。古代其还作为镇墓之兽，驱邪避祟，扶正消灾。清朝著名学者张澍在《凉州府志备考》中记录南朝时凉州地区（武威）出现过这种动物："武威进兽，一角，羊头，龙翼，马足，父老亦莫之识。"由于世间少有，甪端又被人们称为"神兽"。

如今你到甪直旅游，导游会告诉你，在秦始皇统治时期，甪端遭宫廷追杀，疲于奔命逃难于此，善良的用直人收留了它，它见用直是处风水宝地，又民风淳朴，就留了下来，成为用直的保护神。其实，那是杜撰的传说。用直的名称明代才有，把秦朝发生的用端故事安在明朝才现身的用直身上，明显穿越了。用端与用直的关系，实际只有几十年。在20世纪90年代初，用直刚开始旅游开发，镇里一位领导偶然从一本书上得知古代有异兽用端，因为"用端"和"用直"都姓"用"，他突发奇想，决定把用端引进用直。自此，用端成为镇守用直门户的守护神，成为用直的图腾。

2. 象形说

用直地处苏州水网地区，河道纵横，桥梁密布。在用直古镇区，就有东市河、西市河、中市河、南市河、西汇河、眠牛泾浜、陈家浜（又名衙门浜）、马公河、吉家浜、界浦江、北港、思安浜（原名丝行浜，丝绸布匹行聚集地）、金安浜（原名金行浜，金银首饰加工聚集地）、甫里塘等众多河道。

用直民间有个说法，用直之所以叫用直，是因为市镇内几条主要河道形似"用"字。金安浜是"用"字上面一小撇，东市河和西市河形成"用"字上面一横，马公河是"用"字左边一撇，界浦江是"用"字右边一竖，眠牛泾浜是里面一小横，西汇河也是里面一小横，中市河和南市河形成"用"字中间一竖。

根据康熙年间陈惟中《吴郡甫里志》绘的市河图，隐约可见变形的"用"字。1994年版《吴县志》载："用，又酷似镇上三横三竖六条河流走向。"由此看来，"市河六道似用字"，并非空穴来风，现基本被认可。

3. 谐音说

用直自古有"六泽之冲"之说，甫里（用直前身）毗邻的地方，是昆山的六直（后称南港，现为昆山张浦镇南港街道）。清同治十三年（1874）年本《苏州府志》云："六直浦自界浦以东，有大直、小直、直上泾，而一界浦其间，南北可通六处，故曰六直浦，属昆山县。"

明代诗人夏元吉《过六直浦》云："浦名六直因谁得？缘有龟蒙故宅

基。绿醑一杯寒莫酹，倚风为诵旧吟诗。"夏元吉路过的六直浦，其实在当时的甫里境内，即阖闾塘，是贯穿甫里全境的一条东西走向的河流。一些文人墨客不了解六直的来历，误以为六直的名称来源于陆龟蒙，况且，外人分不清甫里与六直的管辖范围，往往混称为"六直"。在吴方言中，"六""陆"同音，难怪有人会联想到陆龟蒙。

自明代起，"甪"字就出现在甫里和六直了。流传比较广泛的说法是，吴方言中，"六泽""六直""甪直"，读音是相同的，而不明真相的群众，在日常交流中，只管念出来的音调是"甪直"，至于怎么写，那是文人的事了。

4. 误会说

清康熙年间陈惟中在《吴郡甫里志》"正讹"一段中云："镇分两邑，属长洲者曰甫里，属昆山者曰六直。若汉初甪里先生遗迹在吴县洞庭山，与镇相隔，今混称为六直及以六直为甪直、甫里为甪里者俱非。"他的这段话，指出了一段隐情，有人误把"商山四皓"之一的甪里先生，当成是"六直"人。

甫里夜泊酬许玄祐中舍

[明] 董其昌

谁知玄度宅，又在五湖汀。隐几时生白，雠书几杀青。

鸭池春浸月，渔火夜浮星。自笑烟波艇，频年问此亭。

——甪里过许玄祐之作

许自昌（1578—1623），字玄祐，号霖寰，又号去缘居士、梅花主人、樗斋道人，又署高阳生。长洲县甫里人。明代戏曲家，文学家，藏书家。文华殿中书舍人。后以养双亲为由告归故里，在甫里"筑梅花墅以娱亲"。许自昌善于经商，时称"吴中首富"，且能诗善文，为人阔达，文人雅士云集府上，名闻江南。

董其昌这首诗的标题是《甫里夜泊酬许玄祐中舍》，他夜里明明住在甫里镇，诗为与许自昌的应酬之作，为何落款为"甪里过许玄祐之作"？从诗句看，他此行的目的地是"甪里"，是去拜访一位叫"玄度"的朋友，经过甫里，询问新作有没有杀青。后人研究说董其昌此行访的是

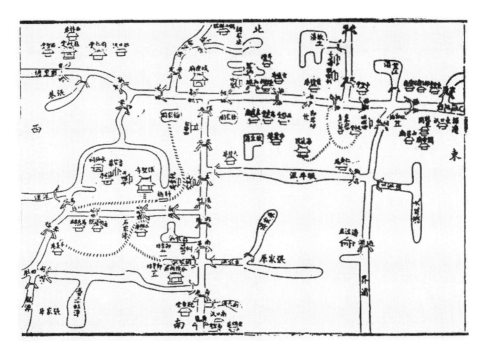

甪直镇区图

《金瓶梅》作者，而许自昌是个书商，或许是许自昌刻印了《金瓶梅》亦未可知。世称《金瓶梅》为"水浒之别传"，许自昌有这一雅好，曾将《水浒传》改编为昆曲《水浒记》。在商言商，不排除他请人将潘金莲出轨等情节改写为《金瓶梅》之类畅销书的可能性。

这个"玄度"是谁呢？东晋文学家许询，字玄度，高阳（今河北蠡县）人，许自昌经常自称"高阳生"，或许将许询尊为祖先，但纵览许自昌的作品，他不具有写作《金瓶梅》的阅历和才气。董其昌诗中的"玄度"应另有其人，"又在五湖汀"，道明了所访之人的去处，也就在"五湖之汀"甫里的附近。许自昌刻印过《李杜集》《笑林广记》等大量畅销书籍，其中有位叫金宗化（字玄度）的，曾为许自昌编过《捧腹编》，他或许是董其昌要找的人吧？

现在大家都知道，甪里先生隐居于苏州西山镇的一个村庄，后来那个村庄就叫"甪里村"。但是，当时交通和传媒不发达，很多人不知道甪里先生隐居在哪儿,也不知道甪里村在哪儿,听说有"六直"和"甫里"挨在一块儿,就自作聪明地把此处当成了甪里先生的故里。久而久之,"讹六直为甪里先生之故里而名甪直",也就有了市场。

5. 混合说

甪直镇(旧称甫里),与昆山南港(旧称六直)接壤,一镇跨二县,辖地犬牙交错,分分合合,很难厘清。

明嘉靖十七年(1537)年本《昆山县志》有载:"甪直镇,在县西南三十里,与长洲县甫里接境,庐舍相错,或名甫里市。"这是最早见诸地方志的"甪直"地名。甫里在明代成为建制集镇,人文鼎盛,农商繁荣,因与昆山甪直(六直)紧紧相依,不分彼此,外人常把两个镇误为一个镇,或称甫里,或称六直。在甪直民间,一向有"昆山一个城,不及甪直半个镇"之谚,可见当时甪直(甫里)之繁荣。

明隆庆、万历年间,昆山县六直镇划入甫里镇。清康熙年间,甫里镇改称甪直镇。《昆山县志》(康熙抄本)载:"甪直镇在县西南三十六里,镇本为长洲县,而东栅则昆之馀区阳区地也。"清乾隆十三年(1748)本《苏州府志》卷第十九载:"甪直,去县东五十里,东西口有汛。东属昆山县,旧名甫里,唐陆龟蒙尝居此……俗讹甫里为六直,又讹六为甪,非也。"道光四年(1824)本《苏州府志》、道光抄本《昆山县志》皆作"甪直镇"。清光绪许起《甫里志·疆里》载:"甫里,一名六直,又名甪直。旧志以元界为甫里(元界指清代苏州元和县),昆界为六直,今不复分矣。"

由此可见,"甫里""六直""甪直"的名称,在过去相当长的时期内,是交织在一起的,是相互混淆的,也是相互融合的,构成了独特的"大甪直"的范畴。中华人民共和国成立后,随着甪直(旧称甫里)和南港(旧称六直)行政区划的确定,关于"甪直"地名的混沌和争议,方始尘埃落定。

甪直的弄堂

甪直民谚有云："三十六条弄堂，七十二顶桥。"一句话点出了甪直的两大特色，就是古桥多和弄堂多。弄堂里有人家，有故事，有摇曳的风情，有我们不知道的悲欢离合。

弄堂是小镇的毛细血管，连接着千家万户的生活。弄堂分两种，一种是明弄，也称亮弄，没有屋顶，周围人家的公共出入通道；一种是备弄，也称暗弄，上有屋顶，原是私人宅邸的出入通道。

甪直的弄堂，不论新旧长短，每条都有独特的内涵。站在弄堂口，瞅一眼名字，就让人浮想联翩。朝里张望，多少柴米油盐和吴侬软语，不经意地飘逸而出，让人倍感亲切，又产生一探究竟的念想。

有的弄堂，以姓氏家族命名，说明弄堂内隐藏着该姓氏的大人家，或是出过该姓氏的大人物。比如位于西市下塘街的金家弄，弄堂南端是暗弄，穿过金家大宅，北端是明弄，金家出过父子进士金应徵、金士衡，还有创办甪直同仁堂的金三才，有"金一帖"之称的甪直名医金里千等。位于东市下塘街的戴家弄，里面有美国工程院院士戴振铎的故居。位于中市街的萧家弄，是萧宅的备弄，萧家出过教育家、实业家萧冰黎，还有获得柏林影后荣誉的香港明星萧芳芳。位于东市上塘街的严大房、严五房等弄堂，虽然是明弄，却是严家人出入的通道，严家宅第连绵，占地数十亩，蔚为壮观，历史上出过严禹沛、严禹镍、严子镕、严修桢等名人。位于东市下塘街的王家弄，出过近代著名政论家、文学家、改良主义思想家王韬。其他如沈家弄、宋家弄、夏家弄等，莫不如此。

有的弄堂，以弄内或旁边的标志性建筑为参照，让人顺藤摸瓜，了解许多历史遗迹和尘封往事。比如东市下塘街的塔弄，昔日弄堂内曾有七层多宝塔，塔在海藏禅院内，清代甫里八景的"浮屠夕照"和"海藏

萧家弄

钟声"都在塔弄内。位于中美桥北侧的府庙弄，原先在弄堂东侧有一座府城隍庙，据传供奉的是春申君黄歇。位于古镇西端的寺浜弄，南通保圣寺，北面曾有小河名寺浜，往来保圣寺的香客船停泊于此。位于东市下塘街的电话弄，弄堂内原有1914年沈柏寒、严子镕、萧冰黎等人创办的吴昆甪直民营电话公司，一个小镇能有电话公司，民国时期是非常少见的。位于中市街的三官弄，弄堂内原有三官庙，供奉天官、地官、水官，也即尧、舜、禹三圣，保佑甪直风调雨顺、民生安康。

有的弄堂，以产业集聚命名，见证了甪直镇以前某些行业的兴盛。比如位于中市街的蜡烛弄，因靠近千年古刹保圣寺，弄堂内有多家以制作和销售香烛为生，还开设有丧葬用品店。位于甪直桥东侧的道士弄（今稻市弄），是做道场、理星宿、做夜烛的道士们聚居的地方。位于正源路西段的石家湾，是石匠们聚居之所在，甪直镇上那几十座古

正阳里

桥，离不开这些石匠的辛勤劳作和精雕细凿。位于南市下塘街的珠宝弄，原先住着一些珠宝商，中华人民共和国成立后开办过珠宝加工厂。位于西汇上塘街的香花弄，直对着保圣寺的大门，弄堂里的小摊常售卖佛香和鲜花之类，以供善男信女进香礼佛之用。

有的弄堂，与居民们的生产生活息息相关。比如位于南市下塘街的牛场弄，在弄堂东面，原先是甪直望族殷家饲养耕牛的地方。位于东市下塘街东段的鱼池弄，是从前渔民们摆水桶卖鱼的地方。位于东市下塘街西段的灰堆弄，是附近卖建材的商家堆放石灰的地方。

还有的里弄，包含了里和弄。里就是居民区，弄就是弄堂。比如：位于东市下塘街的正阳里，中华人民共和国成立后，弄堂口的房子曾是正阳居委会的办公地；糖坊里，当地曾在充公的地主家的空房子里，开办过糖厂和饼干厂，人们在那样灰暗的日子里，也洋溢着对甜蜜未来的向往；席厂里，以前开办过草包厂、织席厂，一为生存，一为安息。位于西汇上塘街的鸿园里，周边的房子原先都是沈宽夫家族的，沈家老宅就在鸿园里的西侧，弄堂口有过一家"人和茶馆"，是家百年老店，承载着甪直人太多的回忆。位于东市上塘街西段的富昌里，俗称"巷门里"，这片地区原先是古镇的闹市中心，富昌，寄托了人们美好的愿望。

  一方水土养一方人。甪直的弄堂，犹如甪直的人，质朴，低调，不显山露水。小巷深深，斑驳的旧墙，写满了岁月的沧桑，而几许新绿，却在屋檐与墙脚，亭亭玉立。走近了，走进了，别有一番滋味在心头。

甪直的双桥

甪直是典型的水乡古镇,费孝通称之为"神州水乡第一镇",茅以升称之为"古代桥梁博物馆",约一平方千米的古镇区,最多时有宋元明清时期各式古桥七十二座,现存四十一座,素有"江南桥都"的美称。

甪直古桥最有特色的地方,是在两河相汇成T字形处,建有两座形成直角的石桥,三步跨两桥,时称"双桥"。一座拱桥与一座梁桥相接,一方一圆,形如钥匙,人称"钥匙桥";两座石梁桥相接,如姐妹般紧密相依,人称"姐妹桥"。

周庄只有一处双桥,因陈逸飞的画《故乡的回忆》和余秋雨的文章《江南小镇》,名声大噪。相距不远的甪直镇,双桥之景却有六处之多,在全国各地乡镇中也是绝无仅有。

我们来分别欣赏甪直的六处双桥景色。

东美桥与交会桥

位于甪直镇东市上塘街的东部,东市河与北港的交汇处。

东美桥始建于明成化二十一年（1485），水叔谦募建。该桥为单孔全环形拱桥，圆环的下半部埋置河底充当桥基，其承载能力比一般拱桥更强，且不影响水流和行船。该桥造型精巧，结构严谨，为明代桥梁中的珍品。早在明清时期，东美桥一带就是热闹的集市区，南堍东侧有活禽交易市场，因此被称为"鸡鹅桥"。

交会桥又名总管桥，因桥堍有总管堂而得名。始建于明代，原为台阶梁桥，后改建为梁式平桥。古代甪直一镇两治，交会桥以东为昆山六直境域，交会桥以西为长洲（元和）甫里境域，桥中为界，甪直古桥"七十二顶半"的俗语，"半顶"即来源于此。

吴冠中的画作《苏州甪直小镇》和杨明义的画作《水乡节日》，即于此双桥处取景创作。

中美桥与环玉桥

位于甪直镇中市街的北端，中市河与东市河的交汇处。

中美桥又名和丰桥，始建于宋代，是甪直镇现存历史最悠久的古桥。桥面虽有改建，但桥拱保留了宋代原构。《苏州古桥》对该桥有如下叙述："始建于宋代，为一单孔十米跨径的石拱桥，主拱券以石灰石并列法砌就，正面有桥碑一块，记载着修桥史实，可惜碑亭已毁，石碑断成两截，现已列为吴县市重点文物保护单位。"

金安桥与环璧桥

环玉桥又名北沟桥，为单孔梁桥。因从前桥上常有卖狗营生，有小贩当场在桥上开膛破肚卖狗肉，故俗称剥狗桥。

从宋代至1990年，中美桥一带向来是古镇的闹市区，店铺林立，人流拥挤。自甪直实施保护古镇、开发新区的方案后，此处贸易集市转向新镇商业区。

金安桥与环璧桥

位于甪直镇西市上塘街中部，西市河与金巷浜的交汇处。

金安桥，又名金巷浜桥、景定桥，建于清乾隆前，为花岗石构单孔梁桥。金巷浜，民间称"金行浜"，明清时期，首饰加工的船只和店面聚集于此，形成了特色手工业片区。

环璧桥，原名永昌桥，习称高家桥，建于明代万历末年，高士标等募建，清道光末金辂重建，易名环璧桥。桥为花岗石单孔梁桥，桥墩为条石叠砌成金刚墙形式。

清道光年间，环璧桥北堍建有敬梓堂，相当于乡镇级的会馆，是个慈善组织，扶危济困，代办丧事，帮助同乡。后因发生火灾，敬梓堂搬到了桥南堍。今北堍尚存旧时高墙，南堍已无敬梓堂遗存。

三元桥与万安桥

位于甪直镇中市街中段，中市河与眠牛泾浜交汇处。

三元桥，又名三官桥，明万历四十二年（1614）周复盛募建，清咸丰十年（1860）重建。桥为花岗石构单孔梁桥。桥西堍的弄堂内原有三官庙，供奉天官、地官、水官（尧、舜、禹三帝），故弄为三官弄，桥为三官桥。

万安桥，俗称矮凳桥，始建于清乾隆之前，花岗石构单孔梁桥。桥面与地面平级，桥栏较低，居民常坐于桥栏上乘凉聊天，故名矮凳桥。万安桥下的眠牛泾浜，明清时通往镇东的梅花墅。民国时期，叶圣陶先生在甪直执教时，从学校到怀宁堂的寓所，每天要经过三官桥和眠牛泾浜。

南昌桥与永福桥

位于甪直镇南市下塘街南部，南市河与吉家浜的交汇处。

南昌桥，俗称牌楼桥，因桥东立有皇帝嘉奖殷家"乐善好施"的牌坊而名，现牌坊移至江南文化园廊桥北堍。该桥为花岗石构单孔梁桥。

南昌桥与永福桥

永福桥，又名吉家浜桥、殷家浜桥，桥上见"嘉庆丁卯（1807）""光绪戊子（1888）"字样，为花岗石构单孔梁桥。晚清由甪直镇民间慈善机构同仁堂募资重建。

寿仁桥与万永桥

位于甪直镇西市上塘街西段，西市河与马公河交汇处。

寿仁桥，原名寿亭桥，俗称庄家桥，因桥边住有庄姓人家。桥为花岗石单孔拱桥。桥南堍有玄坛庙，供奉财神赵公明。此桥始建于明代，清康熙十一年（1672）袁尚忠僧士募捐重建，乾隆三十八年（1773）汪鼎煌重建，同治十年（1871）金辂重建。金辂的建桥资金源于其母亲六十大寿的贺寿礼，寿亭桥因此改名寿仁桥。

万永桥，俗称玄坛庙桥，初建于清乾隆年间，一直为木结构桥，方便西市下塘街居民通往玄坛庙。木桥毁于"文革"期间。2017年重建石梁桥。

泰伯奔吴是真实的吗

"太伯（泰伯）奔吴"的传说，在吴地流传甚广，到底奔吴的是太伯还是泰伯，在古籍中有不同的记载。所谓的苏州泰伯庙、无锡泰伯墓、陕西宝鸡的太伯庙等，都是在他去世几百年甚至一两千年后，人们为纪念他所建，并不能确切证明他来过，他叫什么名字。作为吴地的重要人物，今天我们就来探讨一下，看看他是叫"太伯"还是"泰伯"，他建立"勾吴国"有无依据？

很多人认为，"太"和"泰"在古代是通假字，两者可以通用，因此，叫"太伯"还是"泰伯"，无所谓，反正是同一个人。其实不然。

笔者找来距离太伯（泰伯）生活年代比较近的春秋时期的作品，老子的《道德经》和孔子的学生整理的《论语》，发现"太"和"泰"是两个具有独立意思的字，并非通假字。《道德经》中有"太上"等词，也有"是以圣人去甚，去奢，去泰"和"往而不害，安平泰"等语，可见"太"和"泰"表达了不同的意思，两者不可混为一谈。而在《论语》中，有"太庙""太宰""太师"等词语，也出现了带有"泰"字的句子，如"季氏旅于泰山"，"亡而为有，虚而为盈，约而为泰，难乎有恒矣"，"拜下，礼也；今拜乎上，泰也"，"君子泰而不骄，小人骄而不泰"……很明显，《论语》中的"太"和"泰"，不是通假字，两者各有其义，不可一概而论。

笔者还发现，比较正统的史志中，记叙那段故事出现的名字是"太伯"，而在一些文学作品中往往将其表述为"泰伯"。

司马迁的《史记·吴太伯世家》记载："吴太伯，太伯弟仲雍，皆周太王之子，而王季历之兄也。季历贤，而有圣子昌，太王欲立季历以及昌，于是太伯、仲雍二人乃奔荆蛮，文身断发，示不同用，以避季历。

季历果立，是为王季，而昌为文王。太伯奔荆蛮，自号句吴。荆蛮义之，从而归之者千余家，立为吴太伯。"《吴太伯世家》，记载了太伯奔吴的原因和过程，他不是主动要到吴地来，而是认清了形势，为了避免王权斗争，避免父子、兄弟相残，不得不离开都城。太伯一行先到荆地（今湖北地区），追随者越来越多，由于担心仍被君王惦记，这才远避到吴地，东海荒蛮边地，表明没有争夺王位的态度，如此保全了自己。文史界历来对司马迁的《史记》评价颇高，汉朝的班固说司马迁"其文直，其事核，不虚美，不隐恶，故谓之实录"，梁启超说"史界太祖，端推司马迁"，鲁迅评价《史记》为"史家之绝唱，无韵之离骚"。可见，《史记》的可信度比较高。

宋代范成大的《吴郡志·冢墓》第一条就写的是吴太伯墓——"《吴越春秋》云：太伯卒，葬于梅里平墟。梅里，今属常熟县。又《史记正义》引《括地志》：太伯冢在吴县北五十里，无锡县界西梅里村鸿山上，去太伯所居城十里。《吴地记》又云：太伯冢在吴县北，去城十里。未详孰是。"范成大依据前书《吴越春秋》，记载的是"太伯"，至于太伯的墓到底在哪里，众说纷纭，他也搞不清谁是谁非。明代王鏊的《姑苏志》中关于"太伯墓"的记载，基本照抄了范成大的说法，不再赘述。

为什么会有"泰伯"的说法？源头可能出在《论语》。《论语》中专门有《泰伯篇》，里面涉及"泰伯"的内容，其实只有开头一句，其余内容都与泰伯无关。看来孔子的学生还是"标题党"的元老。《泰伯篇》有载："子曰，'泰伯，其可谓至德也已矣。三以天下让，民无得而称焉'。"这句话说的是孔子对泰伯三让王位的赞美。笔者想说明的是，《论语》是孔子的弟子记录的关于孔子的一些语录，至于孔子有没有说过那些话，原话有没有经弟子篡改或添油加醋，我们不得而知，孔子也不知道，因为《论语》内容没有经过孔子的审核，是在他去世后出版发行的。毫无疑问，《论语》是一本文学作品，而非志书，其史料价值不及志书。或是孔子的弟子搞错了，错把"太伯"讹为"泰伯"，亦未可知。

古代文人从小就读四书五经，于是《论语》中的说法便经他们之手流传下来。晚唐文学家皮日休的《泰伯庙》云："一庙争祠两让君，几千年后转清芬。当时尽解称高义,谁敢教他莽卓闻?"皮日休的好朋友陆龟蒙和诗一首《和袭美泰伯庙》:"故国城荒德未荒,年年椒奠湿中堂。迩来父子争天下,不信人间有让王。"真不愧是一对好诗友,他俩虽然写的是"泰伯",但对《论语》中关于孔子盛赞"泰伯"高义的说法,不约而同提出了疑义,认为"泰伯奔吴"是权力斗争的结果,"泰伯"是避祸,不得不离开王宫,而且离京城越远越安全,要不然会像后来的王莽、董卓那样带来动乱,也会遭遇杀身之祸。废长立幼,长者不甘心,幼者不放心,极可能会带来血雨腥风。"泰伯"远走高飞,更多的是智,而非义。

宋代的杨简写了首《谒泰伯庙》:"三以天下让,先圣谓至德。某也拜庙下,太息复太息。三辞不难知,泰伯无人识。"杨简主要是感叹人们太健忘,很少人知道"泰伯"其人其事了。同为宋代的蒋堂也写了首《太伯庙》:"太伯何为者,不以身为身。逊避天下位,奔走勾吴滨。隐德昭来世,遗祀传斯民。吁此廉让国,合生廉让人。"蒋堂写的是"太伯"让国,却给吴地人民带来福祉。他诗中写的是"太伯",说明宋代的文人对"泰伯"或"太伯"也有分歧。

笔者倾向于接受史书上的说法,奔吴的是"太伯"而非叫"泰伯"。太伯姓姬,名太伯。他来到吴地后,吴地后人尊称他为吴太伯。当时"太"字很多用于名字,特别是在先周时期。《史记·周本纪》有载:"古公有长子曰太伯,次曰虞仲。太姜生少子季历,季历娶太任,皆贤妇人,生昌,有圣瑞。"太伯是周朝先祖古公亶父的长子,古公亶父的妻子叫太姜,太姜生的儿子叫季历。季历的正妃叫太妊(一作太任),姬昌的正妃叫太姒,太姒的儿子叫姬发。《诗经·关雎》就是周朝民间赞美姬昌和太姒的一首诗。太姜、太妊、太姒,是著名的周朝三母,德才兼备,培养了三代明君,带来了周朝八百年的江山。后人仰慕"周朝三母",把妻子称呼为"太太",就是期望妻子如太姜、太妊那样贤良淑德,相夫教子,兴旺门庭。

太伯奔吴时,还在商朝统治时期,他不可能带领队伍浩浩荡荡前来东海之滨开疆拓土,极可能是轻车简从,与弟弟仲雍带少数随从悄悄入吴。况且，当时尚未有吴国，但当地已有原住民，形成一些聚居的部族，从事农耕牧渔的生活。他到来后，或许因才能被推为部族首领。当时吴的概念尚不存在，所谓的太伯建立勾吴国，是空中楼阁，他怎么可能在商王时代创建独立的勾吴国？若他离开周地另立为王，就不叫让贤了。周太王在当时也只是部族首领，直到周太王的曾孙姬发灭商建周、分封诸侯，这才有了吴国。吴国真正的首任国王，是周章，他已经是太伯的玄孙辈了。吴人尊太伯为吴地人文始祖，只是一种名义上的追认，因为在他来之前，吴地已经有人类生活繁衍，而且从玉器、陶器的制作水准及水稻的种植而言，地区文明已达到一定高度，并非蛮荒之地。笔者推测，吴国历史上之所以有"勾吴"的称谓，是因吴国被越国消灭后，勾践为了宣示主权，将吴地称为"勾吴"，暗示吴国属于他的地盘了。"勾吴"也就存在于越灭吴到楚灭越的一百多年间。

至于当时吴人的"断发文身"，既可能在太伯到来之前便已如此，也可能是太伯带来的风俗。吴地湿气重，头发长易生虱子，也会遮挡视线，剪短头发非但不是野蛮之举，反而是文明的举动，是在适应生存环境。至于"文身"，一种可能是保护色，是装饰，一如现在的迷彩服和纹身；另一种可能是以皮肤当纸，文身其实是一种文字，是为了便于相互之间的交流。除此之外，"断发文身"也可能是太伯、仲雍主动所为，是故意丑化自己，表明不想继承周部族王位的坚决态度，是为了保全自己，消除周太王和姬昌的疑虑。弄个新发型，纹个身，吴人觉得新鲜，以为时尚，纷纷效仿，于是"断发文身"成为一种普遍现象。吴人世代不忘太伯，建庙礼祭，说明太伯在吴地做了些好事，口碑不错。

"太伯奔吴"的故事真假参半，司马迁编《史记》的年代距离"太伯"生活的年代有一千多年，尽管编写态度严谨，但素材来源依然有很多臆想成分。我们就当"太伯奔吴"的故事是真实发生的，既然吴人尊太伯为先祖，那么在祭祀他的时候，假若连他的名字都模棱两可，就有失纪念的意义了。而今，对于"太伯"和"泰伯"混淆的局面，到了该澄清和统一的时候了。

甪直的历史有多悠久

甪直的历史，到底是约两千五百年，还是约五千五百年？这个问题困扰了很多人。抚今追昔，其实答案并不复杂。

苏州人习惯把泰伯奉为祖先，源于发生在约三千年前"泰伯奔吴"的故事。其实，早在"泰伯奔吴"之前，吴地土著已存在了数千年。只不过，泰伯把吴地分散的部落制度（原始社会和奴隶社会）收编并推行封建制度。

甪直的张陵山和澄湖地区，出土过距今约五千五百年的新石器时代的大量文物，还有与生产生活密切相关的灰坑、水井、稻田、碳化稻谷、墓葬等遗址或遗物。由此证明，甪直地区也是中华五千年灿烂文明的发源地之一。

1975年，甪直一砖厂在张陵西山取土，张陵西山出土玉镯、玉瑗、玉管、穿孔玉斧、石斧、石锛和大量陶器。1977年5月和1979年9月，南京博物院和吴县文管会清理出墓葬共十六座，出土文物两百余件，发掘概况见南京博物院的《江苏吴县张陵山遗址发掘简报》。1982年，张陵东山出土了璧、琮等成组玉器。南京博物院和甪直保圣寺文物保管所清理出属于崧泽文化、良渚文化、吴文化的墓葬四座，征集、抢救出土遗物三十余件和一些陶片，部分文物现收藏于南京博物院。

张陵山遗址的文化层堆积，自下而上依次是崧泽文化、良渚文化、以几何印纹陶和原始青瓷器为特征的吴文化。与苏州草鞋山、湖州邱城、昆山绰墩的地层叠压关系相同，为长江下游太湖地区的古代文化序列又提供了新的例证。张陵西山还出土了晋代张镇夫妇的墓志铭等文物。张镇曾在苍梧郡、吴郡当过太守，人称"张苍梧"。后人讹传张陵山有西汉丞相张苍墓，实为谬误。

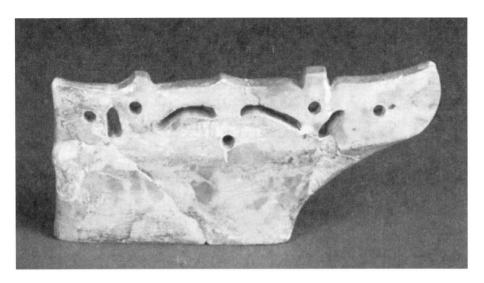

张陵山遗址出土的玉器

1974年春,澄湖西岸的车坊村民在围湖造田时于湖底发现大批文物和古井。南京博物院与吴县文化馆随即配合清理古井一百五十口,抢救出土各类器物一千二百余件。这些器物分别属于崧泽文化、良渚文化、马桥文化、西周及汉至宋各个时期。2003年9月,位于澄湖北岸的甪直镇郭巷村一带,在湖底清淤取土时又发现历史遗存。苏州博物馆和吴中区文管办再次进行了发掘,发现水井四百零二口、灰坑四百四十三个,抢救出土各类文物近五百件。有崧泽文化时期的彩绘陶瓶、黑皮陶壶,良渚文化时期的提梁壶,西周时期的陶尊,东周时期的铜削等珍贵文物。还有一定数量带有中原文化元素的仿铜陶器,因为吴地曾经作为楚国的属地,自然而然吸收了外来的工艺。

据甪直张陵山遗址和澄湖遗址的墓葬及出土文物,在约五千五百年前至三千年前,甪直地区已有多处人类群居村落,人们在此繁衍生息,或打猎,或捕鱼,或耕种,过着天人合一的生活,而他们的制陶和制玉工艺,已达到相当高的水平。

所谓甪直与苏州同龄,具有约两千五百年的历史,主要是指建城史。

甪直地区曾有两处春秋时期的古城遗址。一处是位于吴淞江畔、甫里塘北的吴王夫差行宫梧桐园，至今留有云龙、大库等相关地名。大库是指大的仓库，云龙是龙腾祥云，通常宫殿才会雕绘此等图案。据史志记载，历史上此处地名就是吴宫乡。另一处是位于澄湖西北部的摇城，至今留有瑶盛、大姚、宫殿村等地名。《越绝书·吴地传》有云："摇城者，吴王子居焉，后越摇王居之。"摇城，吴国的王子曾居住在这里，后来，越摇王也居于此。

吴王夫差被越王勾践灭国之后，梧桐园就荒废了。元代时还留有吴王井和残垣断壁，文人时有凭吊，如今连行宫的瓦砾也找不到了。摇城由于地势较低，水患频繁，从战国时期一直到北宋末年，城池渐毁，水进人退。南宋初年，大水浸淹，摇城彻底毁没，形成了一个湖泊（今澄湖）。原摇城居民，部分迁移到附近地势较高处安家落户，有些则迁移到甫里（今甪直古镇区）。《吴趋访古录》有《陈湖》诗云："沧海桑田事有无，陆沉空复吊陈湖。烟波笠泽鱼龙影，风物江乡蟹稻区。岂是昆池馀劫火，任教水国长茭芦。蓬莱清浅今三度，井石分明竟沼吴。"

甫里村形成于春秋时期，距今两千五百年左右。从吴淞江和大直江捕鱼的渔民，傍晚停泊于此，甫里成为一个水产品交易集市，也成为渔民们避风的港湾。甫里的发展始于南北朝，梁武帝萧衍敕建保圣寺于甫里的西端，善男信女纷至沓来，甫里人气剧增。晚唐文学家陆龟蒙隐居于此，自号甫里先生，与文朋诗友唱和畅游，甫里遂地以人显。宋代，甫里已颇具规模。明代，甫里成为建制镇，在吴东地区首屈一指。明清时期，甫里人才辈出，名门望族星罗棋布。晚清，甪直的名称替代了甫里。鼎盛时期，民间有"昆山一个城，不及甪直半个镇"之说。

综上所述，甪直地区已有约五千五百年的社会发展史，而甪直古镇区，则有约两千五百年的历史。几多风雨几多情，甪直先人留给我们的自然遗产和文化遗产，值得我们好好珍惜。

甪直太尉弄的由来

甪直古镇区有条太尉弄，关于它的来历，很少有人知道。通常认为，这条弄堂里以前有人做过太尉，或是曾有太尉住过这儿，才会取这个名字。元朝之后已无"太尉"官职，广查史籍，并没发现甪直哪位先贤做过太尉。张士诚在当吴王之前，投降过元朝政府，被封为"太尉"，基于张士诚对苏州老百姓不错，难道甪直人是为了纪念他？

近日，笔者在许起的《甫里志》里发现了端倪。清光绪年间，许起、许玉瀛父子编修的《甫里志》，成稿于1905年，在"街弄"内，有"阿太堂弄"的介绍："在香花桥南堍，向南通石家湾，折而西至安桥。""阿太堂弄"所在的位置，与现在的"太尉弄"丝毫不差，可是，"阿太堂弄"为何会变成"太尉弄"呢？

直到晚清，这条弄堂的名字还叫"阿太堂弄"，并非叫"太尉弄"。为什么叫"阿太堂弄"？了解这片街区的人，心中的疑问便能迎刃而解。所谓"阿太堂"，即"太君堂"，是人们对道观的俗称。弄堂内的老人称它为"阿太弄"。在"阿太堂弄"与石家湾的交界处，向西也有一条弄堂，现在叫"稻市弄"，以前叫"道士弄"，因道士聚居于此而得名。

清乾隆间彭方周的《吴郡甫里志》载："通明道院，在永宁桥南，宋淳熙间创（邑志载祥符间），明崇祯十一年（1638）沈养用捐募重建。院西有五圣庙。"地方志说明，永宁桥之南、道士弄之北，阿太堂弄西面至安桥之间，曾有一座通明道院，初创于南宋淳熙年间，明崇祯十一年由沈养用捐募重建。这座道观年代久远，在当地有一定的影响。在它旁边有"阿太堂弄"和"道士弄"，也就理所当然了。一直到20世纪八九十年代，"稻市弄"里仍居住着不少道士，办丧事的人家，会来此处邀请道士做道场。

太尉弄口

20世纪六七十年代的"文化大革命"期间,"道士弄"被改成"稻市弄",而"阿太堂弄"的命运,大致如此,被改成了"太尉弄",至于那个地方有没有出过太尉,没有人去较真。由于晚清之后,通明道院已废,辟为民居,人们对"太尉弄"的联想,难免有误。

有类似遭遇的,不只是街弄,桥也在劫难逃。甪直古镇区始建于北宋的石拱桥中美桥(和丰桥),那时也被改为朝阳桥。诸如此类的例子很多,似乎改了名字,就跟得上时代潮流了,偏偏缺少了对历史文化应有的尊重。

现在仍有好事之徒,把好端端的地名,改成莫名其妙的名字,让人找不着北。地名具有丰富的内涵,联系着人脉、血脉和文脉,也是一种非物质文化遗产,要保护,要传承。如果草率地把地名改了,就会让人找不到回家的路,找不到家族的根。当你自豪地喊出"我是中国人!""我是苏州人!""我是甪直人!"地名就不单单是一个符号,而是我们与众不同的指示牌,是我们团结一心的强力胶。

《白蛇传》与甪直的渊源

《白蛇传》与《梁山伯与祝英台》《孟姜女》《牛郎织女》并称为中国四大民间爱情传说。《白蛇传》虽为人妖恋，但人们被白娘子和许仙的曲折爱情所感动。白娘子身为蛇精，却美丽善良，敢爱敢恨，始终不渝。

可你知道吗？最早描写白蛇形象的人，或许是晚唐文学家甪里先生陆龟蒙。他当年隐居在甪里，曾在甪里发现白蛇，并写了篇《告白蛇文》，与白蛇展开对话。

晚唐郑还古的《博异记》里有一篇《李黄》，有些人认为《李黄》是《白蛇传》的缘起，然而，唐传奇《李黄》虽早于《告白蛇文》，但《李黄》中的白蛇具有蛇蝎心肠，害人性命，与《白蛇传》宣扬的人蛇和谐共存的精神迥然不同，反而《告白蛇文》赋予白蛇以人性，给了后世创作者更多的想象空间。所谓"一方水土养一方人"，《李黄》的故事发生在陕西，与江南民风不同，《告白蛇文》恰在江南水乡，与《白蛇传》的故事发生在苏杭一带，两者十分相似，谁说不是后世文人从《告白蛇文》获得了改编的灵感呢！宋人编的《西湖三塔记》、宋代洪迈的《夷坚志》，或许就从《告白蛇文》中的白蛇传奇演绎而来。清代蒲松龄的《聊斋志异》，更可谓"青出于蓝而胜于蓝"。

明代小说家冯梦龙写了篇《白娘子永镇雷峰塔》，收录在他的《警世通言》第二十八卷。这也是后来苏州评书和戏剧《白蛇传》的蓝本。小说写的是南宋绍兴年间，药铺主管许宣（一名许仙）在雨天巧遇蛇精白素贞，两人因借伞生情，互许终身。西湖青鱼精小青盗库银赠给他俩开支，东窗事发。许仙被发配苏州，在苏州与白素贞结婚，又在阊门开药店谋生。白娘子因盗物累及许仙，被发配至镇江。法海识破白素贞是蛇精，告知许仙真相，并收了白素贞和小青。许仙皈依佛门，化缘建雷峰塔，修禅数年，一夕坐化。

随后，明人陈六龙编了《雷峰塔传奇》，明代陆楫编有《白蛇记》，清人著有《义妖传》弹词，都是从冯梦龙的本子改编而来。清代的《白蛇传》，第一折戏叫《双蛇斗》，是用京剧、昆曲同台合演的"风搅雪"演法。青雄白雌，青蛇要与白蛇成婚，白蛇不允，双蛇斗法，最后白蛇战胜青蛇，青蛇甘愿化为侍女，姐妹相称，而后下山。该剧是清末名演员余玉琴（饰白蛇）、李顺德（饰青蛇）的拿手好戏。戏中有对双剑、走旋子、大开打等技艺，还置有砌末，并配火彩。此剧惜已失传。

现在常演的京剧《白蛇传》，是田汉根据昆曲、京剧老本改编而成的。1947年改编时原名"金钵记"，中华人民共和国成立后进行修改，正式定名为"白蛇传"。从白蛇、青蛇下山游湖起，到青蛇毁塔、白素贞许仙团圆止，中间包括结亲、酒变、盗草、上山、水斗、断桥、合钵等情节。改编时前面舍去了白蛇收青蛇的《双蛇斗》，中间舍去了青蛇《盗库银》，后面舍去许仕林祭塔的《雷峰塔》。

冯梦龙的"三言"，既有原创，也有改编自民间故事的，或在前人作品的基础上重构而成。那么，他的《白娘子永镇雷峰塔》的素材来自哪里？冯梦龙生活在苏州葑溪，距离甫里很近。明万历年间，甪直镇上的许自昌修筑了梅花墅，广交朋友。许自昌还是个书商，他刻印的《甫里先生文集》，十分畅销，内中有一篇陆龟蒙的《告白蛇文》。陆龟蒙是苏州人，又是苏州文人仰慕的先贤，同为苏州老乡的冯梦龙，想必读过该文，受到启发，发挥他天才的想象力，创作了以白蛇为主角的《白娘子永镇雷峰塔》。许仙和白娘子的爱情，从此广为流传，深入人心。

陆龟蒙的《告白蛇文》，与白蛇娓娓而谈，体现了"众生平等"的思想。《告白蛇文》云："田庐西北偏，有古丘焉。高可四望，予将升之，以眺远舒郁。农民遮言曰：'不可。是丘有蛇，巨如井缶而白，忤之能为祟，不利人多矣，宜无往。'予取酒沃其丘告之曰：'生而白者，犬鸡马牛而已。其馀则老而后白，狼狐兔鹿鸟雀燕雉龟蛇之类是也。人老而毛发皓白，耗眊昏倒，不能记子孙名字，形朽神溃，以至于死。物老而鳞毫羽甲尽白，白而后有灵，非以圣贤存乎上，德光被于下，则不为

《白蛇传》绣像

之出,出必人奉之以献,不敢隐匿,惟蛇不在瑞典。虽然,神而且灵尚矣。故汉之兴,神姥谓之白帝子。得非天命,志怪者必曰自然。多穴老坟,窠大木。要野虻盘肴瓯酒之享,作小儿女子寒暑瞢眩,淫巫倚之,弹丝瞑目,歌舞其妖,怛骇其惑,考鼓用币,僭冒其上。岁时奔走,畏在人后。疾病不治,饥寒不辞,悉尔辈为之也。'"陆龟蒙还警告白蛇:"古者铸鼎象物,使民知神奸。若之奸,吾知之矣,况旅吾之地,由我进退，蛰以时出，无越昆虫之职，无杂鬼神之事。吾宫居，若野处，各有分齐，故不相害，然斩翳通颠，为暇日凭藉之所，则不当与人争也，如不用吾言，吾当吁天霆，击断裂首尾焉。吾诚不移，无易尔为。"大意是说，你到了我的地盘，若井水不犯河水，尚可相安无事，倘若你不听我的劝告，危害乡里，天神自会惩罚你。

《白蛇传》的民间传说，2006 年被列入"第一批国家级非物质文化遗产"。可以说，《白蛇传》发端于陆龟蒙，演绎于冯梦龙，盛行于清代和现代戏曲舞台，几经修改完善，是中国民间集体创作的典范，至今为人津津乐道。流传至今的一些版本，故事情节虽有差异，然主要人物和主要情节大致没变。只是法海的角色，从正义的化身，变成了顽固势力的代表。二十多年前，电视剧《新白娘子传奇》让白蛇故事更加脍炙人口。

姑苏名菜甫里鸭

唐朝晚期，藩镇割据，战乱频仍。晚唐文学家皮日休寓居苏州，邻近陆龟蒙临顿里的陆宅。陆龟蒙不喜城中喧嚣，平时多居于城东的甫里。两人以诗会友，遂成莫逆之交，世称"皮陆"。

两人一起游山玩水，弈棋钓鱼，饮酒吟诗。陆龟蒙在甫里有几百亩水田，吃喝不愁。传说他养了不少绿头鸭，既用来招待文友，也玩"斗鸭"游戏，小赌怡情。陆龟蒙见"斗鸭"时围观者甚多，不时将木栅挤塌，惊飞鸭子，便请人用巨石凿成两只石池，名唤"斗鸭池"。现保圣寺西院的清风亭旁，这两只风化严重的斗鸭池还在，不过常常被人误以为是喂鸭的"鸭槽"。

陆龟蒙家的鸭子好吃，皮日休深谙其味。罗隐也是个吃货，当时他在吴越王钱镠那儿做官，多次从钱塘过来大饱口福。陆龟蒙在甫里的别墅，临近河边，对面就是他家的水田。他养的绿头鸭，既吃河里的螺蛳，也吃田里的虫子，又不时参加"斗鸭"活动，身板结实，肉质鲜美。陆龟蒙的夫人蒋氏，将鸭子宰杀洗净之后，把鸭子放入锅中，再放入两把黄豆，倒入清水，待水烧开后，加入半杯黄酒、适量盐巴，直煮到黄豆酥而不烂，鸭肉也就烧好了。黄豆吸饱鸭汁的油腻，使得汤清肉鲜，特别好吃。有时文友爽约，蒋氏便将煮好的鸭子，用酒糟卤起来，可以保存多日，文友随来随吃，味道依然鲜美可口。皮日休、罗隐等大诗人，对蒋氏烹饪的这道美食，赞不绝口，不久，口口相传，这道菜就名声在外了。此菜源于"甫里先生"家，人称"甫里鸭"。

"甫里鸭"流传了上千年，成为苏帮菜里的一道名菜，民国年间的饭店还有供应。中华人民共和国建立初期，百废待兴，老百姓生活艰苦，养几只鸭子盼着它生蛋，舍不得吃，"甫里鸭"这道菜也就从菜谱上逐渐淡出了。改革开放后，生活有了好转，一些老厨师想恢复这道菜，却做不出原来那个味了。倒不是"甪里鸭"的烹饪技艺失传，而是原材料稀缺了。绿头鸭的品种及其生长环境，都发生了变化，"巧妇难为无米之炊"也。

蒋氏不但做得一手好菜，还吟得一手好诗。她的姊妹曾劝她少饮酒，多吃饭，她回应道："平生偏好饮，劳汝劝吾餐。但得樽中满，时光度不难。"正因蒋氏的落落大方，诗友才三番五次前来光顾，以文学之名，享受陆家的鸭子宴。

一天晚上，陆龟蒙和蒋氏送走一批文友，刚要解衣入睡，院门外响起了罗隐的叫唤："陆兄，开门来！"陆龟蒙连忙出来，开了院门一看，"咦，皮兄也在？"皮日休笑道："如今，罗隐是吴越王麾下的大红人，他大驾光临，我焉能不陪同？"罗隐笑道："我是闻着甪里鸭的香气，专程从钱塘赶来解馋。"陆龟蒙面露难色："今天做的鸭子都吃完了，我叫内人再去捉一只。"蒋氏闻声出来，说道："半夜三更，把睡得香甜的鸭子拖出来宰了，何其残忍？我去看看有无别的下酒菜。"

蒋氏在厨房转一圈，灵机一动，把白天丢弃在木桶内的鸭肠、鸭心、鸭肝之类内脏，捞起洗净，切成小块，一起放进锅内，倒入清水。根据她做菜的经验，黄豆和鸭肉一起煮，既可去腥吊鲜，黄豆也能吸收鸭汤的营养，两全其美。只是，家中黄豆用光了，她便抓了一把剥好的白果放入锅中。随后，旺火烧煮。水煮沸后，蒋氏往锅中倒入半碗黄酒，放一小块盐巴，盖好锅盖继续焖烧。又过了一会儿，从锅盖的缝隙里钻出丝丝热气，周围弥漫着浓郁的鸭香。

三位诗人在银杏树下闲聊，闻着香气，饥肠辘辘。少顷，蒋氏端着一大盆鸭汤，放在树下的石台上，招呼道："请各位诗兄品尝。"罗隐说："嫂子辛苦了，一起坐下品尝如何？"蒋氏也不拘泥，四人围着一锅鸭汤，饮酒谈诗，其乐融融。罗隐摇头晃脑说："今晚的甪里鸭，味道更胜从前，来，今朝有酒今朝醉！"陆龟蒙说："此为鸭子的下脚料熬成的汤，称甪里鸭不妥，不如另想一个妥帖的菜名。"皮日休说："此汤色如初奶，稠似蛋羹，今晚咱们相聚在甪里，何不就叫甪里鸭羹？""甪里鸭羹？好

甫里先生祠斗鸭池

名字!"众人一致称好。

　　这道用鸭内脏切丁为主料制成的甫里鸭羹,自此成为苏帮菜里的一道名菜。甪直人家过年时,年夜饭必上"甫里鸭羹"这道汤,招待客人也少不了它。不过,如今的甫里鸭羹,配料有些变化,除了鸭丁外,还有肉皮、蛋丝、白果等配料。电影《小小得月楼》里,苏州得月楼的厨师曾做过甫里鸭羹,但是很少有人知道这道菜的来历。

《浮生六记》作者之谜

《浮生六记》刊行近一百五十年，文坛评价不俗。俞平伯说它"俨如一块纯美的水晶"，"统观全书，无酸语、赘语、道学语"。林语堂认为书中的女主角陈芸"是中国文学中最可爱的女人"。当然，所谓"六记"，实则原作只有四记，后二记是他人伪作，狗尾续貂。

据现在的公开资料，《浮生六记》的作者是沈复，字三白，号梅逸，长洲人。从其所著的《浮生六记》来看，他出身于小康之家，颇有才情，未参加科举，曾以卖画维持生计。他与妻子陈芸志趣相投，情真意切，甘于平淡，但因封建礼教的束缚和生活的波折，理想终未实现。他喜欢游历和结交朋友，偶尔去当官的朋友处兼职，并无大成。经历了生离死别，怀念天伦之乐，仍四处漂泊，不知所终。

果真如此吗？未必。

人们把《浮生六记》认定为沈复所写的依据是什么？不过是因为这部作品以第一人称写的，而作品中的主人公叫沈三白。然而，沈三白在《浮生六记》中提及的同学、师长、亲友、同事等数十位人名，虽言之凿凿，却往往"查无此人"，只有石琢堂、鲁半舫、杨补凡、袁少迂等几个真名实姓，掺杂其中，此谓春秋笔法，虚实相间，乃明清笔记小说的惯常手段，比如纪晓岚之《阅微草堂笔记》、李伯元之《官场现形记》、苏州弹词《玉蜻蜓》等，若说它是假的吧，有不少是身边案例，若说它是真的吧，却又是捕风捉影。著名的《三国演义》，里面都是真人名、真地名，但你认为它是纪实的吗？

索隐派是厉害角色，能根据一个名字，挖到人家祖宗八代，自是免不了牵强附会、无中生有。其实，书中男主角只是叫"沈三白"，从没提及他叫"沈复"，而索隐派硬给他定名为"沈复"，并把"沈复"的事通通安在他头上，岂无张冠李戴之虞？沈三白文朋诗友不少，他去世后，却无一人为他写墓志铭或行状或悼诗之类，岂非咄咄怪事？所谓的沈三白生平，是后人根据《浮生六记》倒推统计出来的，地方志上关于"沈三白"的简介，也是在《浮生六记》出版之后才有。窃以为，"白"者，无也。"三白"者，或许便是无问来路、无问生平、无问去向的一个人。他存在过，却又"春梦了无痕"，正如红尘浊世中的你我。

笔者认为，《浮生六记》极可能不是生活纪实，而是小说家言。书中的人物和情节都是虚构的，自然不会有人现身说法。早在1915年，南社的王均卿，在进步书局编印《说库》六大函，把《浮生六记》收录其中，且称该书是"一部具有真性情真面目的笔记小说"。早有人看出《浮生六记》是一部小说。的确，《浮生六记》中有写沈三白的父亲养外室，竟然是陈芸穿针引线，沈三白的弟弟嫖赌欠债，也是陈芸暗中资助小叔，此两事，陈芸都是瞒着丈夫做的，在沈三白心中甚是完美的她会如此自作聪明？而沈三白记叙爱妻这些事是何用意？他是如何知道这些事的？只有小说笔法，才会如此巧设连环，绘声绘色。沈三白一方面以深情自诩，一方面又陶醉于眠花宿柳，若非小说，此等行径与"伪君子"何异？

1936年，林语堂将《浮生六记》中的四篇翻译成英文，分期连载于《天下》月刊，后来又出版汉英对照单行本，并在序言中大胆猜想"在苏州家藏或旧书铺一定还有一本全本"。过后不久，书市就出现了"全抄本"。1938年，上海世界书局编辑的《美化文学名著丛刊》中，印出了包括所有"六记"在内的该书全本。出版者在"丛刊叙言"中说："承粹芬阁主人以足本《浮生六记》相示，盖其亡友王均卿前辈得之于吴门冷摊者。是否为三白原著，固无可考。"编辑也对续补的后二记的真实性存疑。最有意思的是那个王均卿，前番指出《浮生六记》乃一部小说，而今东施效颦，炮制出后两记从苏州冷摊所得，他知"冷摊"不可考也，实为利益驱使。

回过头来，我们看看《浮生六记》是怎么横空出世的？

光绪三年（1877），上海申报馆经王韬之手出版了《浮生六记》，这是最早的刊行本，有杨引传的序和王韬的跋。杨引传在序中云：

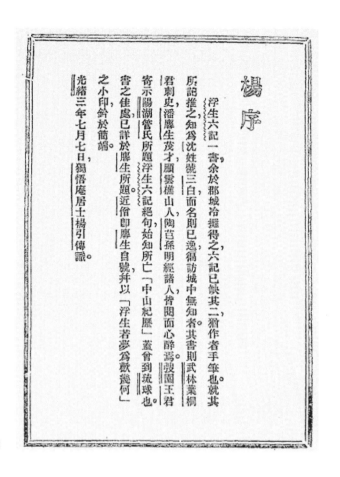

《浮生六记》杨序书影

"《浮生六记》一书,余于郡城冷摊得之,六记已缺其二,犹作者手稿也。就其所记推之,知为沈姓号三白,而名则已逸,遍访城中无知者。"杨引传声称手稿是从苏州的冷摊上淘来的,关于作者沈三白,则"遍访城中无知者"。何谓冷摊?就是摆在地上的旧货摊,苏州的冷摊通常在文庙、沧浪亭、玄妙观等处,摆摊的人物和时间都是不确定的,可能他一辈子就出来摆那么一次摊,是找不着人对证的。看书中所记,沈三白在苏州城中也是个"白相人",交游广阔,朋友众多,他父母的义子义女就有十多个,怎么会无人知晓?书中明确记载沈三白曾居苏州沧浪亭爱莲居西隔壁和饮马桥米仓巷等,总有邻居相识,怎会"三白一去空悠悠"呢?

杨引传又在序中说："其书则武林叶桐君刺史、潘麐生茂才、顾云樵山人、陶芑孙明经诸人，皆阅而心醉焉。弢园王君寄示阳湖管氏所题《浮生六记》六绝句，始知所亡《中山记历》盖曾到琉球也。"杨引传如此说，很可能他把自己"发现"（创作）的几卷《浮生六记》，请几位文友或前辈"斧正"，得到好评，增强了他付梓发行的信心。若非他自己创作的作品，而仅是淘来的一本主要写闺阁之乐和游山玩水之类的残破旧稿，杨引传好意思把它拿给文友欣赏？这合乎常情吗？既然他早已发现《浮生六记》手稿，为何过了几十年才拿出来发表？

再看王韬的跋中有云："余妇兄杨醒逋明经，曾于冷摊上购得《浮生六记》残本。为吴门处士沈三白所作，而轶其名……余少时读书里中曹氏畏人小筑，屡阅此书，辄生艳羡……是书余惜未抄副本，旅粤以来时忆及之。今闻醒逋已出付尊闻阁主人以活字版排印，特邮寄此跋，附于卷末，志所始也。"杨引传是王韬的妻兄，王韬见多识广，估计猜到那是杨引传的手笔，"沈三白"乃是假托，但没有点穿，一则因为彼此是亲戚，心照不宣即可，能帮一把就帮一把，反正你知我知，皆大欢喜；二则因为杨引传在咸丰十年（1860）遭遇大变，家破人亡，妻子和两个儿子死于战乱，此后孤身抚养幼子幼女，可能捉襟见肘，需要稿费救济。晚清和民国时的稿费是相当可观的。申报馆把《浮生六记》编入《独悟庵丛钞》，要知道，"独悟庵"正是杨引传的书斋名。无论编也好，撰也罢，《浮生六记》的首功无疑归杨引传。

王韬与杨引传一为作者，一为编者，一唱一和，俨然有《红楼梦》作者与"脂砚斋"的默契。然而，王韬的跋中有破绽，他说小时候就看过《浮生六记》，那时杨引传尚未发现《浮生六记》之手稿，王韬如何能"屡阅此书"？假如他少年时就在曹家看过《浮生六记》，那看过的是手稿、抄本还是刊行本？假设《浮生六记》早就流行于世，此前读过《浮生六记》的必然大有人在，可有谁知晓这个"沈三白"的身世来历，又有谁记得缺失的后两记的内容？《浮生六记》出版后又有谁说先前曾读过此书内容？若王韬真的看过《浮生六记》全本，凭他的博闻强记，补写后两记不成问题，为何留下遗珠之憾呢？王韬与杨引传异口同声说沈三白"轶其名",意思就是告诉世人,你们查不到沈三白的底细,即使有人指出沈三白为何时何地人,那也是另有其人,而非"书中人"。

王韬所附的管贻葳题"浮生六记"的几个绝句,亦多疑点。王韬少年时读过《浮生六记》,还把管贻葳的题诗抄录下来,然后一字不错地记住,或者一直把所记纸片留在身边?这个可能性极小。王韬是文学大家,又游历过欧洲和日本,那些绝句倒似出于他之手,颇符合他的经历与性情。也可能他看了杨引传寄来的《浮生六记》书稿,浮想联翩,作了六首绝句。从网络搜索,仅见管贻葳《裁物象斋诗钞》有清同治五年(1866)刻本,此年王韬已三十九岁,不符合他声称的"少时"看过。

杨引传生于1824年,一名杨隐禅,字醒逋,号独悟庵居士,恩贡生,好饮酒,善词赋,与陶然齐名。曾在沧浪亭旁的正谊书院任职,著有《独悟庵诗钞》《独悟庵杂忆》《甫里寇难纪略》等。他是王韬的妻兄,比王韬年长四岁,两人都是长洲甫里人,皆具文采,但个性迥然。晚清画家顾大昌评述杨引传:"甫里诸生,江听涛先生高足,抱道守朴,与人有情。遭难时曾援救余者。"说杨引传是性情中人,淡泊明志,在战乱遭辱时还帮助过他人。如此情志,莫非是"沈三白"灵魂附体?

为什么说《浮生六记》的作者疑似杨引传?主要体现在三个方面。

一是经历。杨引传的经历与书中"沈三白"的经历颇多重合。杨引传定居甫里,涉足全国多地,曾在苏州沧浪亭畔的正谊书院任教。《浮生六记》开篇即言:"余生乾隆癸未冬十一月二十有二日,正值太平盛世,且在衣冠之家,居苏州沧浪亭畔,天之厚我可谓至矣。"生日当然是假的,这与《红楼梦》第一回中介绍空空道人于青埂峰下的一块顽石上发现《石头记》是一样的套路,假托而已。若沈三白果真在沧浪亭畔生活,为何遍城无人识呢?杨引传在沧浪亭畔生活过倒是确切无疑。杨引传的妻子是浙江人,叫叶心兰。两人相敬如宾,过着平静的生活。兰与芸都属于香草,品性高洁,"叶心兰"与"陈芸"岂非气息相通?杨引传与妻舅叶心友交情深厚,两人曾多次在杭州、武昌、四川等地交游,这在他的《独悟庵杂忆》都有记录。这段经历与《浮生六记》中沈三白的游历颇为相近，这些地方在书中描写颇为细致，因为他熟悉。杨引传原本安居乐业，怡然自得，却在1860年的战乱后彻底改变了，他失去了房子，失去了妻子，失去了儿子，自己也身中数刀，差点死了，这对他必定是沉重的打击。《浮生六记》中，也写到了丧妻之痛，写到了无家可归，而且写到沈三白中年就戛然而止了，这与杨引传的心路历程如出一辙。

二是文笔。杨引传有相当的文史功底，光绪年间陶煦编撰的《周庄镇志》，专门请杨引传校正过。杨引传曾在陶诒孙所绘的《泛瀛图》题诗一首："漫将诗句拟游仙，自有神山在海边。苦志欲填精卫石，轻装应办孝廉船。掣鲸才气当如此，跨鲤豪情亦偶然。我到中流思击楫，祖生早已著先鞭。"此等才情，具备创作《浮生六记》的功力。而且，此诗说明他虽没去过琉球群岛，但他的朋友去过，他对琉球群岛有所了解，要编也不难。杨引传写过一篇洋洋万言的《甫里寇难纪略》，大事小情，详略得当，干净利落，纹丝不乱。对于风景描写，也是寥寥数笔，描摹如画。从他的记述中，可以看出他是一个富有正义感、乐于助人、观察仔细、对于世事颇有主见的人。杨引传操刀《浮生六记》，是得心应手的。杨引传经历丰富，又当过教员，真可谓"世事洞明皆学问，人情练达即文章"，他又有王韬这个好哥们好帮手，假借历史上的"沈三白"的点点滴滴，编出一本《浮生六记》，又有何难？

三是传统。明清作家写小说，"为避文字狱，深藏功与名"，已成惯例，最著名的例子便是《金瓶梅》。世人皆知"兰陵笑笑生"，但"兰陵笑笑生"为何人，至今仍是未解之谜。作者不署真名，一则为了避免麻烦，明清小说流行影射、讽刺等笔法，"因言获罪"犯不着，但不写又睡不着，折中的办法便是隐姓埋名，以假乱真，反正这世道，"假作真时真亦假，无为有处有还无"。杨引传假托"沈三白"著《浮生六记》，未尝不可。二则当时没有知识产权的概念，文人对功名看得较淡，只要作品能流传下去，便是最大的安慰，署什么名并不重要。至于"六记"缺"两记"，一个方面是"残本不残"，每卷即可独立成篇，也可多卷连成一体，有如《水浒传》的架构；另一个方面，也许是作者和编者故意为之的噱头，窥全貌而不得，犹如美人半抱琵琶半遮面，若隐若现，让人心心念念，欲罢不能。

杨引传的亲友王韬，也写过《扶桑游记》，记录他游历日本的事迹，我们可以大胆猜测这"中山记历"是留给王韬续补的，只是他没补罢了。总之，在杨引传提供《浮生六记》的"残稿"之前，并没有人提到过这部作品的内容，至于在他之后冒出来的不同版本或不同说法，那都让人难以确信。谁最有可能是作者，几乎呼之欲出了。

假设杨引传真的从苏州冷摊上发现《浮生六记》残稿，那么有个疑问需要确认，就是卖旧稿的摊主，必定是翻阅过这些旧稿的，摊主必也是有点文化的人，知其价值而"待价而沽"，否则直接当废纸处理了。而且，冷摊上售卖的手稿，若非出自沈三白的后人，必出自沈三白的至交亲友，否则拿不出此手稿。那么问题来了，在《浮生六记》出版并引起反响之后，有没有哪个人出来说，《浮生六记》出自他家或由他经手过？从来没有。杨引传不说从某书店或某朋友处淘得，只说是冷摊，因冷摊交易是一对一的，没有旁证，是非曲直随他怎么编排。而出版《浮生六记》所得的稿酬，除了杨引传获得过外，并无其他人主张权利。因此，"从冷摊淘得旧稿"很可能是作者故弄玄虚的把戏，与文物市场的古董做旧和"讲故事"异曲同工，无非想让人觉得更真一些，可以把东西卖得更贵一些。

笔者愚见，杨引传或许借"沈三白"的名义写了这本《浮生六记》之四记，里面掺杂了一些真人真事，这与当代的"文学来源于生活而高于生活"是殊途同归的。但这是"文学的真实"，而非"生活的真实"。至于后两记，杨引传为何没写？或因他没有出访琉球群岛的经历，对于养生之道也无深入研究，留下悬念给人期待，反而不易露馅。

《浮生六记》作者疑为杨引传，仅是一家之言，提供一种可能性，并非无懈可击的结论。既然《浮生六记》首版印行时，序和跋中都称"轶其名"，显见不喜被人刨根问底。李白《春夜宴从弟桃花园序》有云："夫天地者，万物之逆旅也；光阴者，百代之过客也。而浮生若梦，为欢几何？"浮生既如梦，且隐身后名，我等何必执着呢？

苏州水乡婚礼

1995年之前,苏州乡村的婚礼,还保留着比较传统的模式,结婚的交通工具主要是农船。在世俗观念中,男女青年领了结婚证若未举行婚礼,就是未婚同居,尽管他们拥有法律意义上的结婚证书。农村里的婚礼讲究排场,场面非常热闹。

男女青年同意结婚了,男方就请人挑好黄道吉日,将结婚日期告知女方,并捎上一份彩礼。彩礼根据男方家庭的经济情况和当时的行情,确定彩礼钱的数目。如果结婚那天是艳阳天,自然皆大欢喜;如果是个落雨天,就叫"落发落发",讨个好口彩。女方在结婚前置办嫁妆,家具有请木匠做的,也有去家具店买现成的,三门橱、五斗橱、浴盆、马桶之类。男方送去的彩礼钱不够用,女方往往还要贴进去不少,因此,过去生女儿的,会被人说成生了个"赔钱货"。

风水轮流转,如今,家有儿子,人称"建设银行",至少要有一套商品房作为婚房,还要装修婚房、购车、置办婚宴等,几乎掏空了"六个口袋";而家有女儿,人称"招商银行",掌握了主动权,可对男方的条件挑挑拣拣,若男方无房子、车子、票子,那"娘子"和"孙子"就渺茫了。这种唯"物"主义,往往使真正的爱情难成正果。

婚礼上,除了繁文缛节的仪式外,最热闹的就是吃喝了。三亲六舅,扶老携幼,大快朵颐,谈笑风生。酒不是白喝的,要给东家红包,这是人情钱,礼尚往来。有时一顿要请三四十桌,屋里摆不下,就在屋场上搭个棚,可遮风避雨。有的还分两席吃,娶亲的敲锣打鼓出发,头席开吃,等到新娘子娶回来,头席差不多吃罢,其他人就重新开席,喜欢喝老酒的,直吃到晚饭时分。

隔壁乡邻和相近的亲眷,每家出人相帮,隔天就开始忙碌起来,拣菜、洗碗、摆桌、端盘等，忙得不亦乐乎。桌椅从同村人家借来，砌起来的几口大灶炉火通红，锅里的蹄髈香味弥漫。通常，男方的中餐是婚宴正酒，菜肴丰盛，满满一桌菜有二十几样，多的时候有三十几样，压席的大菜是一只红烧蹄髈和一碗鲜美的鸭羹汤。女方的晚餐是婚礼正酒，新郎新娘下午结亲后要回女方娘家，他们吃到的两餐都是正酒。

结婚当天，东家大清早就去镇上买菜，新郎和新娘则去做美容。新人的打扮比较简单，新郎新娘全身上下换上新衣，相约去理发店，新郎吹个风，新娘做个发型，头发上喷上彩丝，脸上涂点腮红。两人神采飞扬的样子，似乎在证明他们当天是世界上最幸福的人。

男方河滩边停着一条迎娶新娘的堂船，船舱上用翠竹和草席搭好一个篷，上面写着"喜迎新娘"，两边是一副婚联。船头放上几盘鱼、肉、糕、馒头。堂船由年轻力壮的亲友负责。迎娶新娘之前，先接女方的老娘舅和媒婆到东家，然后和新郎一起迎娶新娘。

女方家的河岸边停着一条行嫁船，嫁妆装了满满一船，任由观众对嫁妆评头品足。掌舵行嫁船的，一般是堂兄弟，没有兄弟的就请叔侄一辈。摇行嫁船是个肥差，可以得到几斤喜糖、几条好烟和一个厚厚的红包，还能在到达男方家后"搭搭架子"，搬东西时故意把贵重一点的嫁妆扣留不搬，男方就会来人乖乖送上好烟好话，满足他们的要求。搬嫁妆有个讲究，先掮铺盖到新郎家门口，老东家接过，才能再搬其他嫁妆，女方家的相帮不能冒冒失失踏进新郎家的客堂。

新郎到得新娘家，先吃一个闭门羹。新娘家大门紧闭，不让新郎一众人等进入。新郎家的人要在门前锣鼓喧天敲三遍，女方家才会开门把新女婿迎进客堂，然后吃茶吃点心。席间，专门有一桌办理"交接"手续。女方家会狮子大开口，向男方索要各种礼钱，名目繁多，但男方家也是有备而来，不慌不忙地和女方家讨价还价，最后一一满足女方家的要求，把红包奉上。有的新娘子会当场提一些附加条件，比如指定要多少规格的金耳环、金戒指、金项链什么的，怕进门后得不到，临上轿时先到手为强。男方大多会满足女方家的胃口，也有个别谈不拢而弄僵的，新郎拂袖而去，双方不欢而散。其实，来日方长，何必为了一点眼前利益，伤害了彼此的感情呢？新娘子临出门时，要和母亲抱头痛哭，说是这样的女儿嫁过去才会享福。送嫁队伍中，有伴娘和几个小姐妹，还有女方娘舅等一些亲友。

男方好不容易把新娘子娶回家，已是晌午，不少人已饿得肚子咕咕叫了。听到堂船回到村口放的爆竹声，几乎全村的妇女都拥到河边，争先恐后来看新娘子和行嫁船上的嫁妆。堂船靠岸，搁好跳板，新郎家的兄弟来抱新娘子上岸，直把新娘抱到床沿坐下才放手，中途是不能放手落地的，否则会被人视为不吉利。床上整齐地叠着几床新做的棉被，还放着一盘糕和五谷、红枣等。新娘忐忑地坐在床沿，期待新郎用秤杆挑开头上的红方巾。

新郎新娘回到客堂，拜天地，敬父母。大红"囍"字在烛光下分外显眼。他们在众人的欢笑声中，在司仪的祝福声中，一鞠躬，二鞠躬，三鞠躬，饮过交杯酒，完成了拜堂成亲的仪式。小孩子在人群里钻来挤去，一边向长辈索要喜糖，一边和小伙伴比赛谁得到的喜糖多。

酒席上杯箸不停，大家喜笑颜开。新郎敬酒，新娘敬烟。白酒、黄酒、红酒，各有所爱。有时还要干杯，不胜酒力的新郎会找一个酒量好的朋友帮忙护驾，要不然喝醉了会在婚礼上出洋相。新娘子敬烟时，有的人咬着香烟吹气，新娘的打火机就是点不着烟，旁边还有人起哄，直让新娘子哭笑不得。

下午，新郎新娘要见礼，就是拜见新郎家的长辈亲戚。向长辈敬礼，称呼一声。长辈会掏出一个红包，放进旁边的礼篮里。关系亲近的舅舅、伯伯、叔叔和有钱的长辈，给的红包厚一些。这是新婚夫妻得到的第一笔可观的收入，是他们未来生活的保障，甚至是他们婚后开创事业的本钱。长辈夫妇若有一位已过世，旁边的椅子上就放一盘糕代替。见礼后，还要去同村的亲戚家，点花烛去拜见，若是谁家你没去，会被人误会新郎家瞧不起他们，婚后和他家的关系就不好相处。

临近傍晚，新郎新娘要回门，去新娘家吃晚饭。照旧是一番吃喝嬉闹。夜里九十点钟，新郎新娘辞别回家。船在夜色中穿行，细浪拍打着船舷，月色皎洁，河面上银光闪闪，一船欢声笑语。船到村口，几声脆响的爆竹，新郎家的人就到河边迎接。然后就是"闹洞房"，女人和小孩向新郎新娘讨要喜糖。促狭的朋友会在房中挂一颗喜糖或苹果，要新郎新娘同时去咬，提绳的故意做些小动作，要么糖一晃新郎新娘没吃到，要么新郎新娘的嘴唇贴在一起，吻个天衣无缝，众人就笑得前仰后合。

楼上在闹洞房，楼下挤满了人，在听"宣卷"。"宣卷"是苏州地区特有的民间文艺节目，和评书风格接近，但唱腔不同，更具有草根味。男女老少，有坐有立，挤得水泄不通，听得津津有味，一直到半夜一二点才散场。

亲友归去，新郎新娘在新房里窃窃私语，小两口在清点收到的见礼钱，把亲友的名字和礼金记录在册，以便日后还礼时参考。他们憧憬着未来的日子，兴奋冲淡了一天的疲惫。新婚之夜，就在忙碌、紧张、甜蜜和向往中过去了……

附：用直地区传统婚礼流程

男方攀亲

第一种是富裕人家，家里耕田多，缺少劳力。儿子尚小，无劳动能力，就让七八岁的儿子去攀小亲，委托媒人寻找媳妇，年龄要求媳妇比儿子大一点。女大四五岁，甚至八九岁。父母之命，媒妁之言，旧社会的婚姻大多如此。那花嘴媒人，两面说好话加谎话，只要把这门亲事做成功，就可以拿到钱。只要女方出帖到男家，接下来就是定亲，送小盘，盘里装些小媳妇的衣料，以及发饰。这小盘结束后，还有一次大盘，首先，金银首饰，衣料布匹，盘钱就是大米，二十石左右。（一石约一百二十斤，可以折算成钱）。十三四岁就结婚了，女方嫁到男家，其实是帮男方干活。几年以后，男方长大成人，双方才可能日久生情，生儿育女。

另一种是贫困人家，家里田少，自给尚嫌不足，但儿子长大了，约十八岁以后，就委托媒人去寻找对象，再拖下去恐怕更难找。媒人为了赚钱，就到远一点的地方去找，双方互不了解，不知对方底细，全凭媒人一张嘴。当时，未婚夫妻互不来往，直至结婚拜堂，才知男女双方面貌脾性。这种婚姻，就是一次性送盘，盘里装着未过门媳妇的衣料、棉袄、布匹、金银首饰、嫁妆钱。对穷人家来说，这是一笔不小的费用。有的穷人家就早早打定主意，从女孩多的人家，领养一个过来当"童养媳"，女孩背负养育之恩，纵然对未婚夫不满意，也含泪屈就了。

闺女出帖

婚姻帖纸用红纸头，拗成折子，长约六寸，婚帖上写的字如下：

有缘有情千里相会，同床同枕百年双睡。

应婚之帖

闺女年庚，即××年××月××日××时建生。

1980年前，在甪直民间，男女攀亲交换帖子是必走步骤。所谓交换定亲帖子（也叫婚约），就是交换写有各自生辰八字的红纸头。交换帖子后，大家才承认男女双方的亲事，亲家方可走动来往。若退亲，须把帖子退还对方。

娶　亲

甪直水乡传统婚礼，通常要操办四天。第一天，从前叫"倒猪场"，可能是大扫除做准备的意思，现在叫"搭棚"。到乡邻家中借棚帐数张，向村上亲朋好友借八仙桌及长凳。相帮搭大行灶，清洗锅碗，杀猪杀鱼等。厨师根据东家的意思"下菜单"，根据来多少人，配多少菜，做好第二天的准备。

第二天叫"待媒"，有款待媒人的意思。东家邀请二位媒人吃酒，一个叫"请媒"，是正式的婚姻介绍人；另一个叫"座媒"，一般由女方舅母担任。男家的亲眷、朋友都来吃喜酒。现在"待媒"这一天简略了，放到正日了。东家一早去邀请媒和座媒前来。

第三天叫"正日"，就是大喜之日。东家请好鼓手数名，负责敲锣打鼓。下午1点钟左右（也有的上午迎亲），女家行嫁船送到男家，到达河滩停船带缆。摇行嫁船人（四位弟兄），把嫁妆从船上搬到男家场上装好。鼓手吹打迎接，直至完毕。一般摇行嫁船的最后会留一两件贵重物品，叫男东家或新郎官加烟加钱，通常要求都能得到满足。然后，由男家派人把嫁妆搬进新房装好。男家摆茶水，请四位摇行嫁船人喝茶。现在女方摇行嫁船的和男方东家相帮的，一起把嫁妆径直搬到新房内，减少了搬到屋场上的环节。

下午3点钟后准备开堂船，那四位摇行嫁船人，和两位媒人一同乘堂船到女家。鼓手一路吹打，热闹喧天。堂船到了女家河滩头，那女家立刻把大门落闩。堂船上的鼓手上岸到女家的大门口吹吹打打，这叫吹开门。一般要吹打三次，女方家才开大门。堂船上所有的男方来客，全部上岸到女家休息，喝茶，吃瓜子、糖果、香烟等。

当天，男家委托一位"掌袋相公"，就是临时的账房先生，替男方管钱的，到女家客堂里，开销发放各种红包、礼钱。第一种叫"小开门"，由女家四位摇行嫁船的人来拿，当场就开封。通常红包内是三十元，摇行嫁船的一般会要求涨到四十元，四人均分，每人十元。第二种叫"大开门"，由女家的开客堂大门的人来拿，红包内是六元钱，一般要求涨到十元。第三种叫"落泪袋"，由新娘的父母和祖父拿，又叫"汏尿布"及"哭出嫁"钱，行情是六十元。第四种叫"抱新娘"，由新娘的兄长或表哥来拿，行情是十元。第五种叫"村规"，由女方村上无田无地的人，少吃无穿或孤寡无依靠村上供养的人拿，红包内是四元钱。第六种叫"栅规"，由女家村上看栅的人来拿，行情是四元。第七种叫"成衣"，由给新娘做新衣的裁缝来拿，行情是六元。第八种叫"达蒸"，由女家厨师来拿，行情是六元。第九种叫"茶拷"，由女家负责烧水的人来拿，行情是四元。第十种叫"席拷"，由女家相帮的人来拿，行情是六元。以上各种礼钱，是中华人民共和国成立前的行情，随着移风易俗的深入人心，现在红包名堂减少了许多，又随着人们生活水平的不断提高，红包金额越涨越高了。

以上各种礼钱开销完毕，轿夫把轿子抬到女家的大门口，鼓手吹吹打打，兄长抱新娘上轿，那轿子马上抬下堂船。鼓手们再上岸接"新阿舅"（新娘的哥哥或弟弟）、丈母娘或长辈，人员到齐，女方派人用篙子撑开堂船。堂船一路上喜气洋洋，吹吹打打，回到男家。回来的时候，堂船上的人，要望不见男家的屋脊头，也就是傍晚天色即暗之时。堂船即将靠岸，男家老东家（新郎的父亲）手提两只水桶，桶里各一杆秤，在船头前挽满两桶水，急忙朝灶房走，嘴里还喊着"抢水来哉"。厨师急忙回应道："饭镬潽哉，米窠满哉！"堂船靠岸停当，抛锚系缆，由新郎与鼓手接新娘入新房。再由新郎及父母等，到堂船前头迎接"新阿舅"和"做满月的老长辈"，上岸进屋。鼓手吹吹打打，热闹纷纷。

入席坐定，东家安排人在良辰吉时放炮仗，俗称"放高升"。高升是"高声"的谐音，讨个口彩，有步步高升之意。晚餐开席，新郎陪"新阿舅"坐一桌，"新阿舅"朝南方向坐，新郎朝东坐。新娘陪"做满月的老长辈"坐一桌（现在是陪伴娘和小姐妹坐一桌）。亲朋好友各自落座开吃。

正酒完毕，开始见礼。司仪主持婚礼（现在通常由宣卷先生主持），开场白："春色艳阳花开富贵，琴瑟和乐喜结良缘。"两位新人先向新郎的父母见礼，然后与其他老长辈见礼，顺序通常是：男方的娘舅、爷爷奶奶、伯父伯母、叔叔婶婶，其后按老长辈亲疏远近先后见礼。新郎新娘要称呼长辈，长辈要给红包。

见礼后是结亲。在亲友中选择四位男人（须原配丈夫，不可选择二婚或离婚男人），其中两位照花烛，两位负责传袋（递接麻袋送新郎新娘入洞房，有传宗接代之意）。选好两条红绿绸巾，连接起来，当中打个和合长寿结，新郎拿着绿汗巾一头，新娘拿着红汗巾一头。新郎倒走，新娘头盖方巾，与新郎面对面跟着朝前走，两边照着花烛，脚下有人衬着袋往新房里进。鼓手们吹吹打打，热热闹闹，将新郎新娘送入洞房。新郎用秤杆把新娘头上的方巾挑下，两人坐在床上，吃由喜娘送来的"和气汤"，结亲完毕。

第四天叫"回门转三朝"。由新娘的父母家，委托要好的人，前往新郎家迎接两位新人前来吃饭。回门船由摇行嫁船的四人摇。一对新人到了女家，有喜娘搀扶新娘和新郎，见过丈人丈母和祖父祖母等。又前往四邻人家，拜"家堂"和拜灶爷。新娘回门转三朝，回女方娘家吃饭。回门时间有的是结婚正日过后的第二天，有的是正日过后第一天，总之要取农历双数之日。

苏州水乡婚礼，如今简化了许多，也添加了许多新内容和个性色彩。现在农村里结婚，大体上保留着传统习俗，也有所改变。通常是连吃三天。第一天叫"副落桌",也就是结婚正日的前一天。东家搭好棚,借好桌凳(也有租的),请厨师开好菜单,有些菜先要买回来。叫好相帮的人,一般是十来个人。当晚东家请客,一些近亲会来吃晚饭。第二天为结婚正日,亲朋好友纷纷前来吃喜酒,贺礼钱有的事先给,有的当日带来,用红包包着,数额按亲情远近根据行情而定。第三天叫"吃刮冻",东家吃剩下不少酒菜,继续招待亲友吃中饭和晚饭,一般是一家叫一个。三天招待结束,婚礼才算圆满。民间传统婚礼模式,曾经与人们的生活密切相关,仍然改变不了成为历史的命运。站在时代的阶梯上继往开来,我们总能找到传统文化鲜活的基因。

元宵节炱田角落的传说

正月十五元宵节（也有地方是腊月二十四），这天夜里，在苏州甪直水乡，民间有炱田角落的风俗，村民们高举火把在田间奔跑，嘴里还念念有词。那奔跑的火光，就像舞动的长龙，在跳跃，在呼啸，在盘旋，气势磅礴，蔚为壮观；又像是天上散落的星星，闪烁着，穿梭着，燃烧着，密密麻麻，照亮了田野，照亮了乡亲们的脸。这是民间的"灯会"，草根们的狂欢，又称烧田财。那么，甪直人为什么在元宵节举行声势浩大的炱田角落活动呢？原来，这里还有一个传说故事。

很久以前，甪直只是一个村庄，叫甫里。甫里靠近东海，甫里人过着丰衣足食的生活。可是，有一年刚过除夕，当人们还沉浸在欢乐祥和的喜庆气氛中，几个村子里的住户，都发现少了很多东西，有的鸡没了，有的猪不见了，有的羊缺了几只。人们纷纷猜测，以为来了小偷，都对这个小偷十分痛恨，大过年的，其存心破坏大家的心情，可恶。有几个村民自发地组织起来，在夜间巡逻，准备抓住那个小偷。

一天深夜，人们进入了甜美的梦乡，只有几个充当巡逻队员的年轻人还在警惕地守夜。忽然，前面孙家的羊圈里传来几声悲鸣，几个年轻人情知不好，连忙提着木棍，三步并作两步地冲过去，只见一个庞大的黑影从眼前一晃，几人还未看清是什么东西，手中的木棍就被一股巨大的力量夺去，姓张的年轻人还被一只毛茸茸的爪子抓破了手臂。几人吓出了一身冷汗，顾不得面子，连忙四散逃回家去。第二天才知道，孙家一圈六只羊全都死了，都被咬断了头颈，血淋淋的，死得很惨。

人们都有些害怕，搞不清那黑影是什么怪物，但村子里必须要有人守夜，不然损失会更大。于是，村里挑选了十来个胆大的青壮年负责警戒，准备了铁锹、木棍、鱼叉等武器自卫。人们想了很多办法，却无法阻止那怪物前来作乱，仍经常有人畜被那怪物伤害。眼看着这个春节过得人心惶惶，人们都对那来路不明的怪物恨得咬牙切齿。

甫里的富户王员外想到了"重赏之下，必有勇夫"，他张贴告示，说谁能挺身而出，为民除害，他不但赏银三百两，还赠送良田百亩、绸缎百匹，并且愿意把视若掌上明珠的独生女儿嫁给那位英雄好汉。告示贴出来后，几天来，看热闹的人络绎不绝，却无一人站出来应聘。

正月十五那天上午，一名年轻人来到王员外家中，说是来为民除害的，王员外闻讯喜出望外，待到出来一看，心凉了半截，那年轻人文文弱弱，看上去手无缚鸡之力，怎能为民除害呢？恐怕怪物没除，反倒搭上一条性命。王员外连连摇头，以为那书生是个"书呆子"，不知天高地厚。那书生却是一副胸有成竹的样子，他对王员外说："那怪物神出鬼没，只可智取不能力夺，我自有办法，您只管吩咐众人如此这般，同心协力，保证那怪物不再来犯，确保一方平安。"王员外听他说得头头是道，决定试试。

当天晚上，一轮明月挂在夜空，照得地上亮如白昼。那书生安排众人做好埋伏，只等他到时一声叫喊。不多久，就听到前边树林哗哗作响，一团黑影张牙舞爪地扑向这边，书生见那怪物接近村外田野，一声大喊："点火！"顷刻间，四面八方，火光冲天，人们纷纷举着噼啪作响的火把冲向怪物。怪物看到无数火把一齐出现在田野，人们的叫喊如海啸奔腾，势不可当。它顿时惊恐万状，眼看一个个火把熊熊燃烧，勇敢的人们和愤怒的火焰如排山倒海般涌来，再不后退，它将被活活烧烤，死无葬身之地！它被吓破了胆，慌忙转头逃命。人们在它后面追赶着，叫喊着，继续在田野里举着火把搜索了好几个来回，再也没发现那怪物的影子。直至半夜，人们才长舒了一口气，放心地回家睡觉去了。

一个月后，人们簇拥着书生来到王员外家，要他兑现当初的承诺。王员外欣然答应，并请书生告诉大家，他是怎么想出那个法子把怪物赶走的。书生笑道："我暗中观察过几次，发现那怪物是从海里来的，我翻阅古籍，知道它叫'年'，远古时期就上岸作乱，出没的时间主要在岁末年初，当时被勇敢的先人们打败了，可是它贼心不死，妄想卷土重来。大家知道,水火相克,它既是水中怪物,我就想到用火攻之,果然奏效。这次成功把年赶走,全靠大家齐心协力,我只是动动嘴而已。"乡亲们都说:"这次能顺利度过年关,这位公子功不可没,王员外,你要说话算数啊!"

王员外见那书生既有智慧又很谦逊,很放心地把女儿嫁给他,还说:"择日不如撞日,今天就完婚,一切费用我来,村里的乡亲都请来喝喜酒,不要客气!"农历二月没什么节日,人们嘴里寡淡,一听可以免费喝喜酒,齐声贺喜。

从此以后,那怪物再也没有出现,年关不再难过,人们又过上了安宁的日子。人们把正月十五元宵节夜里举火把在田野奔跑的风俗,一直沿袭下来,还有了"炰炰田角落,开年养只大猡猡;炰炰田角落,麦穗赛过牛尾巴;炰炰田角落,牵笼要牵三石六"的民谣,表达了人们期盼风调雨顺、五谷丰登的美好心愿。

雨花忠魂陈继昌

"喝水不忘挖井人，树高千尺不忘根。"在树木葱茏、庄严肃穆的南京雨花台革命烈士陵园，长眠着一位来自江南古镇甪直的热血男儿。他叫陈继昌，生前是南京电讯局地下党员。1930年8月18日壮烈牺牲。

陈继昌，1906年出生于苏州市吴中区甪直镇。他是叶圣陶先生的学生，叶圣陶在甪直执教时，就租住在他家楼上。1919年"五四运动"爆发，他和同学们在叶圣陶带领下，罢课游行，宣传爱国思想。他还帮老师油印革命报刊《直声》，在甪直，发出正直的呼声，让人们觉醒。有一

陈继昌像

次，叶圣陶看到陈继昌在翻阅《水浒传》，随口问道："梁山一百零八将，你最喜欢谁？"陈继昌说："我最钦佩鲁智深，其他一百零七个好汉，都是因为自家的事情被迫上梁山，只有鲁智深是为了与他毫不相干的金家父女，抱打不平，三拳打死了镇关西郑屠，这才投奔了梁山。"叶圣陶为他的独特见解连声称赞。

陈继昌高小毕业后，到上海浦东中学就读，因参与学潮，呼吁"宁做枪下鬼，不做亡国奴"，被学校开除。随后，他跟父亲去汉口电报局学报务技术。1925 年 5 月 30 日，上海发生震惊中外的"五卅惨案"，陈继昌从报上读到叶圣陶先生写的《五月三十一日急雨中》，看到洋人残杀中国人的恶劣行径，看到国民政府对洋人的奴颜婢膝，不禁义愤填膺。

1926 年，陈继昌进南京电讯局成为一名报务员。1927 年，他加入了中共地下党组织。当时的南京，白色恐怖笼罩全城，军警特务密布各处，他们四处活动，搜捕、暗杀共产党人和革命群众，闹得人心惶惶。在这险恶环境中，从事革命斗争随时都有被捕牺牲的危险。但是，陈继昌毫不畏惧，对革命事业忠心耿耿，将生死安危置之度外。他与几位同事在电讯局内成立党的外围组织互济会，从事革命活动。他们以互济会名义编写《力社月刊》，宣传革命思想，把红军的胜利捷报告知民众。晚上，陈继昌活动于夫子庙、下关火车站等地，手提竹篮佯装购物，下面放着传单标语，上面盖着衣服杂物。第二天，这些革命传单、标语出现在市民眼前，让市民看到希望，备受鼓舞，也让敌人胆战心惊。

南京电讯局是当时国民党南京政府函电传送的重要枢纽，信息传递频繁。陈继昌等地下党员，根据上级指示，积极行动，利用报务员的合法身份，千方百计搜集国民党内部政治、军事情报，并将截获的重要情报，及时而秘密地送达党组织。

1930 年 7 月，电讯局局长陈伯阳无理开除报差陈山。陈继昌、冯柏六等人以党的外围组织互济会出面，发动工友进行抗争。7 月 26 日晚上，陈继昌和几名地下党员一起，根据上级指示，组织全局职工集会罢工，致使电讯局业务瘫痪，南京和各地无线电联络中断，南京政府十分惊慌。

陈继昌和工友们在秀山公园召开"反饥饿、反解雇"斗争大会，会

五卅惨案后现场

议推举陈继昌、李传夔、蒋宗銮等十人为主席团成员。电讯局局长陈伯阳怕上峰怪罪,指使特务四处密查,列出"黑名单"后密报国民党高层。7月29日凌晨4时左右,南京城区还笼罩在黎明前的黑暗中,南京卫戍司令部突然派大批军警包围了电讯局宿舍,将陈继昌、李传夔等十名主席团成员逮捕。

陈继昌等人被捕的消息传出后,全国各地电讯局同仁极为愤慨,纷纷声援,要求反动当局立即释放被押人员。敌人对陈继昌用尽酷刑,拷问"谁为指使者",陈继昌斩钉截铁地回答:"是我,与别人无关。"虽然身陷囹圄,陈继昌始终牢记叶圣陶先生说过的话:"我们不要怕强权,只要真诚自觉,真能奋斗,最后胜利终属我们。"

1930年8月18日下午3时许,双腿被打折、肋骨被打断的陈继昌,被敌人架着拖上南京雨花台。虽然肉体饱受摧残,但陈继昌神情自若,视死如归,缓缓吟诵着刘禹锡《乌衣巷》中"朱雀桥边野草花,乌衣巷口夕阳斜"的诗句,英勇就义,年仅二十五岁。

陈继昌原本有着不错的家境,但为了崇高的信仰,他舍小家为大家,宁愿放弃拥有的一切，包括年轻的生命。抚今追昔，我们今天的和平幸福，来之不易，正是千千万万如陈继昌一样的革命志士，"抛头颅洒热血"，才有现在的安定繁荣。"团结凝聚力量，奋斗创造未来"，今天我们缅怀先烈，也是为了不忘初心，为开创美好的新时代，洗涤风尘，坦荡前行！

远去的村庄

我家在苏州水乡，记得小时候，我在小河里钓虾，一根小竹棒，一段缝衣线，一条红蚯蚓，就能把许多河虾钓上来，煮熟了，红彤彤的，又嫩又香，想想都能流口水。清明节前后，我会提着竹篮，到田埂上用小刀挑马兰头，这是一种野菜，炒来吃，有一丝淡淡的清甜，据说能清心明目，若把马兰头在沸水里过一遍，捞上来晒干，可以当零食。放暑假后，我喜欢钓鱼，把钓来的鳊鱼或鲫鱼，取了内脏，洗干净，先油煎一下，然后放半锅水清煮，再放一点盐和姜蒜，煮出来的鱼汤呈奶白色，鲜美可口，至今想起来，还得咂咂嘴。

当时，谁家不养几只鸡、几只鸭，养上一两头猪？我的奶奶对我说过，做人，既要勤俭，又要节约，才能一点点积累，好日子也就慢慢来了。用秕谷喂养鸡鸭，早晨喂一次就够了。平时都是放养的，鸡会找虫子吃，鸭子会从河里找螺蛳吃，绝对不会喂它们吃什么激素。鸡蛋，可以炒菜，可以换钱，还能孵化出小鸡。听说现在的鸡，养二十天或三十天就能长到几斤，为了让蛋黄呈红色，还要给鸡喂添加剂，那能吃吗？急功近利，唯利是图，人心是什么时候开始变浮躁了，变功利了？

晨曦初现，雄鸡迫不及待地唱起歌来，"喔喔"声此起彼伏，勤快的主妇就起来淘米烧粥，几缕炊烟从烟囱袅袅升起，若有微风吹拂，它便婀娜多姿，扶摇而上。河滩边的捣衣声，竹林里的鸟叫声，夹杂着"汪汪"几声狗叫，每天早晨，村庄里都重复着这样的交响乐，但人们百听不厌，乐此不疲。平淡充实的生活，像村后的小河水一样，缓缓流淌，经久不息。一村人，亲近得就如一家人，碰个面，都要打声招呼："吃了吗？"似乎吃是头等大事。男的递根烟，女的凑在一起聊天，家长里短，总有说不完的话题。每家的生活都差不多，贫富差距很小，生活清贫而快乐，人们对未来充满美好向往。直到长大了，才知道未来就是如愿以偿的日子还没到来。

养猪是人们主要的副业收入来源，一年养两头猪，喂的是猪草和青糠，上半年养的猪卖给肉联厂，换点钱补贴家用，下半年养的猪，腊月里杀了，过年吃，多余的腌起来，在太阳下晒，直晒到酱红色，油光光的滴得出油，这时的腊肉很香，一直吃到来年夏忙。家里有客人来了，割一块腊肉，买几两咸花生，就是最好的下酒菜。现在的泔脚猪、垃圾猪，还有喂瘦肉精的猪，味道很怪，放很多调料也压不住那股异味，没有从前的鲜香了。

上半年，每家的口粮田，一半种小麦，一半种油菜。麦子和油菜籽，大部分粜给粮管所，留一部分麦子从面粉厂换面粉。当时的面粉就是面粉，不掺石膏粉，擀的面条特别好吃。菜籽油也是，黄澄澄的，很清，很稠，除了炒菜用外，姑娘们还喜欢把菜籽油抹在头发上，这是最好的护发油，把头发保养得乌黑油亮。现在什么地沟油，还有用腐臭的猪肉熬的猪油，如此缺德冒烟的事都做得出来，真不知道人是进化了还是退化了？

城里不让养猪，养鸡养鸭都不行，养狗也要办证，虽宠物少了，但感觉并不比以前安静。在化肥还没流行的时候，猪粪是名副其实的农家宝，年前就把猪粪撒到田里，让小麦和油菜花在开春以后茁壮成长。做水田的时候，把猪粪均匀地撒到田里，水稻长得更好，颗粒更饱满。那时没有抽水马桶，家家屋后有一口陶瓷大缸，一大半埋在地里，地上露一小半，上面用柴草搭一个简易棚，这就是农家的厕所。人的排泄物，一点也不浪费，不是浇菜就是肥田，这就是自然的循环。

我家院子里，种着两棵桃树，阳春三月，枝头上挂满了粉红的桃花，娇嫩得就像邻家女孩的脸庞。也有人家种着橘树和梨树，没有一家打围墙，大多栽种着冬青和蔷薇，当成栅栏。冬青和蔷薇生命力强，扦插就能成活，只要起初浇一点水，后面不用管它，它照样长得茂盛，开得灿烂，如同农村的孩子，极易养活，用不着娇生惯养。我们经常与蝴蝶、蜜蜂、蜻蜓、螳螂等作伴，有时捉着它们玩，并不伤害它们。有时，用一个玻璃瓶，里边放几朵油菜花和蚕豆花，捉几只蜜蜂放在瓶里养，养了几天，又把它们放飞了。有时，在水沟边的柳枝上捉几只蜻蜓，放在蚊帐里，让它们吃蚊子，早上把蚊帐掀起，让蜻蜓自由飞走。有时，走在路上，看到身边翩翩飞舞的蝴蝶，并不去追逐，因为从小知道梁山伯和祝英台的故事，也许那一只只蝴蝶，就是他们的化身。

身边的小动物越来越少，竹和树少了，农田少得可怜，蝴蝶、蜜蜂、蜻蜓，这些小精灵的身影，别说是城里，就是农村孩子也很难见到了。以前，稻田里随处可见的螃蟹也没了踪影，如今我们在餐桌上吃到的，都是人工养殖的。上过小学的孩子，都知道一句词："稻花香里说丰年，听取蛙声一片。"然而，孩子们不知道稻子长什么样，也没见过青蛙，哪能体会在月朗星稀的晚上，人们坐在屋场上，一边聊天，一边聆听青蛙欢唱的情景？我们读唐诗宋词，而唐诗宋词里的意境，已经渐行渐远。缺乏生活体验，古诗词的美妙意境，孩子们很难感受到了。

身处江南鱼米之乡，河道纵横，人们用河水灌溉，妇女们在河里洗菜洗衣，孩子们在河里游泳。一条条小河四通八达，那是天然的游泳池。当时，河水那个清呀，可以望见一米深的河滩上躺着的鹅卵石，小鱼小虾在自由地游弋，人们口渴了，双手掬一捧河水，咕咚咕咚地喝下肚去，消一身暑气，解一身困乏，透心的清凉。村里每年要疏浚河道，村民用罱网从河底捞起淤泥，放到船舱里，又舀到河边的泥塘里。田野里生长着连绵的红花草，一眼望去，就像铺上一层花地毯，非常的漂亮。我们惬意地躺在散发着泥土芳香的田野里，仰望着蓝天白云，人与自然就融为一体了。红花草的用途，主要是和淤泥混在一起当农肥，也能用来喂猪、炒菜，还能放在粥和饭里一起煮熟，充当粮食。

人们在一些河塘里，养上红菱，种上莲藕，在一些低洼地里，种上荸荠、慈姑和茭白。以粮为纲的年代，人们勤劳而朴实，虽苦犹甜。人们对土地的热爱，是真挚的，深沉的，不容置疑的。大家都相信一分耕耘，一分收获。

我给你描绘的昔日生活场景，就发生在二三十年前。

不知什么时候起，各种各样的工厂，包围了我们的城镇，我们呼吸的空气，漂浮着各种粉尘，不再清新舒适，近在咫尺的小河，面目全非，不复往日的清澈，我们每天吃的东西，早已不是原汁原味，食品里掺进乱七八糟的东西，人何尝不是在自食其果、害人害己？人类是世界上最大的刽子手，很多动物的绝迹，不是死于天敌，不是死于传染病，而是死于人的食欲和贪婪！解铃还须系铃人，要挽救这一切，只有靠我们自己！

  一个地方就是再富有，如果环境受到污染，不适宜人类居住，那房子再漂亮、钱再多又有何用呢？只有保护好环境，保护好梧桐树，才能引来更多的凤凰，才能让更多的人安居乐业。这些年，我们得到了什么，又失去了什么？是什么样的利益驱使，使我们把祖先传承了几千年的青山绿水，弄得千疮百孔、污浊不堪？我们要呵护自己的家园，不能让环境危机，影响社会可持续发展的大局！让生态文明之光，照亮我们的生活，护航前行的里程！

  镶嵌在广袤田野上的一个个村落，是孕育人类文明的摇篮，维系我们万千牵挂的故乡。田里种着庄稼，田埂边长着豆苗，河滩边的荒地种着山芋，还有茄子、黄瓜之类，地也争气，总是给农民丰厚的回报。那时不富裕，但个个能吃饱，大家积攒着小钱，追寻着小康之路。

  现在的孩子，喜欢窝在家里看电视、玩电脑，我小时候没电视看，孩子们一有空，就凑在一起玩耍，跳绳、追跑、捉迷藏、跳方格、弹球、折纸船、扔飞机等，玩得不亦乐乎。我喜欢看小人书，《铁道游击队》《三国演义》《水浒传》，我看了好几遍，还跟其他小孩换着看。顽皮一点的小孩，喜欢摔跤，那被摔倒的小孩，不服气，嚷嚷着再来。当时没水泥地，屋场大多是泥地，摔在地上也不怎么疼，就是被摔得鼻青脸肿，大人见了也不生气。换成现在，孩子跌破一点皮，流了一点血，受了一点点委屈，家长就大惊小怪，纠缠不清。父母是孩子的启蒙老师，怎么以身作则，这是家长必须面对的问题。

  浪费可耻，节约光荣，这是我从小就有的认识。分田到户后，人人有饭吃，不会挨饿了，但我每次盛饭，父亲都会要求我把碗里的饭吃完，不能有剩下，就算我吃饱了，剩下几口饭实在吃不下，父亲仍叫我把剩

甪直香花桥及水乡服饰

饭吃完,还教训我说:"你不饿,就少盛一点,没吃饱还能再添,又没人跟你抢,你盛多了吃不完,就是浪费!"母亲说:"碗里的饭粒不吃干净,脸上会长麻子的。"我只得打着饱嗝继续吞咽。有时,母亲要我把掉在地上的饭粒捡起来吃掉,我会嘟嚷:"饭粒脏了,吃了不卫生。"父亲毫不留情地说:"饭是从米来的,米是从稻来的,稻是从地里来的,谁嫌地上不卫生,谁就别吃米饭。"

后来,城镇在改造,在扩建,在大踏步前进,农村在节节后退。靠近城市的村庄,被圈进了开发区或者新区的范围,乡下人有幸成了城里人。

我离开学校回到农村。母亲说:"你不是当农民的料。"父亲说:"你还年轻,应该出去闯一闯。"家是最包容的港湾,我知道父母不是在埋怨我,他们希望我有出息,不希望我过早地成为他们种田的接班人。我在家一边看书学习,一边考虑另谋出路。不久,我当起了村里小学的代课老师，我喜欢这份工作，喜欢孩子，但喜欢不代表拥有。后来我也进过厂，开过店，努力让自己的生活过得充实。现在的生活压力越来越大，我们明显感到身边的年轻人入不敷出，他们晚婚晚育，是迫于经济压力。我们应该怎么做，才能真正提升幸福感？

有一天，父亲说，我们村可能要拆迁，房子会被推为平地。我很吃惊，不信。我说："这儿又不是开发区，离城里有好一段路，前面的村庄还没拆迁，要拆也轮不到这儿。"可是果然没过多久，有人来测量土地，打下一个个木桩。拆迁方案很快下来了，我们村庄要整体拆迁，第一期在拆迁范围的有五十六户人家，全部搬到拆迁安置小区。我们都陆陆续续、依依不舍地搬走了。年轻人对搬到哪里无所谓，他们无法体会老人们的怀旧心情。这个村庄或许已存在了几百年，乃至上千年，大家祖祖辈辈在这里生存繁衍，突然之间，这儿要变成废墟，一个村庄从地平线上消失，从大家的记忆中抹去，的确很难让人接受，不免让人留恋又感伤。好多人在搬走前，一连几夜睡不着。俗话说："故土难离。"日积月累的眷恋，早已融入人们的血脉之中，割舍不了，分离不掉。换一个新地方，打乱了原有的生活秩序，大家需要一个适应的过程。

原以为，我们将世世代代在这里生存，直到地老天荒，没想到，一条高速公路穿村而过，全村人都得让路。随着工业化车轮的滚滚推进，城市的规模在不断扩增，大量的拆迁，催生了房地产和运输、建材、装修行业的兴旺。拆迁无所谓好与不好，每个人都有自己的诉求，只是我生活过的那个村庄，已不复存在。即使留下来的一些村庄，也逐渐变成空村，只有一些留守老人，年轻人都住到城里去了。农村的活力如何保持？这需要面对和探路。村庄的消失或迁移，切断了乡村成长的脉络，眼前好过，不代表未来能持续，保留城乡的二元化结构，才有腾挪余地，才有更广阔的发展空间。

我国人口在增加，耕地面积却在减少，世界上不仅有经济危机，还有粮食危机，我们不能麻木不仁，吃饭问题不是个小问题，不能被别人扼住咽喉。粮食是保障人类生存的生命线，我们要加强对耕地的保护意识，加强对地产粮食品种的扶持，这和环境保护同等重要，如果一味靠进口解决我们的粮食缺口，一是我们会失去定价权，二是我们会失去拯救生命最后的一根稻草。

国家已经意识到"三农"问题的严峻与迫切，"乡村振兴"的号角渐次吹响，一切都在好转，让我们拭目以待！

童年纪事

小时候，我家在甪直的唐家浜，屋前是一片四季常青的竹园，屋后是一条蜿蜒流淌的小河，河北面是绿色的田野，村南不远处是波光粼粼的澄湖。

我的爷爷在中华人民共和国成立初期做过乡长（湖北乡和张林乡），与戴全生、费金宝、张香林等人搭档工作过。后来下放到农村，负责村上的养猪和养牛。养猪场在村外有点偏僻的公场。在我六七岁时，每天晚上和爷爷一起睡。虽然我不相信世上有鬼，但夜里一个人走在河边的小路上，听到庄稼地里的簌簌声响，还有河滩边"扑通扑通"不知是鱼儿还是老鼠的戏水声，我还是有点害怕。我就在心里反复默念："我不怕，我不怕，我不怕……"于是，心里就真的不怕了，不知不觉就走到目的地了。这个方法很灵验，当我参加工作以后，有时上夜班独自一人回家，经过野外坟场边长长的小路，就用这句话给自己壮胆。后来父亲对我说，心里没有邪气，就不会害怕，鬼也不会招惹你。

每天放学后，我要去放牛。牵着大水牛，在村边田埂上让它自由地吃草，有时我会骑在牛背上，优哉游哉地眺望远方。田野就像绿色的地毯，看着舒坦。我想：如果有一天，我能到那一望无际的大草原，骑着一匹白骏马，欢乐地在草原上奔跑，该是多么惬意的事。天热的时候，水牛不时往河里跑，它是想痛痛快快地洗澡，这时就不能硬拉住它，而要顺着它。记得那时我还没学会游泳，但有几次却是骑在牛背上涉水过河。现在的家长是绝不敢让孩子这么做的。牛有两个尖而有力的角，许多孩子不敢近前，怕它一发怒用角伤害人。其实，牛的脾气很温顺，只要你不惹它生气，它一定是值得你信赖的好伙伴。也许，动物对人是有感应的，你对它好，它也会对你好；你对它不怀好意，它也会提高警惕。

有时在牛棚里，我还会站在宽厚的牛背上，去屋顶的毛竹筒里掏鸟蛋。我曾经养过一窝小鸟，从那刚出窝的粉嫩的小鸟，一直喂到它们能展翅试飞。可怜那四只小鸟，在我上小学的第一天，被野猫咬死了，让我伤心了好几天。

我家屋前的竹园很大，是村上许多人家的竹林合在一起的，乡里曾借用这个竹园开过三级干部现场会。闷热的夏天，竹园里聚集着四乡八邻前来乘凉的人，有的在闲聊，有的摊开草席在午睡，有的孩子用草绳在竹子与竹子之间编织一只只吊床，躺在上面晃晃悠悠，我则安静地坐在大人和老人旁边，聚精会神地听他们讲故事：有日寇的残暴，有强盗的野蛮抢夺，有他们年轻时候的一些有趣的事情。那时的人是勤劳的、单纯的、朴实的，能够吃饱穿暖，就是全家人一年的盼头。电风扇、电视机、自行车，是几年以后才出现的，那可是当时的三大件，一般结婚的时候才会购买，普通人家舍不得买。

暑假是孩子们最快乐的时候，我们可以在小河里尽情地游泳，还可以摸螺蛳和河蚌。那时的螃蟹一点不稀奇，随便在河沟里蹚一遍，脚底下就能踩到好几只，出去一次捉个一网兜螃蟹回来，再正常不过了。晚上，微风徐徐，繁星点点，我们到新插秧的水田里捉黄鳝。可能是初生牛犊不怕虎，夜里在脚边遇到蛇也不害怕。钓鱼是我的拿手好戏，暑假里，天蒙蒙亮时，我就提着鱼竿，带着用油菜籽饼和面粉糊成的饵料，到村外的小河里钓鱼。河里的鱼可真多，我一天可以钓到五六条鲫鱼和鳊鱼之类，中午也不回家吃饭，弟弟给我送饭来。鲤鱼和昂刺鱼是吃荤的，我们就用地里的蚯蚓和树上的皮虫作诱饵；鳊鱼和鲫鱼是吃素的，我们就用面粉、菜籽饼、菜籽油做的诱饵把它们钓上来。那时的鱼特别鲜嫩，自己家吃不完，大多送给亲戚家了。那时的人际关系，特别简单和真诚，不像现在那么复杂。

我的父亲在大队的饲料加工厂工作，家务活和庄稼活大多由我母亲起早贪黑地辛勤劳作。父亲当时一个月的工钱只有六元钱，记得我刚上小学时是不用交什么费用的，二年级开始才每个学期交两元钱的书本费，学费免交。那时我和弟弟上街，公路还没通，要拐弯抹角穿过许多村庄和乡间小路，走将近一个小时才能到达镇上。父亲每次给我们五角钱，我们理一个头发是一角五分，两个人用去三角钱，为了少理一次发，总是把头发剪得很短。有时，兄弟俩走得热了，就在路边花二分钱喝一杯碧绿甘甜的清凉茶（薄荷茶），实在感到饿了，再花八分钱合吃一碗馄饨，这样用下来，还有多余的一角钱，大多让我偷偷买了连环画看。有时馄饨舍不得买，就把钱积攒起来，等到下一次上街，我又可以买我喜欢看的《三国演义》《阿凡提的故事》等连环画，在回家的路上津津有味地看起来。弟弟回家后，总要设法掩护我，骗爸爸妈妈说是我们买馄饨吃了，其实他没吃到，理发剩下的钱让我买书了，但他毫无怨言，因为他知道我喜欢看书。我们兄弟俩一路成长，相互信任，相互扶持，其实还是弟弟帮助我多一些，他总是无怨无悔，在我困难的时候伸出援手，让我既感动又惭愧。

农民的儿子早当家。父母辛勤劳动，经常不在家，我就得学会独立生活。在八九岁时，我就学会了烧饭、炒菜，炖蛋、煎鱼之类的家常菜都会做。那时没有经济收入，过年的时候才会买一点好吃的，平时都是吃自家种的蔬菜，有客人来，就拿出储备的鸡蛋、腊肉、腌菜之类招待。小时候的我十分朴素，糖果之类零食是没有的，把毛豆干和马兰头在沸水里煮一下，捞起晒干，就是美味的零食。抓一把装进口袋，在上学和放学路上，看到别人家的孩子有的在货郎担上买水果糖和杨梅干，我就掏出毛豆干来解解馋，香喷喷很好吃。

小时候的我，几年才有一身新衣裳，平时穿的，都是带有补丁但母亲洗得清清爽爽的衣服。顽皮是孩子的天性，我虽然不是很调皮，但还是会和同学们一起玩耍，容易磨破裤子的屁股和膝盖处，母亲总是一层一层细细密密地给我缝补好，而新衣裳是一年到头也难得穿出来。只有逢年过节，母亲才会从箱子里取出来让我穿几天，可惜有的我才穿了两三次就不能再穿了，因为我长身体快，就留下来给弟弟穿了。当时家里穷，一件衣服常常是哥哥穿了弟弟穿，缝缝补补能穿好几年。

我的小学一二年级，是在澄湖边碛砂寺改建的学校上的。学校在碛砂村的村后头，校址高出地面一米多，四周有围墙，门楼高两三米，有精美的砖雕，具体什么图案不记得了。记得大门两侧有两只憨态可掬的青石小狮子，后来不知去向。孩子们经常在操场上玩老鹰捉小鸡的游戏。放学后的孩子要做家务，有时搓绳，绳子从家里一直搓到操场，有几十米远。操场南端还有一口古井，平时一直用石板盖着，干旱时期村民会把石板移开，从井里取水。这是一口古井，上端狭窄下端宽敞，井水清冽甘甜。我上学时要走过很多田埂，田里会出现一些人的骨头，甚至骷髅，但我们丝毫没有害怕。那年春天，我在一条断头河浜里，发现一条金黄色的大鲤鱼，在河面时浮时沉。我用树枝把它拨到岸边，想把它抱起来，鱼却从我手里滑走了。另一位同学来帮我，我抱鱼头，他抱鱼尾，我们合力想把鱼捞到岸上，没想到鱼特别滑溜，又从我们手里滑回河里。正在这时，一位五年级的学生经过，他二话不说，跑到岸边，用手抓住大鲤鱼的嘴和鳃，一下就把大鱼捞了起来。我原想他会把鱼儿交给我们，没想到，他拎起鱼就走了。第二天，我听人说，那条鲤鱼有十三斤半，是产卵时晕过去的。这件事给我的印象极深：一是人要获得某样成果，需要掌握一定的技巧；二是世界上有掠夺别人东西的人存在。人和事，在世界上是多元的，我们必须正视这种现象。

我上三年级时，每天放学后，先做完作业，然后步行半小时到周家浜的外婆家帮忙。当时还是集体经济，我的三个舅舅已成年，跟随大人一起干活。我的任务是，先送点心到外婆他们劳动的田头，然后烧夜里吃的稀粥。因为夏天的下午时间长，舅舅们年轻力壮，不经饿，就需要在下午三四点钟补充一点食物。民间说法叫"吃点心"或"吃小饭"。有时我就送去他们中午吃剩下的饭菜，没什么菜时我就炒两个鸡蛋；有时就给他们送去我用面粉糊稀后摊的"面衣"，我会采两张新鲜翠绿的丝瓜叶子，切碎了和在面里，做出来的面衣，清香怡人，味道可口。晚上喂好了鸡鸭，我就睡在外婆家，第二天一早出发去上学。大娘舅和小娘舅睡一张铺，我和二舅睡同一张铺。我留在外婆家，最主要的原因，是我喜欢听二舅那台收音机里的广播节目，如广播小说《夜幕下的哈尔滨》、苏州弹词《珍珠塔》、评书《三国演义》《七侠五义》等，陪伴我度过了一个个宁静的夜晚。

外婆家养着一条狗,那是一条纯种的焦黄狗,全身棕黄,没有一丝杂毛。它性情温顺,和我一见如故,对我特别亲热。我给它起了个名字叫"阿黄"。那年冬季,阿黄不知被谁打断了左后腿,一瘸一拐,走路很不方便,我把它抱回我家,给它的伤腿上了云南白药,用布包扎好,每天向亲戚讨来肉骨头给它吃。一个月后,它的腿竟奇迹般地痊愈了。阿黄从此把我的家当成了它的新家,不愿意再回到外婆家。它的性格真是太温厚了,我从没看到它和别的狗打过架,更不用说是咬人了。它熟谙我和父亲的脚步声。我放学后,它会跑出很远的路来迎接,在我脚边撒娇一样"呜呜"叫着,翻滚着。我的父亲夜班很晚才回来,阿黄总是跑到村边的桥头,轻轻地欢叫着迎接主人。有一次,我的父亲坐船去镇上办事,阿黄沿着河边跟着行驶的船跑出很远,父亲于心不忍,就把阿黄抱上了船。父亲在镇上办完事,急匆匆就乘船回家,竟然粗心大意把阿黄忘在了镇上。我们一家不住地埋怨父亲不小心,不该把那么好的阿黄弄丢,真没想到,第二天,阿黄居然回来了,简直让人难以置信!从镇上到我家的路,阿黄从来没有走过,可想而知,它走了多少冤枉路,才能摸索到回家的路啊?看到阿黄站在家门口那疲惫而又欣喜的眼神,我们全家禁不住热泪盈眶。

那时不知怎么回事,各地忽然冒出许多收狗杀狗的人,一说是卖狗肉挣钱,二说是把什么狗鞭卖给城里人。收狗的集市,主要是在甪直镇上的"剥狗桥"(环玉桥),狗贩子则走村串户收购大狗,不知他们要那么多狗干吗。有一个邻村的矮个男人来找我的父亲不下十几次,说要收购我家的阿黄。别人家的狗只值七八元,我家的阿黄他愿意出十元,后来干脆出价十二元,说得我的父亲有点动心了。十二元,在当时那可是两个月工资哪!父亲曾带着那个人到我家来了三次,都被我死活护着阿黄阻挡了。那个人还想用一元钱来贿赂我,说是另外再给我的零花钱。我哪里稀罕这一元钱,就是再多的钱,我也不会答应把阿黄出卖的。阿黄是通人性的,我的生肖正好属狗,在我幼小的心灵里,阿黄是我的亲密朋友,我怎么能为了自己的利益而出卖忠诚的朋友呢?

然而,意想不到的悲剧还是发生了。有一天中午,我回家吃饭,一路上就隐隐感觉浑身不对劲，好像有什么声音在哭泣，又有一个声音在催我快点回家。当我一路小跑回到家，我的心犹如掉进冰窟窿里一样凉透了，因为当天是如此安静，我没有听到阿黄的欢叫，我预感阿黄出事了。果然，父亲悔恨交加地对我说，他把阿黄卖了，十五元，在一个小时前，那个杀狗人把阿黄吊在树上，连捅三刀，阿黄拼死挣扎，就是不断气，鲜血流了一地，阿黄的眼睛始终求助似的看着父亲……我完全可以想象，那眼神里充满着多少疑惑、哀怨、迷茫和痛苦！可是父亲已经无能为力了，他收了人家的钱，阿黄的命运已经无情地被人收买了。可爱的阿黄，可怜的阿黄，最后被那矮个子男人吊在树上杀死了。我无法责怪父亲，他有他的难处，他要养家糊口，供我和弟弟读书，一切都需要用钱，阿黄成了无辜的牺牲品。我可以想象，阿黄在流血的同时，眼里一定还有泪！

十二岁的严冬，接踵而至的是，我的奶奶去世了。年初八，奶奶已经说不出一句话来。清晨，她咽下了最后一口气。她患的是胆囊炎，今天看来并非不治之症，但家境贫困，舍不得去看病，一直拖拖拖，最后是痛死的。我看着大人们给奶奶擦洗身体，更换寿衣。奶奶的遗体安详地躺在客堂中央的床板上，她慈祥的笑容已经凝固。我摸过她的手，手已冰凉，很瘦，皮包骨头。女人们的哭声随即惊天动地地响起来。我不懂死亡原来就离我们这样近，奶奶去的地方有多远？我的眼泪，无声地流淌下来。记得奶奶对我说过，男人是不能随便哭的，可是，我趴在您的身边，再也感觉不到您双手的温暖，您再也不会抚摸我的脸，对我说："乖孙子，好好读书，争取将来有出息。"

奶奶您走了，永远离开了我。每个学期结束，我拿回一张三好学生奖状，再也看不到您戴起老花镜瞅着奖状时那笑眯眯的神情；我再也体会不到当我没钱买铅笔橡皮时，您偷偷塞给我五分钱时带给我的感激和喜悦……奶奶，当我看到您化为一缕青烟，当我看到您长眠在一只骨灰盒内，我知道，您已经从我的眼前消失了，但我想告诉您，在我的生命里，您一直都在。

2003年，我们世代居住的村庄因高速公路建设而拆迁，我家成了失地农民,也失去了家园,住到了镇上的拆迁安置小区,远离了澄湖、乡村和田野。童年那些经历,已经成为回不去的记忆。岁月无情地流逝,伴随我成长的亲人们,包括奶奶、爷爷、外婆、外公、父亲、母亲、伯父等,一个一个地离开,留下的是绵绵的思念,有温暖,也有惆怅……

本色（后记）

有一份爱好相伴，人生会有光亮，前行路上也不会迷茫。

"本色"这个题目，是与我同事多年的朱祖达老师取的，也是他对我"为人为文"的中肯评价。朱老师是我的前辈，我们相识三十余年，相处融洽。在编纂地方志的过程中，我与刘惟亚、朱祖达、周民森等人共事多年，他们于我，亦师亦友，我从他们身上，受益良多。他们对我的为人处世颇为了解，对我的文学爱好也给予颇多支持。

我是苏州甪直人，这个水乡古镇，是我成长的摇篮。我是农民的儿子，勤劳与朴实是我的本色。几十年生活在甪直，故乡是我爱不够、写不完的风景线。

我爱好文学，但文学只是我生活的一部分。无论是做代课老师，还是进厂当工人，或者开店谋生，农忙期间我也都参加劳动，拔秧、插秧、割稻、挑稻、采桑、养蚕等场景里，都有我忙碌的身影。我熟悉农村生活，关心农业发展，理解农民心情，我写农村题材，信手拈来，无须冥思苦想。我创作的《水乡丽人》《一起走过的青葱岁月》《毕业当村官》《环保局长》《家教》等长篇小说，里面都有农村生活的细节描绘。我将大时代中的小人物命运，潜移默化地融入作品，使他们血肉丰满，生动形象。

二十年前，为了养家糊口，我开了一家小店。那段时间很少写文章，每天从早忙到深夜，有空只是看看书，静不下心来写东西，每年只是发表几篇"豆腐干"，聊以自慰。但我并没有放弃对文学的热爱，相信总有一天，我思想的火花会绽放，文字不再无病呻吟，而是有血、有肉、有骨骼、有情感。不再开店的第二年，我把开店经历和经营心得，写成一本《开店十年》放在网上，希望对后来者起到一点借鉴作用，颇受读者欢迎。我始终相信，无论未来有多远，那些经世致用、鼓舞人心的作品，将在世间流传，刻在一代代读者的心上，发光发热。

我时常想，人从自己的哭声中来到这个世界，又在别人的哭声中离开这个世界，不过短短几十年，何不花一些时间做自己喜欢的事情，做一些有意义的事情，这样我们的人生才会少一些遗憾，才不枉在人世间走一回。

解决了基本的生存问题，我重新燃起对文学的热恋。2002年，我尝试着写了第一篇小说《桃花岛传奇》，有三四万字，文笔稚嫩，没引起多少反响。2005年，为宣传家乡甪直的旅游，我写了本《水乡丽人》，有十几万字，穿插了家乡的风景名胜和苏州的风土人情，曾被新浪原创频道评为"文学精品"，汗颜。2006年，网络文学朝气蓬勃，这种没有门槛的发表形式，是草根作者梦寐以求的。在网络上发表文章，题材和内容要有吸引力，否则会湮没于汪洋大海。当时我刚结束小店生涯，边写边贴，把一部《冬暖夏凉》发在新浪原创上，半个月内，就有几十万的浏览量，这使我大受鼓舞。这部小说后来改为《年少轻狂》和《一起走过的青葱岁月》，与随后写的《女按摩师手记》（又名《女推拿师》），被我视为"一对儿女"。我创造了他们，他们也给了我源源不断的回报。

2007年的一天，我站在家乡的小河边，看到脏兮兮的河水，有些发呆。记得小时候，河水清澈甘甜，可以捧起来喝，夏天河里可以钓鱼，可以游泳。当时生活在乡下的孩子，没有不会游泳的。后来，河水渐渐不干净了，不能喝了，鱼也少了，变味了。水是苏州的灵魂，是我们吴中水乡的血液，这是不能污染的。我的家乡甪直喝的也是太湖水，2007年太湖爆发过蓝藻，万一太湖水被污染了，现在的河水和井水又无法直接饮用，水资源的危机将影响整个苏州人民的生活，乃至危及苏州的生存与发展。我想，发展经济应该和保护环境结合起来，正是这个想法，触发了我要写一部环保小说的念头。

2008年，我在北京的卢宏导演的帮助下，深入环保局体验生活，并与各界环保人士交流座谈，历时一年，完成了近五十万字的长篇小说

《环保局长》，在朋友唐晓龙先生的帮助下，2009年初由人民出版社出版发行。这是国内第一部以环保人士为主角、描写我国环保现状的小说，内容贴近生活，紧扣时代脉搏，主人公心系环保、心系百姓的情怀，不同于一般的官场小说。建设物质文明、精神文明和生态文明共同进步的小康社会，是复兴中国梦的题中之义，这本《环保局长》虽然有种种缺点，但倡导生态文明的预见与普及环保知识的努力，获得了读者的认可。2013年和2018年，《环保局长》的部分章节，被选入澳大利亚的高考文本，为促进中澳文化交流，略尽了绵薄之力。

教育关系着祖国的未来，关系着家庭的希望，关系着个人的成长。2009年，我与朋友雷厚国合作完成了长篇小说《我是老师》，2010年由人民出版社出版发行。2010年5月，我跟随人民出版社的副总编乔还田老师、唐人文化的唐晓龙先生，前往四川和贵州灾区慰问当地师生，并向四川省绵阳市第一中学、贵州省六盘水市第四中学捐赠图书。《我是老师》中的位红燕老师，感动了许许多多的读者。2010年，我创作了长篇小说《毕业当村官》，2011年由花城出版社出版发行，这本关注大学生村官的图书，入选了新闻出版总署2012年农家书屋重点图书推荐名录，2013年获评苏州市第九届精神文明建设"五个一"工程奖。这既是对我的肯定，也是对我的鞭策，激励我不断学习，努力写出更优秀的作品。

2014年，我再接再厉，一部教育范畴的社会小说《家教》，由东方出版社出版发行。"家教"的范畴，不仅是指家庭教育、家教老师，也包括兼职做家教和课外培训机构，还有家风对孩子的影响。为了写这部小说，我还去培训机构兼职了几个月，有的学生至今还与我保持联系。2015年，我与网友邹建儿合作完成了婚姻家庭题材的《除了你还有谁》，这部小说不是写好女人、好母亲，而是写了一个好男人的形象，忍辱负重，守望婚姻。希望有家庭问题的人都看一看，或许看过之后就明白家庭的相处之道了。

富饶的吴中山水滋养了我，我也将家乡的山山水水，融入作品的构思，为家乡做些力所能及的宣传推广。《环保局长》中的清江和水乡船娘,《我是老师》中的草桥中学,《毕业当村官》中的江湾村,《女推拿师》中的苏州,《家教》中的苏城和太湖,《盗亦有道》中的观前街,《水乡丽人》中的甪直等,这些故事背景无不来源于苏州地区,来源于我的所见所闻。个人的经验是有限的,世界的多姿多彩、芸芸众生的悲欢离合,都是我关注并取之不尽的素材宝库。近年来,我的多部小说由"蜻蜓FM"和"喜马拉雅"制作成了有声作品,有数百万人收听,延伸了作品的生命线,提升了作品的影响力。

2013年,我临聘到甪直文体中心,与朱祖达老师一起负责《甪直镇志》的校对修改,着手整理甪直名人资料。我因此接触到了《吴郡志》《吴郡甫里志》《吴郡甫里人物考》等多部地方志,对地方风物和历史人文产生了浓厚兴趣。2014年,我整理录入几十部甪直传统宣卷,并与朱老师一起编撰了《保圣社区志》初稿。2015年,我与朱祖达、刘惟亚、周民森几位老师一起编撰中国名镇志文化工程的《甪直镇志》。2016年,我与朱祖达、刘惟亚两位老师共同编写了江苏省文化厅的名镇志《甪直镇》。2017年,我统筹整理甪直名人馆的相关资料。2018年至今,我一直在整理甪直地方文史资料,汲取优秀传统文化的养分。

2016年7月,我有幸加入了中国作家协会。对写作者而言,加入中国作协无疑是莫大的荣光。甪直历史上,曾有严大椿和孙柔刚加入过中国作协,我是第三个。希望甪直有更多的后来者,为家乡著书立说,延续文脉。

甪直作为中国历史文化名镇,文化底蕴深厚,名人资源丰富,需要更多人来挖掘甪直的人文宝藏,讲好甪直故事,传承和弘扬地方特色文化。倘若躺平在"历史文化名镇"的金字招牌下睡大觉,我们会被后人唾弃的。

《甪直掌故》收录的文章,不满足于拾人牙慧,不满足于老生常谈,更多是在前人的基础上,有所发现,有所补充,有所创新。我愿意,以我笨拙的文笔,书写美丽的家乡,书写平凡的世界,书写伟大的人民。

写一些对人有用的文字,是我不变的初心。我相信,皇天不负有心人,脚踏实地地努力,总会有所收获,如同一棵树,只有扎根大地,才能探索天空。

  本书的顺利出版，特别感谢亲友的理解支持、单位领导的关心帮助、用直镇领导的厚爱扶持、责任编辑倪老师的精心修改！是你们，让我在探索文学的路上，倍感温暖，稳健前行。谢谢你们！

  以文会友，以书结缘，希望这是你了解用直的一扇窗口，喜欢用直的一份因缘。

李建荣
2022 年 5 月 5 日